转型中国
跨越"中等收入陷阱"

TRANSITIONAL
CHINA
STRIDE ACROSS THE
"MIDDLE INCOME TRAP"

马晓河　著

中国社会科学出版社

图书在版编目（CIP）数据

转型中国：跨越"中等收入陷阱"／马晓河著 . —北京：中国社会科学出版社，2020.11（2021.6 重印）

ISBN 978-7-5203-7485-9

Ⅰ.①转… Ⅱ.①马… Ⅲ.①中国经济—经济发展—研究 Ⅳ.①F124

中国版本图书馆 CIP 数据核字（2020）第 221770 号

出 版 人	赵剑英
责任编辑	孙砚文　乔镜蕾
责任校对	闫　萃
责任印制	王　超
出　　版	中国社会科学出版社
社　　址	北京鼓楼西大街甲 158 号
邮　　编	100720
网　　址	http://www.csspw.cn
发 行 部	010－84083685
门 市 部	010－84029450
经　　销	新华书店及其他书店
印　　刷	北京明恒达印务有限公司
装　　订	廊坊市广阳区广增装订厂
版　　次	2020 年 11 月第 1 版
印　　次	2021 年 6 月第 2 次印刷
开　　本	710×1000　1/16
印　　张	22.5
字　　数	281 千字
定　　价	98.00 元

凡购买中国社会科学出版社图书，如有质量问题请与本社营销中心联系调换
电话：010－84083683
版权所有　侵权必究

目 录

自 序 …………………………………………………………（1）

第一章 导论：两个重要概念……………………………（1）
    第一节 结构转型………………………………………（1）
    第二节 中等收入陷阱…………………………………（9）

第二章 成功跨越"中等收入陷阱"的国际案例………（16）
    第一节 日本成功迈向高收入国家的经验案例………（16）
    第二节 韩国成功迈向高收入国家的经验案例………（38）

第三章 落入"中等收入陷阱"的国家案例……………（53）
    第一节 巴西经济社会结构转型的教训………………（53）
    第二节 阿根廷经济社会结构转型的案例……………（64）
    第三节 迈向高收入阶段的结构特征…………………（77）

第四章　排斥市场的经济结构转型 ……………………………（87）
   第一节　第一次结构转型：计划经济＋重工业化 …………（88）
   第二节　第一次经济结构转型的特征变化 …………………（94）
   第三节　经济结构强制转型带来的影响及代价………………（101）

第五章　引进市场经济：由点到面推进改革开放………………（113）
   第一节　由土地制度改革引起的系列体制变革………………（115）
   第二节　从扩大企业自主权开始，改革向纵深领域延伸……（123）
   第三节　重构与外界关系，实施对外开放……………………（132）
   第四节　中国改革开放的主要特点……………………………（138）

第六章　结构转型与经济高速增长………………………………（142）
   第一节　连续跨越两个台阶：迈向中高收入国家行列………（142）
   第二节　经济结构转型与经济增长……………………………（148）
   第三节　社会结构的转换和深度变化…………………………（171）

第七章　中国是否面临"中等收入陷阱" ………………………（190）
   第一节　中国是否面临"中等收入陷阱"的争论 …………（191）
   第二节　中国正处于"中等收入陷阱"风险区域 …………（201）

第八章　影响中国实现跨越和攀升的国际环境变化……………（211）
   第一节　世界格局正在发生新变化……………………………（211）
   第二节　中美关系是中国实现跨越和攀升的最大
          影响因素……………………………………………（219）
   第三节　国际经济结构调整给中国带来挑战…………………（231）

第九章　跨越与攀升：经济结构面临的转型困境 (240)
  第一节　需求结构偏差及其分析 (240)
  第二节　需求结构转型难题与影响 (246)
  第三节　产业结构转型升级遇到的难题 (261)

第十章　跨越与攀升：社会结构面临的转型困境 (275)
  第一节　发展滞后的城镇化 (276)
  第二节　成长缓慢的中等收入群体 (291)
  第三节　"未富先老"的人口结构 (299)

第十一章　实现跨越和攀升的可能性 (303)
  第一节　实现跨越和攀升的有利因素 (303)
  第二节　跨越"中等收入陷阱"的可能性 (314)

第十二章　通往发达经济体的路径选择 (321)
  第一节　选择新的发展方式 (321)
  第二节　改革和发展需要重大突破 (323)

参考文献 (337)

后　记 (343)

图表目录

图 2—1　日本人均国内生产总值变化情况 …………………（18）

图 2—2　日本 1950—2010 年投资率和消费率变化曲线 ………（29）

图 2—3　韩国人均国民收入 GNI 变化情况 …………………（39）

图 2—4　韩国 1960—2016 年投资率和消费率变化曲线 ………（47）

图 2—5　韩国 1960—2016 年城市化变化情况 ………………（49）

图 3—1　韩国（K）和巴西（B）人均 GNI 比较 ……………（54）

图 3—2　巴西投资率变化 ……………………………………（58）

图 3—3　巴西总储蓄率变化 …………………………………（60）

图 3—4　阿根廷 1961 年以来国内生产总值年增长率 ………（70）

图 6—1　中国 GDP 年均增长率和人均 GDP 年均增长率变化 …………………………………………………………（146）

图 6—2　1978—1990 年中国产业结构变化图 ………………（156）

图 6—3　1990—2018 年中国消费率、投资率变化曲线 ……（165）

图 6—4　1952—2018 年中国农业劳动力变动曲线 …………（173）

图 6—5　三种社会结构类型 …………………………………（182）

图 7—1　2010 年中国人均 GNI 与世行中高收入比标准上限 …………（191）
图 7—2　2003 年以来中国 GDP 按季度增长率曲线 …………（203）
图 9—1　2009—2019 年中国三大需求增长率变动曲线 …………（242）
图 9—2　1995 年以来城镇与农村居民收入比的变动 …………（255）
图 9—3　2013—2018 年城镇居民按收入五等份的人均可支配收入变动 …………（259）
图 9—4　2013—2018 年农村居民按收入五等份的人均可支配收入变动 …………（259）
图 9—5　社会消费和储蓄增长变化曲线 …………（260）
图 9—6　中国工业总成本率的变化曲线 …………（265）
图 9—7　2010 年与 2018 年中国主要农产品成本利润率比较 …………（268）
图 10—1　韩国城市化率变动曲线 …………（277）
图 10—2　日本城市化率变动曲线 …………（278）
图 11—1　中国营商环境在世界排名变化 …………（311）

表 1—1　不同类型国家的经济增长指标（2018 年） …………（7）
表 1—2　世界银行对不同收入等级国家标准 …………（10）
表 1—3　不同收入类型国家在不同时点上数量变化 …………（11）
表 2—1　第二次世界大战后日本产业结构演变情况 …………（25）
表 2—2　日本劳动力就业结构变化 …………（25）
表 2—3　1960—2010 年日本商品和服务进出口占 GDP 比重 …………（27）
表 2—4　日本城市人口及占全国人口比重变化 …………（34）
表 2—5　韩国产业结构演变情况 …………（42）

表 2—6	韩国不同年代出口前十大产品排序	(45)
表 3—1	巴西与世界及韩国的投资率比较	(57)
表 3—2	巴西国民总储蓄率	(59)
表 3—3	阿根廷与不同类型国家工业占 GDP 比重	(72)
表 3—4	阿根廷国民总储蓄率的国际比较	(73)
表 3—5	阿根廷城市化的国际比较	(75)
表 3—6	不同类型经济体最终消费和投资占 GDP 的比重	(81)
表 3—7	日本、韩国最终消费占 GDP 的比重变化	(82)
表 3—8	不同类型经济体产业结构变化（农业：工业：服务业）	(82)
表 3—9	不同类型经济体及日本韩国的城市化水平变化	(82)
表 4—1	1952 年亚洲国家和地区人均 GDP 比较	(88)
表 4—2	中国国内生产总值结构（按支出法计算）	(96)
表 4—3	1952—1978 年不同产业部门对经济增长的贡献值比较	(98)
表 4—4	1978 年以前国内生产总值构成	(99)
表 4—5	1952—1978 年工业总产值结构变动	(100)
表 4—6	1952—1978 年工业产值增长的产业部门因素分析	(101)
表 4—7	1952—1977 年工农业产值增长指数（1952 年为 100）	(104)
表 4—8	世界发展模型"标准结构"中的结构变化值	(106)
表 4—9	"标准结构"中产值结构变化值和就业结构变化值比较	(107)

表 4—10　1952—1975 年中国产值结构变化值和就业
　　　　结构变化值比较 ················ （108）
表 4—11　1952—1978 年产业结构变动和城市化对比 ······· （110）
表 4—12　世界发展模型"标准结构"中的结构变化 ······· （111）
表 5—1 　全国规模以上工业企业就业结构变化 ········ （137）
表 6—1 　中国 GDP 总量和人均水平的国际比较 ······· （143）
表 6—2 　中国 GDP 总量、人均水平时间序列的国际变化 ····· （144）
表 6—3 　1978—1985 年主要农产品和工业产品产量 ······ （150）
表 6—4 　1978—1985 年三大需求的结构性分析 ········ （152）
表 6—5 　1966—1990 年中国产业对经济增长的贡献变化 ···· （154）
表 6—6 　1966—1990 年中国轻重工业投资结构变化 ····· （154）
表 6—7 　1952—1990 年产值结构与就业结构比较 ······· （157）
表 6—8 　1990—2010 年三大需求对经济增长的贡献率 ····· （162）
表 6—9 　中国居民储蓄率变化情况 ············· （165）
表 6—10　中国经济增长的产业部门因素分析 ········· （166）
表 6—11　1995—2018 年中国工业结构变化 ·········· （167）
表 6—12　1995—2018 年中国制造业行业规模以上收入
　　　　结构变化 ···················· （169）
表 6—13　中国不同年代出口前十大产品排序 ········· （169）
表 6—14　1990 年以来中国就业人数增量变化 ········· （173）
表 6—15　1990 年以来中国就业结构变化 ·········· （175）
表 6—16　1975—1998 年中国与低收入类型国家平均
　　　　城市化率比较 ·················· （177）
表 6—17　中国与中低收入类型国家平均城市化率比较 ···· （178）
表 6—18　1960 年后中国城镇人口增长与世界的比较 ······ （179）

表 6—19	2010—2018 年中国城乡居民五等份收入分组	(186)
表 6—20	2015—2018 年全国居民可支配收入五等份分组	(187)
表 7—1	1995—2019 年中国 M2 与 GDP 增长比例关系变化	(204)
表 7—2	中国固定资产投资与资本形成额比例变化	(206)
表 8—1	2000—2018 年世界不同经济体国内生产总值变化	(213)
表 8—2	1978 年和 2018 年中美主要经济数据的变化比较	(219)
表 9—1	2010 年以来中国需求结构变动情况	(243)
表 9—2	中国与中低收入国家消费率、投资率比较	(245)
表 9—3	中国与中高收入国家消费率、投资率比较	(245)
表 9—4	中国国民收入初次分配结构变化	(248)
表 9—5	1995 年来城乡居民人均可支配收入差距变化	(253)
表 9—6	城乡居民消费倾向变化情况	(256)
表 9—7	按五等份（20%）城乡居民人均可支配收入变动	(257)
表 9—8	2011 年按五等份法城乡居民边际消费倾向	(258)
表 9—9	中国在不同收入阶段与同类型国家产业结构的比较	(262)
表 9—10	中国在中高收入阶段与同类型国家产业结构的比较	(263)
表 9—11	中美制造业成本分项比较	(266)
表 9—12	2010 年以来我国重要农产品总成本变化	(267)
表 9—13	华为 P30 Pro 零部件构成情况	(271)
表 9—14	苹果 XsMax 零部件成本构成	(271)
表 10—1	中国在不同收入阶段的城镇化变动	(280)
表 10—2	2010—2019 年中国实际城镇化率	(281)

表10—3	实现1亿农民工市民化的成本	（288）
表10—4	全国城市平均人口密度比变化	（291）
表10—5	2019年家庭人均月可支配收入分布与人口测算	（293）
表10—6	未来中国劳动力供给与老年人口增长变化	（301）
表11—1	世界、美国、中国家庭和非盈利机构消费情况	（304）
表11—2	2017年中国每万人口和每万劳动力中研究人员与主要发达国家比较	（313）
表11—3	中国每万劳动力中研究人员与主要发达国家比较	（313）
表11—4	以2019年为基期不同情景下增长速度	（316）
表11—5	未来不同情景下中国GDP预测	（318）
表11—6	未来不同情景下中国的GDP及与美国的比较	（318）
表11—7	世界银行高收入国家门槛值及不同情景下中国人均GDP	（319）

自　序

2010年初，中国人民大学中国经济改革与发展研究院在一次院务会上，决定将2010年院里的研究重点确定为《迈过"中等收入陷阱"的中国战略》。在这个重点研究课题中，我承担了第二章"迈过'中等收入陷阱'的需求结构与产业结构调整"的内容。在完成此项课题任务的过程中，中国是否存在"中等收入陷阱"，中等收入阶段期间的经济结构、社会结构以及制度结构变动等问题，引发了我的极大兴趣。由此，我开始搜集和积累资料，只要与"中等收入陷阱"有关的文献和资料都是我关注的重点。2011年8月，我受中国国际扶贫中心委托，完成了《跨越"中等收入陷阱"的战略选择》课题。该课题的研究过程，使我对"中等收入陷阱"问题又多了一层理解和疑问。吸引我的不止是"陷阱是否存在""该说法的由来"这样的问题，还有它的表征、内涵、作用机理等等。由于"中等收入陷阱"涉及的内容过于庞大，该从哪里入手，选择什么样的研究视角，都是我曾困扰已久的问题。与此同时，与它相关的研究也一直没有停止。2011年下半年我在《改革》杂志发表了《"中等收入陷阱"的国际观照和中国策略》，提出跨越"中等收入陷阱"是转型国家经济社会政治结构调整的战略难题，中国必须调整发展战略才有望成功。2013

年末又应《前线》杂志之约完成了《迈向高收入国家的挑战及应对策略》，把实现中等跨越与迈向高收入国家的问题联系了起来。2015年，我在"中等收入陷阱"领域的研究已经聚焦到结构视角，从2016年开始便陆续着手本书的撰写工作。

笔者偏爱用证据说话，本书的最大特点是用可靠性较高的第一手统计资料进行定性和定量分析，使观点解析和推演过程获得高质量的论据支撑。因此，在本书的研究和写作过程中，很大一部分工作量是获取、筛选和比照各种统计资料，对数据做加工分析。如果没有可用的数据，书中的结构分析研究将无法展开。可以说，认真鉴别不同来源、不同口径，甚至先后调整过的统计数据，是保证本书质量的决定性因素。书中统计数据主要源自以下途径：一是世界各国相关统计数据首选世界银行数据库，根据需要对这些数据或直接应用，或加工处理，或做推演参考。对世界银行数据库找不到的，再从其他文献资料中寻找，比如安格斯·麦迪森的《世界经济千年统计》等文献。二是对中国的研究分析，特别是纵向分析，以中国国家统计局的数据为主要来源，尽可能基于一手统计数据进行分析，并对不能直接获得的数据做必要的加工处理。在将中国与世界其他经济体进行比较时，笔者首选从世界银行数据库中直接查询相关的可比资料，辅以中国国家统计局数据作为参照或替代。三是由于较早时期（如20世纪60年代以前）的数据缺失明显，特别是系统性的可比数据很难获得。为此，笔者查阅、引用了必要的研究文献，以获取所需的支持数据。笔者相信，保证研究数据的真实性及可用性对研究过程和结论都非常重要，因此会尽可能地选用有权威性的来源，避免数据失真，对一些不够理想的数据，笔者也给出了必要的解释或处理说明。

在我看来，在世界各国的发展实践中，经济增长动力来源既有规模因素，也有结构变动因素，但长期经济增长主要依靠结构变动获得。支撑经济增长的不仅仅是经济结构，还有社会结构和制度结构，这些结构组成的系统共同支撑着一国或地区的经济发展。经济发展有不同阶段，世行将其划分为低收入阶段、中等收入阶段和高收入阶段。在不同收入阶段里，结构变动的表现也不尽相同。特别值得一提的是，当一个经济体进入到中等收入阶段后，经济结构、社会结构和制度结构变动便与以往的阶段有极大的差异。观察结构转型与经济发展关系的过程可以发现，一国要从中等收入向高收入阶段演进是一个艰难的过程，而且在逼近高收入国家门槛值时，实现中等跨越的风险也大大增加。日本、韩国是少数成功跨越"中等收入陷阱"、顺利迈向高收入国家的代表，巴西、阿根廷则是长期陷在"中等收入陷阱"中徘徊的典型代表。

这是本书研究和回答的一个重点问题，是中国的结构转型与经济发展关系将如何演变。简单地说，1978年以前，中国的结构转型与经济发展是依靠计划经济制度，超越经济发展阶段，选择了重化工业优先发展，推动结构强制转型，实现了"贫困式"增长。改革开放以后，中国引入市场经济制度，选择投资带动、出口导向、劳动密集型产业为主导的发展方式，实现经济发展连续跨越两个台阶，迈向比较富裕的中高收入阶段。在中低收入阶段和中高收入阶段，中国的经济结构、社会结构以及制度结构实现了矫正式和深度化转型，这种转型有力地支持了经济增长。目前，中国已经处于中高收入阶段的最后区域，十分临近高收入国家的门槛值。此时恰恰是结构转型高风险区，也是实现跨越"中等收入陷阱"的关键期。笔者以为，这个时期中国跨越"中等收入陷阱"既有较大的可能性，也面临诸多风险和困境。只有重新选择新的发展方式，用新的改革开放推进经济结构、社会结构和制度结构向高一级转型，中国才有希望跨越"中等收入陷阱"，顺利稳定迈向发达的高收入国家行列。为此，今后中国在改革开放领域必须要有重大突破，经济增长要有新动能支撑和基础性制度供给。

本书的结构安排如下。第一章介绍本书频繁应用的两个重要概念，是后面章节的基础理论准备。主要讨论了结构、结构转型、中等收入阶段、中等收入陷阱等概念内涵，以及结构转型与中等收入陷阱的关系。第二章分别介绍了日本、韩国实现成功跨越"中等收入陷阱"的典型国家实践。第三章分析了巴西、阿根廷长期徘徊在"中等收入陷阱"的原因。第四章是对中国改革开放前经济发展和结构转型的背景性研究，为改革开放后的路径选择和策略推出做了铺垫。第五章和第六章介绍了改革开放以来，中国通过引入市场经济制度，改变发展方式，推动结构转型，促进经济发展的重大变化的情况，并对这一时期改革开放的主要特点和结构深度转型与经济增长的变动关系做了深入性解析。第七章对中国是否面临"中等收入陷阱"进行讨论。在分析讨论了国内外学界对中国是否面临"中等收入陷阱"的观点和看法后，笔者提出中国正处于"中等收入陷阱"风险区域的认识，并给出了判断依据。第八章到第十章，分别从国际环境变化和国内经济结构、社会结构、制度结构等方面，研究和揭示了中国在临近高收入国家门槛值区域，面临的重大风险和挑战。第十一章从定性和定量两方面，探讨了中国跨越"中等收入陷阱"迈向高收入国家的可能性。本书最后一章，讨论中国通往发达经济体的路径选择问题，提出了实现中等跨越向高收入国家攀升的新发展方式，以及在经济结构、社会结构和制度结构方面向高收入国家转型的方向与政策措施。

中国是一个拥有 14 亿人口的大国，过去 40 多年的高速发展创造了世界奇迹。下一步能否实现百年梦想，走出"中等收入陷阱"，迈向高收入国家？对如此重大问题的研究，可以选择各种研究视角，学界也有丰富的观点和结论。我只是从结构转型这个维度做出了分析，并将获得的研究成果呈现给读者。毋庸讳言，难免有些观点和结论会有争议，也会存在一些瑕疵，恳请各位读者批评指正。

马晓河

2020. 8. 15

第 一 章

导论:两个重要概念

本书用了两个重要的概念:结构转型和"中等收入陷阱"。什么是结构转型,什么是中等收入陷阱?两者之间有什么样的关系?在进入本书主题论述之前,有必要对这两个概念进行讨论。

◇ 第一节　结构转型

结构转型是近几年来学术界和决策界使用频率最高的词汇之一。什么是结构转型?要回答这个问题,首先从结构说起。任何事物都可作为系统存在,都有一定的内部结构,大到一个国家小到一个细胞。结构通常是指事物或系统内部各个构成要素的分布情况,比如要素的划分、要素之间的比例、依存度及层级关系等。要素之间比例关系的变动通常是结构分析最重要的切入点。比如中国由56个民族组成,其中汉族人口占总人口比重的91.51%。[①] 又如人体是由复杂的结构系统组成,头、颈、躯干、上下肢组成了人体,而这些部分又有各自的内部构成。还有,人体是由水和其他物质构成,其中水在人体组成

---

① 国家统计局2010年第六次全国人口普查主要数据。

中约占70%，其他元素占30%左右，其中男性体内含水分比例较女性高一点，年轻人较年长者多一些。这里所说的构成和比例关系都是对结构的观察。

事物的结构关系并不总是稳定不变的，经济分析也有静态结构与动态结构之分。静态结构是观察事物在没有发生条件变化或者相对稳态下的元素关系构成状态。比如1978年中国总人口为96259万人，其中城镇人口17245万人，占人口的17.9%；农村人口79014万人，占人口的82.1%。对1978年的城乡人口构成比例而言，就是一种静态结构。动态结构是观察事物随时间进程或条件有所变化情况下的结构状态。结构转型本质上是一种动态观察，需要对先后发生的多个静态结构加以比较分析，了解事物在运动变化中，由一种结构形态转化为另一种结构形态的情况。结构转型既代表事物发生结构变化的过程，也代表着结构变化的结果。比如经过38年的经济社会快速发展，中国的城乡人口构成比例发生了很大变化。同1978年相比，2018年城镇人口占总人口比重由17.9%上升到59.58%，农村人口比重由82.1%下降到40.42%。① 相对1978年，2018年的城乡人口构成是变化了的动态结构。我们能够从上述静态结构和动态结构分析中获知很多信息。

无论是静态结构还是动态结构，都是一种客观存在。当人们用一定的方法或工具获得这些比例关系时，它们看似人们的获取结果，实际上在人们发现它之前已经存在了。还有一种情况，当人们为了实现某种发展目标，向经济社会活动投放一系列要素并构成了一个系统结构，这种系统结构对实现发展目标形成支持作用。从要素投放角度

---

① 国家统计局编：《中国统计摘要（2020）》，中国统计出版社2020年版。

看，系统结构是要素投放的结果，从系统结构作用看，它已经转化为客观变量存在于经济社会活动中。从结构视角观察和分析事物发展演变是一种方法。这种方法广泛应用于各个领域。建筑业引入结构分析方法便是一个典型案例，从建筑方案设计到施工组织甚至工程造价度量，结构分析都是很有效的方法。① 经济学也是熟练应用结构分析的领域之一。萨米尔·阿明（Samir Amin）在《世界规模的积累：不平等理论批判》一书中，用结构分析方法分析了世界发达和不发达经济体的关系，提出当代世界是个"中心—外围"体系，它是由两个有明显区别、但又紧密联系的国家集团构成。一个是发达国家集团，处于世界经济中心，另一个是发展中国家，处于世界经济外围。从整体上讲，中心国家集团组织和主导了这个体系，并使之为自己的利益服务，而处于外围的国家以原料生产和自然资源同"中心"产生交换联系。这种世界资本主义体系形成的原因和存在的基础是世界范围的资本积累。② 钱纳里、鲁宾逊和塞尔奎因在《工业化和经济增长的比较研究》中，用结构主义分析方法，对各国经济增长研究的结果表明，劳动和资本从生产率较低的部门向生产率较高的部门转移，能够加速经济增长。需求和贸易变化可以像要素供给变化一样影响经济增长，人均收入增长会引起需求、贸易、生产和要素使用结构的全面变化。③

在我们的社会系统里，包含着许许多多的结构，有宏观结构、微

---

① ［美］林同炎、S. D. 斯多台斯伯利著：《结构概念和体系》，高立人、方鄂华、钱稼茹译，中国建筑工业出版社1999年版。

② 转引自姚开建、梁小民主编《西方经济学名著导读》，中国经济出版社2005年版，第17页。［埃及］萨米尔·阿明著：《世界规模的积累：不平等理论批判》，杨明柱、杨光、李宝源译，社会科学文献出版社2008年版。

③ ［美］H. 钱纳里、S. 鲁宾逊、M. 塞尔奎因著：《工业化和经济增长的比较研究》，吴奇等译，上海三联书店、上海人民出版社1989年版，第28、48页。

观结构,有经济结构、社会结构、体制结构,也有区域结构、人口结构、资源要素结构,还有材料结构、技术结构、文化结构、思维结构等,这些结构的分析逻辑和观察方法不尽相同。本文的重点将放在经济结构、社会结构、体制结构方面,以及为了探索这三种结构所要涉及的区域结构、人口结构、技术结构和资源要素结构等方面。

为了叙述方便,先来解释什么是经济结构,然后再来解释社会结构和体制结构。钱纳里把经济结构定义为不同部门中劳动、资本和自然资源要素的供给及使用。钱纳里对经济结构强调了三层含义,一是不同部门中的要素配置,二是供给和使用(需求)都有要素配置,三是要素包括了劳动、资本和自然资源。吴敬琏指出经济结构就是资源配置的结构。① 笔者认为,经济结构应包括部门之间和部门内部的观察,要考虑供给和需求两个方面,要结合时空维度,更要考虑技术进步等动态因素。因此,经济结构就是经济体或市场主体为了达到一定的供给或需求目的,将劳动、资本、技术和自然资源在时间、空间上进行配置所发生的比例关系。从需求侧看,经济结构表现为由消费、投资和净出口构成的比例关系。进一步细分,消费可分为政府消费和居民消费,按不同消费水平划分还可分为生存型消费、温饱型消费、小康型消费、富裕型消费;投资可分为社会公共投资和企业投资,同时投资还可分解为农业、采矿业和能源及水供应、制造业、建筑业、服务业等投资;净出口也可分为货物净出口和服务贸易净出口。从供给侧看,经济结构表现为产业结构、资源要素配置结构、技术结构、劳动力结构、收入分配结构等,这些结构同时可以在区域结构中体现出来。严格地说,经济结构是由供给和需求组成的,它是经济结构中

---

① 吴敬琏:《什么是结构性改革,它为何如此重要?》,《比较》2016年第4辑,第1页。

高度联系的两个方面。需求结构是供给结构的主要动力，有什么样的需求结构，就会产生什么样的供给结构。但是，通常情况下，供给结构也会对需求结构起引导作用，即所谓的"供给创造需求"。特别是在某一社会发展时期或特殊制度结构背景下，供给结构对需求结构还起着决定作用。比如在极端的社会环境和极端制度供给条件下，"有什么吃什么"便是这种关系的生动写照。

一般而言，经济增长来自于两种力量。一种是在经济结构不变的情况下，经济规模不断扩大带来了增长。比如某一经济体在国内生产总值中，投资、消费和净出口等需求所占比例保持不变，但三大需求规模都以相同的速度增长了，由此带来了经济增长。另一种是结构变动带来了经济增长，这是指经济增长是以结构变化为动力取得的。比如，从1990年到2015年，在各国国内生产总值增长中，中低等收入国家的最终消费占国内生产总值的比重由77.4%下降到76.5%，投资占比由24.72%上升到27.23%；中高收入国家的最终消费占国内生产总值的比重由69.5%下降到66.6%，投资占比由29.26%上升到31.59%；而同期内，高收入国家的最终消费占国内生产总值的比重由75.6%上升到77.6%，投资占比由24.64%下降到20.38%。[①] 该组数据表明，过去25年里，中低等和中高收入国家的消费对经济增长的贡献率在下降，投资对经济增长的贡献率在上升；而高收入国家则相反，消费对经济增长贡献率在持续上升。在经济实际运行中，经济增长动力来源既有规模因素，也有结构变动因素，但长期经济增长主要是靠结构变动获得。

经济结构转换对一国经济社会发展有着极其深刻的影响。钱纳里

---

① 根据世界银行网站 World Bank Open Data 数据计算。

把经济发展按照结构转型划分为三个阶段：初级产品生产阶段、工业化阶段、发达经济阶段。在初级产品生产阶段，人均收入水平低是主要特征，这从需求方面制约了制造业，使其无法成为经济增长的主要来源。在产业结构中占统治地位的初级产品生产活动是农业，其增长速度缓慢，可供交易的商品量也有限。在所有附加值中农业具有很高比重，使得这一阶段经济增长速度比较慢。该阶段供给方面的突出特点是资本积累低速或中速增长，劳动力加速增长，全要素生产率增长极为缓慢。在工业化阶段，人均收入水平增长快于第一阶段，经济增长的重心由初级产品生产向制造业生产转移，制造业对增长的贡献高于初级产品的贡献。本阶段供给方面的特点是资本积累的贡献一直较高，劳动力从初级产品生产部门向制造业部门转移，全要素生产率的较快增长同制造业能力的提升紧密地联系在一起。到了发达经济阶段，在需求方面，制成品的收入弹性开始减少，制成品在国民生产总值以及劳动就业中的比例都下降了。在供给方面，要素投入的综合贡献减少了。资本增长的速度较慢，资本贡献减少，人口增长的速度也减缓了。

　　世界银行的统计资料也证明，在不同的发展阶段，有不同的经济结构，也有不同的经济增长速度和人均收入水平。从表1—1可以看出，2018年低收入类型的国家消费率最高，农业比重最高，而服务业比重最低，但经济增长率还高于高收入国家；中低收入类型国家经济增长率最高，投资率高于低收入国家；中高收入类型国家，投资率最高，消费率最低，工业比重最高。高收入类型国家投资率最低，农业比重最低，而服务业比重最高。如果将一国经济发展分为不同阶段，从低收入阶段到中等收入阶段（包括中低收入和中高收入阶段）再到高收入阶段，随着经济结构的变动转型，经济增长率也会出现一些有规律的变化。

表1—1　　　　不同类型国家的经济增长指标（2018年）　　　　单位：美元

国家类型	人均GNI	GDP增长% 1990—2003	GDP分配结构（%）			产业结构（%）		
			总消费	投资	净出口	农业	工业	服务业
世界平均	11159.9	3.098	73.01	24.37	2.62	4.003	27.81	61.198
低收入	779.8	3.587	83.47	24.39	-7.86	23.272	26.824	37.706
中低收入	2097.6	5.181	77.13	28.39	-5.44	14.994	27.916	49.851
中高收入	8560.5	4.509	67.20	30.83	1.97	6.007	33.18	55.22
高收入	43816.0	2.285	76.81	22.08	1.11	1.332	21.378	69.769

注：产业结构指各产业增加值占GDP比重，工业包括建筑业，高收入国家产业结构是2017年数据。

资料来源：世界银行网站. World Bank Open Data。

经济结构与一定的社会结构和体制结构相联系。社会结构是指经济体在特定经济社会发展阶段中的社会成员分类构成和社会关系分布格局，它包括社会组织结构、家庭结构、人口结构、阶层结构、城乡结构、人力资本结构等。社会结构不同对经济结构和经济增长的影响力不同。例如，一个以农村人口为主的传统社会结构，工业和服务业比重不会太高，经济增长也不会太快。相比之下，一个以城市人口为主的现代市民化社会结构，工业特别是服务业比重会很高，经济增长也较快。再如，相对于老龄化人口结构，以年轻人口为主的社会结构经济增长活力要大得多。

同经济结构直接相联的体制结构，是理解经济结构内涵的必要组成部分。体制结构即制度结构，我们可将其理解为"社会生产关系的总和"。新制度经济学代表人物诺思，将制度结构定义为"一系列被制定出来的规则、守法程序和行为的道德伦理规范，它旨在约束追求主体福利或效用最大化利益的个人行为"。① 其实，体制结构就是制度框架，它是在一定的社会价值观支配下，由一系列规章、准则、法律甚至伦理道德等组成的社会关系和运行机制。体制结构既可以归纳为经济制度和非经济制度，也可以划分为正式制度结构和非正式制度结构。体制结构的核心要素是公共权力和公共资源的配置。这种配置对投入结构、产出结构和需求结构带来了深刻影响。不同的权力、资源配置方式，对一国经济发展的作用明显不同。阿西莫格鲁和罗宾逊在《国家为什么会失败》一书中指出，决定国家兴衰，国富国穷或民富民穷，国家间经济发展差距的根源，是经济制度和政治制度的组合。阿西莫格鲁和罗宾逊从包容性和汲取性、政治和经济两个结构维度对制度进行了刻画，提出包容性政治制度、包容性经济制度、汲取性政治制度、汲取性经济制度的区分。然后用此制度框架对历史上不同国家或地区的政治经济制度进行分析，归纳出了四种类型的制度结构。第一类是汲取性政治制度和汲取性经济制度，光荣革命前的英国、大革命前的法国、殖民地时期北美、拉美、非洲以及亚洲等就是这种制度结构。第二类是包容性政治制度和包容性经济制度，目前大多数发达国家采取的就是这种制度结构。第三类是汲取性政治制度和包容性经济制度。这类国家在体制变革中，只进行了经济体制改革而没有进行政治体制改革。第四类是包容性政治制度和汲取性经济制度，而这种制度结构在现实生活中是不存在的。② 《国家为什么会失败》认为制度结构可以变化，并对经济带来直接影响；而在不同制度

---

① [美] 道格拉斯·诺思著：《经济史中的结构与变迁》，陈郁、罗华平等译，上海三联书店1994年版，第225—226页。

② [美] 德隆·阿西莫格鲁、詹姆斯·A. 罗宾逊著：《国家为什么会失败》，李增刚译，湖南科技出版社2015年版，"引言部分"第 iii – v 页。

结构组合中，第二类制度结构组合是最好的制度安排，虽然第三类制度结构组合会带来阶段性经济增长，但缺乏可持续性。

鉴于结构转型的范畴十分广泛，我们不得不在本书中做出下述界定。本书的结构转型包括三层含义，第一层是经济结构转型，主要探索经济结构的转型如何将国家从低收入阶段推进到中等收入阶段，进而实现向高收入阶段的跨越；第二层是社会结构转型，主要围绕经济结构转型，研究城市化、社会阶层结构、公共服务结构的变化及其对经济增长的影响；第三层是体制结构转型，重点研究行政管理体制、市场经济制度、产权制度、收入分配制度等对经济增长的影响。

第二节 中等收入陷阱

如上所述，一国经济发展是有阶段性的。世界银行以人均国民收入（GNI）水平为标准，将一国经济发展划分为三个阶段：低收入阶段、中等收入阶段、高收入阶段；其中把中等收入阶段又分为中低等收入阶段、中高等收入阶段。[①] 按照该划分标准，世界银行把世界200多个国家和地区分为四种类型：低收入国家、中低收入国家、中高收入国家、高收入国家（见表1—2）。划分不同收入阶段和不同类型国家的标准并不是不变的，而是在年际间有所调整和变化。从长期趋势看，不同收入阶段标准是不断提高的。1987—2018年，低收入阶段和中低收入国家人均收入标准下限年均提高了2.48%（名义增长率，下同）；中高收入和高收入国家标准下限年均也提高了2.36%。值得注意的是，20世纪90年代以来，不同收入阶段的人均收入标准

---

① 世行标准原用语为"中低等收入"和"中高等收入"，为简便，本书以下分别用"中低收入"和"中高收入"指代。

提高速度出现了趋势性降低。1990—2018年低收入和中低收入国家的人均收入标准下限年均提高了1.87%，2000—2018年则为1.71%；1990—2018年中高收入和高收入国家标准下限年均提高了1.74%，2000—2018年年均分别提高了1.57%和1.62%。人均国民收入（或人均国内生产总值）是衡量一个经济体属于哪一类发展类型、处于哪一阶段的重要指标，该指标的形成由一系列关联指标构成并成为增长支撑，例如在需求侧有投资、消费、出口，在供给侧有劳动、资本、技术和资源要素配置，也有一、二、三产业；同时还要有相应的政策和基础制度安排。因此，人均国民收入的形成是由一个支撑体系，包括经济、社会、体制等多个方面构成的。

表1—2　　　　　世界银行对不同收入等级国家标准　　　　单位：美元

国家分类	1987	1990	1995	2000	2005	2010	2014	2015	2016	2018
低收入	≤480	≤610	≤765	≤755	≤875	≤1005	≤1045	≤1025	≤1005	≤1025
中低收入	481—1940	611—2465	766—3035	756—2995	876—3465	1006—3975	1046—4125	1026—4035	1006—3955	1026—3995
中高收入	1941—6000	2466—7620	3036—9385	2996—9265	3466—10725	3976—12275	4126—12735	4036—12475	3956—12235	3996—12375
高收入	>6000	>7620	>9385	>9265	>10725	>12275	>12735	>12475	>12235	>12375

资料来源：根据世界银行网站World Bank Open Data整理，表中数据为人均国民收入。

随着经济的发展，从低收入阶段发展到中等收入阶段的国家数量越来越多，而处于低收入阶段的国家有减少的趋势。笔者选择1990年、2000年、2010年和2016年四个时点，对世界各国在不同时点有人均国民收入资料的国家进行了统计分析（见表1—3），发现处于低收入阶段的国家数量从占世界的31.69%下降到15.6%，处于中等收入阶段的国家数量占比由48.27%上升到56.7%，处于高收入区间的国家数量占比则由22.76%提高到27.7%。不过，进入中等收入阶段的国家数量要远远大于进入高收入阶段国家的数量。20世纪60年代以来，在101个中等收入经济体中，只有13个经济体成功迈进高收入国家行列，最耀眼的当属亚洲四小龙，还有部分南欧国家以及个别拉丁美洲国家和地区。[①] 1978年中国还是一个贫穷的低收入国家，经过20年的迅速发展，于1998年中国进入中低收入阶段，于2010年成功进入中高收入阶段[②]。但是，南亚和拉美一些国家始终处于中等收入阶段。有人称这种现象为"中等收入陷阱"。

表1—3　　　　　不同收入类型国家在不同时点上数量变化

年份	有资料国家		低收入区间	中低收入区间	中高收入区间	高收入区间
1990	145	个数	42	44	26	33
		%	28.97	30.34	17.93	22.76
2000	183	个数	58	47	35	43
		%	31.69	25.68	19.13	23.50
2010	192	个数	35	51	55	51
		%	18.23	26.56	28.65	26.56
2016	173	个数	27	47	51	48
		%	15.6	27.2	29.5	27.7

资料来源：根据世界银行网站World Bank Open Data整理，人均国民收入为当年价格。

---

① 世界银行与国务院发展研究中心联合课题组著：《2030年的中国——建设现代、和谐、有创造力的社会》，中国财经经济出版社2013年版，第13页（专栏1—1中等收入陷阱）。13个经济体分别是日本、亚洲四小龙（韩国、新加坡、中国台湾和中国香港）、以色列、希腊、爱尔兰、葡萄牙、西班牙、毛里求斯、赤道几内亚、波多黎各。

② 1998年中国人均GNI800美元，当年世界银行公布的中低等收入阶段人均GNI标准为761—3030美元。

较早提出"中等收入陷阱"的是世界银行。2007年，世界银行在《东亚复兴：关于经济增长的观点》的报告中，第一次提出"中等收入陷阱"，在另一份报告《东亚与太平洋地区报告：危机十年后的状况》中再次提及"中等收入陷阱"概念。① 根据世界银行报告，可以将中等收入陷阱概括为：一个经济体一旦跨入中等收入阶段后，经济发展所必需的那些政策和制度变化，在技术、政治和社会方面要求更复杂、更具挑战性。它无法在经济成本方面与低收入国家竞争，又无法在技术创新方面与发达的高收入国家竞争，人均GNI难以跨上高收入国家行列，前期的发展积累的矛盾集中爆发，原有增长机制无法有效应对由此形成的系统性风险，经济增长将长期徘徊在中等收入阶段。

通过"中等收入陷阱"概念，我们可以看出一个经济体一旦进入中等收入阶段、在向高收入阶段迈进中，有以下特征需要关注。一是进入中等收入阶段后，支持经济增长的原有经济政策和制度难以保证经济从中等收入阶段向高收入阶段跨越，经济增长对由技术、政治和社会综合因素构成的发展方式与在低收入阶段不一样了，要求更复杂、体制机制条件更高。因为，此时的产业结构和需求结构转向更高层级，技术自主创新方面的要求重于学习模仿，而技术自主创新要求又有较高质量的人力资本和高质量的制度安排，由此市民化社会必须跟进，中产阶层要相应成长有效等，这些都使得原有的增长机制难以适应。二是在增长动力转换方面，由于经济发展的综合生产成本不断上升，经济体在原有的劳动密集型产业领域，成本比较竞争优势明显低于低收入国家。同时，产业结构高级化所需要的技术创新，又无法

---

① 刘志成：《"中等收入陷阱"理论研究》，见孙学工等著《跨越中等收入陷阱》，社会科学文献出版社2015年版，第173—210页。

与发达的高收入国家竞争。因此，经济增长夹在"低"和"高"之间徘徊不前。三是经过一段时间的高速增长后，经济增速有所放缓，此时前期发展中的矛盾积累达到一定程度，新的矛盾又在叠加，经济进一步发展面临的系统性风险达到临界点，原有增长机制已经无法应对这种变化。

"中等收入陷阱"概念提出后，国内外有许多机构和个人对此进行了研究，并发布了一系列研究报告。2011年，亚洲开发银行在《亚洲2050：亚洲的世纪》报告中，把"中等收入陷阱"定义为：许多中等收入国家在制造业出口方面无法与低工资的低收入国家竞争；在技术创新方面无法与发达国家竞争，这些国家无法从低成本的劳动和投资驱动的经济增长，转向创新驱动的经济增长。① 安忠荣认为，"中等收入陷阱"是指一个国家借助丰富的自然资源、廉价的劳动力资源等有利条件使得人均国民收入达到一定水平后，经济陷入停滞的一类经济发展阶段。② 朴馥永在研究过程中，把超级发达国家作为基准，比较人均收入水平变化，去理解"中等收入陷阱"。对此，他提出，一个经济体人均收入水平与超级发达国家国民收入水平比例达到20%以后，其赶超速度开始放慢，长期停留在20%—60%的现象，就是"中等收入陷阱"。③ 蔡昉提出，当富裕国家因技术进步加快而变得越来越富有，最穷的国家在制造业领域甚至增长更快的同时，处于中间的国家则踯躅不前。这实际上就暗示了一个"中等收入陷阱"的

---

① 转引自马晓河《转型与发展——如何迈向高收入国家》，人民出版社2017年版，第16页。

② 安忠荣：《跨越"中等收入陷阱"：以韩国为例》，见孙学工等著《跨越中等收入陷阱》，社会科学文献出版社2015年版，第25—37页。

③ 朴馥永：《"中等收入陷阱"与经济转型：韩国的经验》，见马晓河主编《中韩可持续均衡发展战略》，中国计划出版社2012年版，第30—32页。

一般性理论解释，他将其概括为"比较优势真空论"。①刘伟认为，一个国家在低收入和中等收入时，所面临的发展难题和增长难题的差异是很大的，能够突破"贫困陷阱"的发展战略完全不适宜用于实现从中等收入到高收入的迈进。这意味着这些国家在经济发展到中等收入阶段后，遭遇内需不强、效率提高赶不上成本提高、创新不足等问题困扰。权衡指出，中等收入陷阱是指一些国家或地区在人均收入达到世界中等水平后，经济发展仍然过分依赖外在因素，不能顺利实现发展方式转变，导致新的增长动力特别是内生动力不足，经济因此停滞徘徊。②

"中等收入陷阱"与结构转型是一种什么关系？这是需要进一步厘清的问题。如前所述，结构转型在经济发展的任何阶段都会发生，但"中等收入陷阱"只是发生在经济发展的中等收入阶段。它是对中等收入阶段的区间特征性描述，离开此阶段，"中等收入陷阱"将无从谈起。这里中等收入阶段既包括了中低收入阶段，也包括了中高收入阶段。但是，"中等收入陷阱"实质上又是一个经济体进入中等收入阶段的结构转型问题。比如，从中高收入阶段向高收入阶段跨越过程中，在需求侧表现为，在临近高收入阶段门槛时期，消费对经济增长的贡献率开始提高，投资对经济增长的贡献率开始下降；在供给侧表现为，支撑经济增长的产业结构由以工业为主转向以服务业为主，制造业结构由劳动密集型产业为主转向以资本技术型产业为主。这些转变也伴随着社会结构的变化。人口大量向城市集聚带来了市民化社

---

① 蔡昉：《"中等收入陷阱"的理论、经验与针对性》，《经济学动态》2011年第12期。

② 高杰、何平、张锐：《"中等收入陷阱"理论述评》，《经济学动态》2013年第3期。

会的形成，中产阶层迅速成长带来了橄榄型社会的形成，这几方面的变化又要求体制变革，体制变革又引起了政治结构的转变。因此，一个经济体进入中等收入阶段后，会遇到不同于以往的矛盾冲突，也面临着新的结构转型。如果转型成功将会跨越"中等收入陷阱"，进入发达的高收入国家行列，否则将徘徊不前。

第二章

成功跨越"中等收入陷阱"的国际案例

日本、韩国、新加坡以及中国的台湾、香港等是国际公认的实现了成功跨越的国家和地区。而阿根廷、巴西、墨西哥、印尼、菲律宾、泰国、南非等国家就一直在中等收入国家行列徘徊，其原因就是这些国家没有及时调整发展战略和体制变革，经济结构、社会结构以及体制结构未能适应向高收入社会迈进的要求。在这两章中我们将以日本、韩国为成功案例，并以巴西、阿根廷为徘徊案例，来讨论它们在进入中等收入水平之后，在向高收入水平迈进过程中三大结构是如何变动的。

◇ 第一节 日本成功迈向高收入国家的经验案例

日本是从低收入国家进入中等收入国家继而顺利进入高收入国家行列的典型代表。明治维新以后至第二次世界大战以前，日本开始了现代经济增长，起始点在人均国民收入（GNI）为74美元（1965年美元价格），起步产业是劳动密集型特别是与农业联系紧密的纺织业和食品产业。第二次世界大战前，日本经济结构看似已经实现了从农业向非农业的结构转型，但实际上这种转型受到了非正常因素的催化作用。第二次世界大战结束后，日本面临着国民财富损毁45%、国内经济严重衰落的局面。然而，在此后的30多年里，日本经济先是得到迅速恢复，接着又连续实现了20多年的高速增长。比如1945—1951年日本经济增长率年均9.9%，1951—1955年年均为8.7%，1955—1972年年均达到9.7%。其中1955—1960年年均为8.5%、1960—1965年年均为9.8%、1966—1970年为11.6%，1970—1980年平均年增长4.5%。① 经济的快速增长，带来了日本人均国民收入的迅速增长。在1947年，日本人均国民收入仅为89美元，1950年为113美元，1955年209美元；1960年日本人均国民收入479美元，1965年为919.8美元，1970年上升到2037.6美元，到1980年后日本人均国民收入进入一万美元区间，1988年高达25051.9美元，超过美国人均21417美元的水平，1990年日本人均25359.4美元，2000年为38532美元，2016年38761.8美元（见图2—1）。② 从人均收入看，日本在20世纪70年代初期跨入到发达的高收入国家行列，尔后于20世纪70年代末期稳定迈向中等水平的发达国家，目前日本的现代化水平和经济发达程度已经处于世界前列。值得注意的是，日本在经历了25年的经济高速增长之后，当经济增长速度开始回落时，该经济体也恰好跨进发达的高收入经济发展阶段。

---

① 嘉肯行业研究部：《日本经济发展史摘要：1955—1980年高速增长时代》，http：//www.charcoln.com_201004jp.htm；日本经济的发展与现状，http：//web.cenet.org.cn/upfile/95421.doc。

② 1947—1955年人均收入是指人均国民收入，按照当年日元兑美元汇率折算；1960年及以后指的是人均国内生产总值。见《主要资本主义国家经济统计资料集》（1840—1960），世界知识出版社1962年版；世界银行数据库；张塞主编：《国际统计年鉴》，中国统计出版社1996年版。

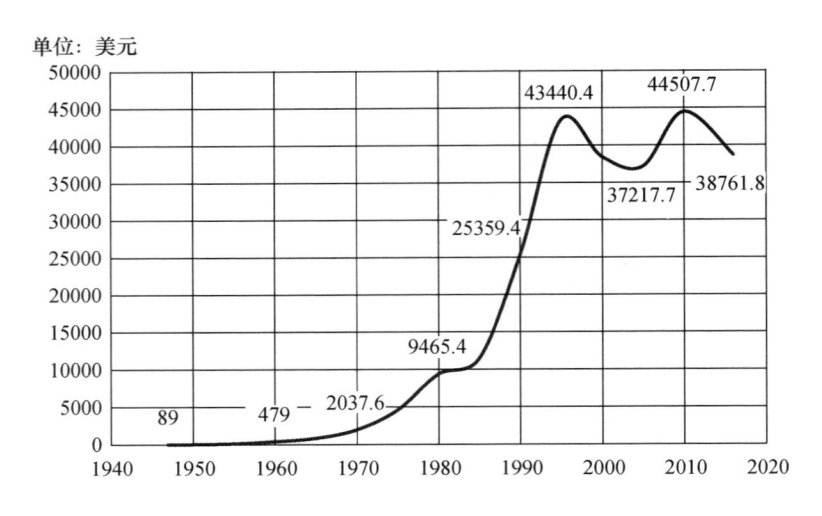

图 2—1 日本人均国内生产总值变化情况

资料来源：根据世界银行网站 World Bank Open Data 数据制作。

日本经济之所以能实现顺利转型，一跃进入发达国家行列，其中有四个重要原因。一是发展方式选择合理，产业结构梯次转换基本顺利，逐渐实现了高端化；二是需求结构实现了从投资率上升到消费率上升的转换；三是社会结构实现了成功转型，橄榄型社会形成，市民化社会建立，中产阶层人群占社会人口比重和城市人口比重都超过70%；四是政治体制结构转型有力地支持了日本向高收入社会迈进。

一 日本现代经济成长的基础

西蒙·库兹涅茨把日本现代经济成长的起始点确定在1874—1879年，他估计这一时期日本人均国民收入（GNI）为74美元（1965年美元价格），而西欧国家实现近代经济增长开始时人均国民收入在

200美元以上。此时，日本的产业结构中，农业产值占58.2%，工业产值比重占33.7%，其他产业占8.9%。在工业产业中，手工纺织业占全国总产值的8.3%，食品业占14%。还有，日本在开始现代经济增长时的消费率大约85%，投资率在15%。在1885—1915年间全国农业劳动生产率增长了81%，农户平均剩余率接近20%，农产品商品化率在30%—40%。在当时的日本消费结构中，居民用于食品消费支出占65%左右，其他消费支出为35%。[1] 从这些基础数据看，日本在19世纪70年代，具备了一定的现代经济增长的前提条件。

日本的现代工业部门不是从本土渐进培育成长起来的，而是在明治政府推行的"殖产兴业"政策支持下，学习引进欧美技术，自上而下培植起来的产物。日本现代经济增长是从发展劳动密集型产业即纺织业起步的，主要标志是以动力织机替代手工织机，由此推动了纺织业生产率的大幅度提高。1861年，日本国内土纱织布产量278万日本斤，到1891年土纱织布产量下降到198万日本斤，而同期内日本机纱织布产量由1867年的2万日本斤猛增到了520万日本斤。随着日本纺织业的迅速发展，日本的棉纱、棉布、纱织布进出口结构也发生了转折性变化。1887—1888年日本进口棉纱269千捆，出口量为零；1913—1914年棉纱进口量大幅度减少到2千捆，而出口量达到1039千捆。[2] 到了1913—1914年，日本生产的棉纱有32.6%是用于出口。在幕末明治初期，日本进口棉布量曾达到国内消费总量的70%左右，而到了1912年已经转变为大量出口棉布。日本的纺织业结构演变，

---

[1] 严立贤：《中国和日本的早期工业化与国内市场》，北京大学出版社1999年版，第128—146页。

[2] 严立贤：《中国和日本的早期工业化与国内市场》，北京大学出版社1999年版，第140—142页。

即从进口到进口替代再到出口导向。这一转变开始于幕末明治初期，基本完成于20世纪10年代。日本进入现代经济增长棉纺织业起到了主导作用。1887—1890年，日本棉纺织业的投资占全国各部门企业投资总额的40%，1900年日本纺织工业企业数占全国工厂数的73%，机器设备（以马力数计算）的46%，职工总数的67%。1914年，日本纺织业占工业总产值的43.7%，而金属、机器制造、电力和煤气、化学等部门只占24.2%。到了1930年，日本的纺织业在制造业中的比重，职工就业占51%，产值比重36%，出口比重64%。[①] 在现代经济成长初期，日本的贸易结构是从西方发达国家进口机器、机械、钢铁等重工业产品，向外出口生丝、茶叶、丝绸、针织品、棉纱、棉布等劳动密集型产品。可见，日本现代经济增长是以农业为基础、以发展劳动密集型产业为主导的，劳动密集产业发展也是由起初的进口替代转为出口导向。

　　1894年甲午战争和1904年日俄战争以后，日本重工业在政府主导下围绕军事扩张开始了畸形发展。政府不断投入大量资金用于军事扩张、土木、铁道、电话通讯、钢铁以及教育等方面，这些投入极大地拉动了重工业的迅速发展。现有资料表明，日本明治维新以后到二战之前，经济结构演变迅速。在投资结构上，日本的固定资本形成结构出现了两个变化：一是民间投资占全社会投资比重由1890年的82.6%下降到55.4%，政府投资比重由20.7%上升到44.6%。在政府投资中，用于军事的比重由20.7%上升到69.7%。二是在整个投资中，农业部门的投资占全社会投资比重由1890年的63.8%不断下降到9.5%。相反，非农业部门投资比重由36.2%迅速上升到

---

　　① 刘伟：《工业化进程中的产业结构研究》，中国人民大学出版社1995年版，第265—266页。

90.5%。随着日本的投资结构变化，经济增长也出现了结构性变化，农业生产总值在第二次世界大战前平均年均增长 1.34%，工矿业增长 6.25%，建筑业增长 5.36%，运输、通讯、公共事业增长 7.8%。① 投资和经济增长的结构性变化，带来的直接影响是国内生产净值结构发生了明显转型。1879—1883 年，农业在国内生产净值中所占比例为 62.5%，到 1924—1933 年降到 22.4%，而同期内采矿业、制造业、电力、煤气、水、运输、通讯、商业、银行、住房、保险和其他服务业占国内生产净值比重由 37.5% 上升到 77.6%。这一时期日本的劳动力就业结构也发生了转折性变化。1872 年日本农业部门的就业比重高达 85.8%，到 1920 年该比重下降到 54.6%，同期内采矿业、制造业、电力、煤气、水、运输、通讯等就业比重由 5.6% 上升到 37.4%，商业、银行、住房、保险和其他服务业等就业比重由 8.6% 上升到 35%。② 到 1940 年，日本的农业部门的劳动就业比重已经下降到 44.3%，非农部门的劳动就业比重已经上升到 55% 以上。③ 可以说，二战以前日本在军事扩张刺激下，经济结构出现了加速转型，这种转型非正常因素起到了催化作用，这些因素包括对外战争、掠夺殖民地资源、对内实行专制压缩社会消费，经济结构演变违背经济发展规律，在政府强力干预下向军事工业、向重化工倾斜。

---

① 严立贤：《中国和日本的早期工业化与国内市场》，北京大学出版社 1999 年版，第 158—159 页。

② [美] 西蒙·库茨涅兹著：《各国的经济增长》，常勋等译，商务印书馆 1985 年版，第 155、277 页。

③ 转引自杨公朴、干春晖主编《产业经济学》，复旦大学出版社 2005 年版，第 307 页。

二 第二次世界大战后经济起飞与产业结构转型

第二世界大战结束以后,麦克阿瑟将军带领美国军队于1945年8月进入日本,开始了长达7年的占领时期。① 战后受美国占领者影响,日本的经济结构、社会结构和政治结构都发生了重大变革。

首先,日本军国主义和法西斯主义势力得到彻底铲除和清洗,政府强制干预经济的力量被大大削弱,这使得日本社会能按市场经济规律安排经济发展。当时,在选择经济发展动力上,国内舆论普遍认为,日本经济发展的主要驱动力应该是出口导向型机械工业。但是,那时日本的机械工业在国际市场并不具备优势,最终日本在经济恢复期还是优先发展了劳动密集型产业。② 在此一时期,日本进行了"农地改革",并实施"重建纤维工业"的三年计划,民间投资增长空间也得到了很大拓展,这就使得产业结构进行了重新调整,以纺织、食品为主的劳动密集型产业得到了优先快速发展,重化工业放慢了增长步伐。从产出结构看,从1945—1955年,日本的纺织工业生产指数增长了10.4倍,而钢铁冶炼、机械制造、化学工业、石油及煤制品分别增长了2.3倍、73.6%、3.8倍和5.8倍。从就业结构看,战后日本农业就业份额从44.3%又上升到48.5%,第二产业就业份额从26.0%下降到21.8%。③ 农地改革的成功推动了农业的发展,三年纤

---

① 郑毅著:《美国对日本的占领史》(1945—1952),北京大学出版社1999年版,"前言"第1—6页。
② [美] 约瑟夫·E. 斯蒂格利茨、沙希德·优素福编:《东亚奇迹的反思》,王玉清、朱文晖译,中国人民大学出版社2003年版,第228页。
③ 转引自杨公朴、干春晖主编《产业经济学》,复旦大学出版社2005年版,第307页。

维工业发展计划也使得轻纺工业得到了恢复性增长,由此增强了日本的资本积累能力,为下一步经济结构转换奠定了基础。

进入20世纪50年代后,在以纺织、食品为主的劳动密集型产业迅速发展的同时,日本陆续实施了一系列与重化工产业有关的合理化发展计划。比如"钢铁第一次合理化计划""汽车合理化三年计划""煤炭合理化三年计划""化肥合理化五年计划""造船合理化五年计划""电源开发五年计划"等。[①] 这一时期,日本产业结构重心开始由以纺织、食品为主的劳动密集型产业向资本密集的重化工业转型。从1955—1960年,日本的纺织工业只增长了62.4%,而钢铁冶炼、机械制造、化学工业、石油及煤制品分别增长了1.21倍、3.44倍、96.3%、1.71倍。1960年代,日本工业结构又出现了高加工度化的趋势,汽车工业、家电工业的崛起与迅速增长推动了工业的发展。20世纪70年代,带动工业发展的是精密机械、电气机械、一般机械和运输机械等装备制造业。20世纪80年代后,促进日本工业结构转变的主要力量是技术密集化和高附加值化,造船工业、电气及电子工业、汽车工业、民用电气机械工业等通过机器人、数控机床和微电子技术的利用获得了迅速发展。

日本的产业结构转换是成功的。根据有关资料,1950—1962年间日本全要素生产率的提高对经济增长的贡献率为67%;1965—1985年间,日本经济增长中约32%归因于技术变化,55%归因于资本投入的增加,13%归因于劳动投入的增加。相比之下,美国同期经济增长中约20%归因于技术变化,45%归因于资本投入的增加,35%归因于

---

① 王金照等著:《典型国家工业化历程比较与启示》,中国发展出版社2010年版,第43页。

劳动投入的增加。① 日本产业结构转换的明显特点是，农业在国民产值结构中的比重持续下降。在20世纪40年代中期，农业在国民产值结构中的比重还大于工业，到20世纪50年代中期，工业在国民产值结构中的比重就超过农业，在人均国民收入大约1000美元时，农业的比重下降到10%以下。工业的比重是先上升后下降，在人均国民收入大约2000美元时比重达到最高（1970年第二产业为46.7%），此后连续下降。服务业加快对农业和工业的替代，发生在人均1000美元以后；在人均2000美元左右时，即按2010年美元折合为10000美元时，服务业在国民产值结构中的比重达到60%（见表2—1）。

从劳动就业结构分析，日本产业结构转换的特点也比较明显。从表2—2可以看出，第二次世界大战后在以纺织、食品为主的劳动密集型产业优先发展阶段，农业部门的劳动力比重是上升的，20世纪40年代中期达到最高，到1950年农业劳动力比重还保持在48.5%，此后农业劳动力比重下降进入较快时期。从1950—1970年，日本农业劳动力比重下降了31.1个百分点，有13.9个百分点是由第二产业替代，有17.2个百分点由第三产业替代。1970年后，劳动力在产业间发生替代既发生在服务业和农业部门之间，也发生在服务业和工业部门之间。1970—1994年，农业部门就业比重下降了11.5个百分点，工业部门就业比重也开始下降，由35.7%下降到34.3%，下降了1.4个百分点，农业和工业两部门下降的12.9个百分点全部由服务业替代。由上述分析可见，无论是产值结构还是劳动力结构，工业比重从上升到下降的转折时间都发生在20世纪70年代初期，此时恰恰是日本迈进发达的高收入阶段门槛的时间段。

---

① 郭金龙：《经济增长方式转变的国际比较》，中国发展出版社2000年版，第130—134页。

表 2—1　　　　　第二次世界大战后日本产业结构演变情况

年份	人均GDP（美元）	合计（%）	农业（%）	工业（%）	服务业（%）
1947	89*	100	35.5	23.7	40.8
1955	209*	100	20.0	25.5	54.5
1960	479	100	13.0	37.0	50.0
1965	919.8	100	10.0	36.0	54.0
1970	2037.6	100	6.0	39.0	55.0
1975	4659.1	100	5.0	32.0	63.0
1980	9465.4	100	4.0	34.0	62.0
2000	38532.0	100	1.5	30.0	68.5
2010	44507.7	100	1.1	28.5	70.4
2016	38761.8	100	1.1	28.9	70.0

注：* 该数据是人均国民收入 GNI。

资料来源：根据麦迪森《主要资本主义国家经济统计资料集》和郭金龙《经济增长方式转变的国际比较》，中国发展出版社2000年版，第132页和世界银行网站 World Bank Open Data 数据整理。

表 2—2　　　　　日本劳动力就业结构变化　　　　　　　　单位：%

年份	合计	第一产业	第二产业	第三产业
1910	100	59.5	18.7	21.4
1920	100	53.8	20.5	23.7
1930	100	49.7	20.3	29.8
1940	100	44.3	26.0	29.8
1946	100	50.0	22.0	26.0
1950	100	48.5	21.8	29.7
1960	100	32.7	29.1	38.2
1970	100	17.4	35.7	46.9
1980	100	10.4	35.3	54.3

续表

年份	合计	第一产业	第二产业	第三产业
1990	100	7.2	34.1	58.7
1994	100	5.9	34.3	59.8

资料来源：转引自杨公朴、干春晖主编《产业经济学》，复旦大学出版社2005年版，第307页，1946年数据来自王金照等著《典型国家工业化历程比较与启示》，中国发展出版社2010年版，第3页；1970—1994年数据来自张塞主编：《国际统计年鉴1996》第297—298页（中国统计出版社1996年版）。

三　需求结构转换支持了产业结构高级化

日本的产业结构演变是与需求结构紧密联系的。战后，日本产业结构演变，先从劳动密集型产业优先发展开始，接着进入重化工业成为主导产业的时期，而后就是高加工度的装备制造业领军，实现了产业技术密集化和高附加值化。这种产业结构高级化的过程，始终有着本国需求结构的支撑。

首先，日本实行外向型发展战略，出口导向拉动经济增长。在从低收入阶段向发达的高收入阶段迈进过程中，政府采取了有利于出口的政策，鼓励企业生产和出口具有比较优势的产品，并换回国内需要的其他产品，从而促进经济发展。实际上，日本采取的发展战略，就是将本国经济发展从一个市场空间变为两个市场空间，让本国经济发展依托国内和国际两个市场、两种资源。从1951—1973年，日本出口年均增长6.0%，进口年均增长7.9%，特别是在从中高收入阶段向高收入阶段跨越时出口增长速度达到最高。[①] 表2—3是日本1960

---

① 刘伟：《工业化进程中的产业结构研究》，中国人民大学出版社1995年版，第142页。

年到 2010 年的商品和服务进出口占国内生产总值比重的变化情况，从中可以看出，日本的对外贸易依赖度是比较高的，20 世纪 60 年代商品和服务出口占国内生产总值比重大多数年份都在 20% 以上，70 年代上升到 25% 以上。对外贸易对日本经济增长起到了举足轻重的作用。在进入中高收入阶段后，日本的出口对经济增长贡献大多数年份在 20% 以上，其中有些年份在 50% 以上，甚至高达 70%。[①] 更重要的是日本在人均 GDP10000 美元（2010 美元价格）时，商品出口结构中制造业所占比重已经达到 93.3%。[②]

表 2—3　　1960—2010 年日本商品和服务进出口占 GDP 比重　　单位:%

年份	合计	出口	进口
1960	21.10	10.72	10.29
1965	19.66	10.52	9.14
1970	20.10	10.6	9.5
1975	25.27	12.55	12.72
1980	27.98	13.43	14.55
1985	24.99	14.10	10.89
1990	19.80	10.30	9.5
1995	16.88	8.97	7.71
2000	19.80	10.60	9.2
2010	28.62	15.04	13.58

资料来源：根据世界银行网站 World Bank Open Data 数据整理。

[①] 张季风著：《日本经济结构转型：经验、教训、与启示》，中国社会科学出版社 2010 年版，第 96—97 页。该书第 6 页 1971 年日本外贸出口增长 19.8%，1975 年 17%。

[②] 马洪主编：《经济增长方式转变的国际比较》，中国发展出版社 2000 年版，第 185 页。

其次，投资、消费的结构性变动支持产业结构转型升级。20世纪40年代中期到50年代初期，日本人均收入水平低，居民将绝大部分收入用于消费，社会缺乏资本积累，但劳动力有所剩余，此时发展劳动密集型产业恰好与这种需求结构相对应。此后，随着居民收入水平的提高，家庭开始有了收入结余，消费需求结构也发生了变化，社会对水、电、路、房、通讯等需求出现了大幅度增长，资本开始投向重化工产业。重化工业获得发展之后，又进一步带动了高加工度制造业的发展。在重化工业和高加工度制造业发展过程中，资本对经济增长的贡献率不断上升，消费对经济增长的贡献率不断下降。第二次世界大战后，在1945—1955年，日本大力增加投资特别是设备投资，把尽可能多的资本投向生产，支持经济发展和产业结构转型。这一时期投资对经济增长的贡献开始迅速上升，一直到20世纪70年代初期，日本的投资率高达40.92%。但是，到20世纪50年代末和60年代，日本经济发展开始暴露出了明显的问题，经济增长过度依赖投资带动，工厂运用新技术生产的电视机、电冰箱、空调等卖不出去，同时社会失业人口增加，劳资关系紧张并出现了长时间的罢工。1960年，日本宣布启动为期十年的"国民收入倍增计划"，主要目标是，将国民生产总值增加一倍，实现完全就业，大幅度提高国民生活水平，缩小农业与非农业、大企业与小企业、地区之间以及收入阶层之间存在的生活和收入上的差距，使国民经济和国民生活均衡发展。此后，日本国民收入不仅有了大幅度的增长，而且阶层间收入差距明显缩小，城乡间收入差距基本消除。收入差距的缩小以及城乡差距的消除，大大有利于消费需求的增长。从统计资料分析，日本在经济结构转型过程中，投资率（对经济增长的贡献）经历了先升后降、消费率先降后升的过程。从图2—2可以看出，日本的投资从20世纪50年代一直上升，到1970年达到最高40.92%，此后持续下降，到2010年降到21.3%，投资率变化呈现出上凸的抛物线特征。与投资对经济增长贡献相反，日本的消费率从1950—1970年一直下降，由77%下降到59.98%，此后不断上升，到2010年达到77.24%，日本消费率的变化呈现下凹的U型曲线特征。从投资和消费两条曲线变化还可以看出，日本投资率从升到降、消费率由降到升的拐点都发生在20世纪70年代初期，工业比重由升转降也恰恰出现在这一时期。此时人均国内生产总值在2000美元左右，折合成2010年美元价格为10000美元左右。①

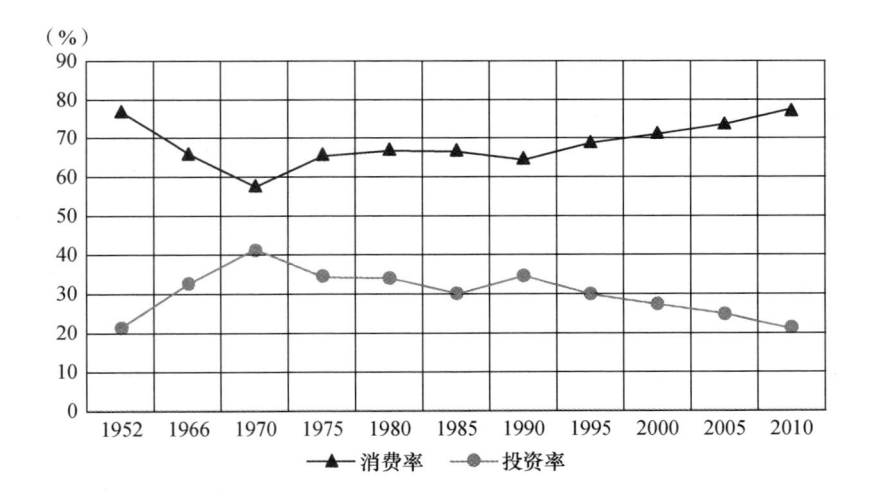

图2—2 日本1950—2010年投资率和消费率变化曲线

注：1950年日本投资率是1952年的统计数据。

---

① 通过测算，1970年1美元相当于2010年的5.38美元。

四 橄榄型社会和市民化社会结构已经形成

一国（或一个地区）的经济增长，首先是工业对农业的替代，而后是服务业对工业的替代，在产业替代过程中还伴随着人口地域空间上的结构变化，这就是城市化过程。尤其是在后工业化时代，服务业对工业的替代很大程度上依赖于人口从农村向城市的集聚。因为，人口向城市集中，既带来了服务业需求规模的扩张，也带来了需求结构的升级，由此拉动了服务业的发展，最终使服务业发展超过工业。同时，人口向城市集中还带来了投资和消费的增长，进而推动了经济的进一步发展。一国城市化有三种类型。第一种是工业化与城市化同步推进，以欧美国家为代表。这类国家在工业化推进时，由于要素是自由流动的，工业的集中和集群式发展，带来了人口在空间的集聚，使城市人口不断增加。第二种是城市化快于工业化，以拉美国家为代表。在经济起飞阶段，这类国家都选择了进口替代的工业化发展方式，过早推进重化工业的发展。由于这些国家中劳动力资源供给普遍充裕，而资本高度稀缺，此时推进资本密集度很高的重化工业发展，必然会造成劳动力更加过剩和社会资本更加不足的矛盾。与此同时，土地集中在大地主手中，农业采取资本替代劳动的路线，由此产生了大量无地或少地的穷人。这些人相继涌入城市，又使得城市人口集聚过快、过多。但是，适合就业的劳动密集产业发展并不足，城市政府又缺乏为进城人口提供公共服务的能力，这使城市出现大量失业人口。因此导致人口过度城市化，与工业化发展明显脱节。第三种是城市化慢于工业化，以中国、越南等为代表。在经济起飞阶段，这类国家都选择了重工业优先发展的方式，此后虽然进行了改革，产业发展顺序也得到了矫正，但由于劳动力、土地、资金等不能在城乡之间完全自由流动，导致劳动力、土地、资金等优先向非农产业特别是制造业集中，带来了工业化优先突进，而劳动力受城乡户籍制度限制，进入非农产业的劳动力不能实现市民化，由此导致人口城市化滞后于工业化。

日本城市化与工业化是同步进行的。日本是人口密集、资源稀缺的东亚型经济体，适合于紧凑型城市化。在20世纪20年代之前，日本城市化还较为缓慢。1919年日本工业总产值超过农业，农村劳动力转移步伐开始加快。1920年约有18%的日本人居住在城市，1938年城市化水平达到38%左右。[①] 从1920—1938年，城市化率上升了20个百分点，年均提高1.11个百分点。从20世纪30年代到1945年，受战争影响日本城市化率维持在38%左右。战后随着工业化快速推进和经济的恢复性增长，20世纪50年代初期城市化率上升到45%，50年代中期进一步上升到56%左右，50年代末期超过60%，[②] 于1960年达到63.27%，到1970年城市化率超过70%，高达71.88%。从图2—2和表2—4可以看出，日本城市化率上升最快时期恰恰是经济增长最快阶段，当经济增长放慢、人均收入跨入10000美元门槛时（2010年美元价格），城市化速度放慢。第二次世界大战后，日本用了25年时间，将城市化率提高了30个百分点以上，年均大约提高1.35个百分点，从不足40%提高到70%以上。而美国、法国等发达国家用了70—80年时间，将城市化率由40%提高到70%—

---

① 申兵、欧阳慧、汪阳红等著：《我国农民工市民化问题研究》，中国计划出版社2013年版，第215页。

② 王金照等著：《典型国家工业化历程比较与启示》，中国发展出版社2010年版，第77页。

80%。日本城市化的转折点出现在人均 GDP10000 美元左右，此后城市化率上升幅度放慢。1970 年以后的 46 年时间里，日本将城市化率提高了 22 个百分点。显然，日本城市化经历了一个先慢后快再变慢的过程。1945—1970 年间是日本城市化进程最快的时期，是市民化社会的完成阶段。1970—2016 年是日本城市化稳定及缓慢增长时期，同时也是市民化社会的成熟阶段。

城市化与工业化的同步推进，不仅有利于经济结构转型，而且还有利于中产阶层的形成和成长。因为，人口向城市集中，带来了服务业的需求扩张和产业结构的转型，也带来了投资和消费的增长，这些变化都使得城市人口的收入有了显著增加，给中产阶层成长创造了有利环境。同时，有几项政策制度安排对日本中产阶层成长起到了促进作用。

一是日本于 1948 年开始在农村推行的"农村生活改善普及事业运动"，在 20 世纪 60 年代步入轨道后，创立农村生活改善资金制度，以无息贷款形式支持农村厕所、厨房、洗澡间等改革，重点支持农业的组织化经营，保证农业的可持续发展能力。这一运动在增加农民收入、改善农村生活环境，最终缩小城乡差距方面起到了积极作用。

二是 20 世纪 60 年代，日本推行的十年"国民收入倍增计划"，在税收、金融、公共投资补贴等方面，支持财政基础薄弱地区和中小企业的发展，使得日本地区、阶层之间收入差距不断缩小。

三是日本较早建立起养老保险、医疗保险、工伤事故保险、雇佣保险等全民覆盖且城乡标准统一的社会保障制度。1927 年，针对工人的疾病与工伤问题，日本在城市实施了《健康保险法》。1938 年，日本首次颁布《国民健康保险法》，统一纳入农村居民，到 1944 年保险几乎覆盖了全国所有市町村。1959 年颁布、1961 年开始实施的新

《国民健康保险法》，要求全国的农户、个体经营者等无固定职业和收入者均强制加入这一医疗保险。1946年颁布了《生活保护法》，明确国家承担对全体国民最低生活保障责任。此后又还颁布了《儿童福利法》《残疾人福利法》等法令。[①] 1961年日本实施了《国民年金法》。至此日本覆盖全民的社会福利体系基本建立起来，城乡统一的社会保障制度既促进了农村人口市民化，又推动了中产阶层的稳定成长。

四是城市政府采取积极措施解决外来人口入居城市问题。当时各大城市政府均出台各种廉租房政策，东京、大阪等都建造了数量不等的新城区，在新城区中建成了一批"公团住宅"，解决了数以百万计的人口居住问题。

五是义务教育的普及与提高，也给中产阶层的成长创造了条件。战后，日本把义务教育提高到初中，此后高中、大学教育也日益普及。教育普及和教育程度的提高，对中产阶层意识形成起到了很大的促进作用。

另外，税收制度的调节作用，也有利于缩小阶层收入差距，促进中产群体稳定成长。以上政策措施既给低收入阶层兜了底，也给中产阶层稳定成长创造了难得的条件。由此，日本的低收入阶层人口比重不断下降，中产阶层人口规模迅速扩大。据有关调查，从1955—1975年，日本人认为自己属于"中间阶层"的人由42.5%上升到77%，而认为自己属"下层社会"的由57.4%下降到21.8%。可见，到20世纪70年代，日本已形成中产阶层占大多数的"橄榄"型社会结构。中产阶层受过良好的教育，从事有知识、有体面的职业，有社会经济地位。他们是社会稳定的基石，是创新的主要群体，也是社会消费的

---

① 申兵、欧阳慧、汪阳红等著：《我国农民工市民化问题研究》，中国计划出版社2013年版，第218页。

主体，更是构建高品质民主社会的支撑条件。中产阶层群体规模的扩大和橄榄型社会结构的形成，为日本向发达的高收入国家迈进、实现现代化奠定了牢靠的人力资本基础。

表2—4　　　　　日本城市人口及占全国人口比重变化　　　　单位：万人、%

年份	总人口	城市人口	城市化率	人均GDP
1945	—	—	38	—
1947	—	—	38	89*
1955	—	—	56	209*
1960	9250.0	5852.7	63.27	479
1965	9888.3	6711.0	67.87	919.8
1970	10434.5	7500.0	71.88	2037.6
1975	11194.0	8476.0	75.72	4659.1
1980	11678.2	8895.8	76.18	9465.4
1985	12078.2	9263.2	76.71	11584.6
1990	12353.7	9554.2	77.34	25359.3
1995	12543.9	9786.2	78.02	43440.3
2000	12684.3	9976.1	78.65	38532.0
2005	12777.3	10985.7	85.98	37217.6
2010	12807.0	11593.2	90.52	44507.7
2016	12699.5	11928.4	93.93	38761.8

注：数据为GNI。

资料来源：根据世界银行网站World Bank Open Data数据整理。

五　政治体制改革促进了经济结构有效转型

第二次世界大战后，美国对日本实行了单独占领。在美国主导下，日本实行了西式民主政治制度的改革，对日本从政治、经济、军事、教育、法律、宗教、社会等方面进行了全方位彻底改造。在政治体制改革方面，制订了和平宪法，改革了天皇制，对议会、内阁、司法等制度进行了较为彻底的改造。同时，改革中央集权制，实行地方自治。在经济体制改革方面，实行了"农地改革""改组财阀"和"劳动改革"等。第二次世界大战后的日本改革不亚于明治维新改革，它使日本从战前超集权主义直接转化为民主主义。[①] 这种民主化改革，为此后日本经济快速、健康发展奠定了制度基础，促使日本完成了从战时统制经济向政府引导的市场经济的转变,[②] 为日本向发达的高收入国家行列迈进扫清了制度障碍。

日本的政治制度与美国的政治制度有所区别。两国虽然同属资本主义国家，实行的是以立法、司法、行政三权分立为基础的政治制度，但美国是民主立宪，日本是君主立宪。美国总统由选民间接选出，他（她）是国家元首，也是政府首脑，行使行政权。总统与政府只对选民负责不对国会负责，而国会具有立法权和代表权两个重要法定职责，对总统有监督权力。日本君主（天皇）是世袭，终身任职。战后经过改革，取消了天皇的立法权、行政权，天皇无权参与国政，"皇权"被限定在宪法规定的范围之内，天皇的权力实质上被高高"挂起"，其职责大多是礼仪性和象征性的。国会是日本的最高权力机构与立法机构，内阁是最高行政机关。在国会中，众、参议员由选区选民直接选举产生，首相是日本最高行政首脑，由政党提名、国会众

[①] 郑毅著：《美国对日占领史》（1945—1952），南京大学出版社2016年版，"前言"第1—6页。

[②] 张季风著：《日本经济结构转型、教训与启示》，中国社会科学出版社2016年版，第11页。

参两院议员投票选举产生，最后由天皇任命。可以看出，在某种程度上，战后日本政治体制改革是将战前的二元制君主立宪制度，转向议会制君主立宪制度。

在日本政治结构中还有另一个特点。尽管它是多党制国家，但从1955—2009年，自民党一直在执政（在1993—1995年短暂失败），日本是在自民党带领下由低收入国家成功跨进发达国家行列的。自民党执政成功有两个主要原因：一是党内"一党多派"，无形中编织了党内权力制约的"笼子"。自民党经过30多年的分化改组，在党内演变成了五大派系，包括竹下派、中曾根派、安倍派、宫泽派和河本派。一党多派，形成了党内互相监督制约的局面，执政中一旦发生突发事件，都能在党内实施有效轮替和权力接应。二是尽管自民党长期执政，在野党一直"在野"，但在野党始终尽职地对执政党实行实质性监控，加上社会和媒体的监督，共同组成了一个社会"大笼子"，将执政党的执政权力牢牢地限定在法律框架之内。

另外一个特点是，日本是一种政府导向型的市场经济，政府对经济增长存在着大量的干预行为。第一是确立"贸易立国"的经济发展战略，确定产业发展重点；第二是政府直接对公共事业投资，为私人资本进入市场创造良好的外部条件；第三是制定合理的产业政策，以减免税收、价格补贴以及进出口管理等政策，影响市场资源要素的配置，支持企业兼并和规模经济，鼓励出口和技术创新，引导社会资源向政府需要的领域流动；第四是政府通过与企业尤其是大企业之间的"特殊"关系（政府派官员到大企业任职），保证企业的经营符合政府的既定发展方向。同时，政府还运用财税政策，比如为中小企业提供政策性贷款、为中小企业提供政策性担保等，支持中小企业的发展。

在政府对市场经济的大量干预下，经济在起飞阶段确实取得了持续快速的发展。高速道路、新干线、国际机场、发电厂、港口码头等基础设施空前进步，国民收入持续增加，居民生活得到极大改善。但是，政府干预市场经济的行为，也不可避免地带来了腐败、贪污、浪费、金权政治、密室政治等问题。此时，一个成长着的"一亿总中流"中产阶层不断提出诉求，要求政府减少对社会的干预，扩大民主、扩大自治、扩大民众的政治参与权利。

对此，日本政治制度和社会治理进行了以下变革：一是放宽对民间组织的管理。1998年出台《特定非营利活动促进法》，降低了非营利组织成立的门槛，使得非政府组织、非营利组织容易获得合法身份。二是扩大公民表达、疏通利益诉求渠道。鼓励支持公民通过参与非营利组织来参与政治。政府重视公民以及民间组织的自我管理、自我监督，给予公民充分的自主权，加强居民的自治权利；政府采取的措施有让市民参与共同表决投票方式之外的决策过程，由当地居民来补充完善政府服务，城市内部分权等；利用公共礼堂、美术馆、写字楼学校开展"社区营造研习会"（workshop），让市民自发组织、自由发言、全员参与体验等。三是建立政府、民众、非营利组织之间的新型合作互补关系。日本泡沫经济破灭后，政府提出了结构改革的方案与措施，主要是建立市场机制作用下的公共部门管理，大幅度消减政府在经济发展中的功能和作用，由大政府向小政府转变。明确政府与民众不是管理与被管理的关系，而是治理代替管理，由管理向治理、自治过渡，走一条社会公共治理的道路。四是大力开展公民教育，提升人力资本。如在全国各地建立公民馆，举办文化补习、定期讲座、展览会、讨论会；建立不同层次的图书馆；对在学校学生进行公民教育；鼓励对企业员工的技能、知识、价值理念等方面进行培养；鼓励市民积极参与非营利组织活动提升自己的公民素质等。① 这些变革调整和改善了政府与市场、政府与社会、政府与民众之间的关系，一个适应发达的高收入国家的社会政治体制形态由此逐渐形成了。

进入20世纪90年代后，日本经济增长速度开始持续回落，从1991—2016年经济增长年均0.99%，其中1998年、1999年、2008年和2011年还出现了负增长。对此，有不少人认为日本经济在衰退，已陷入"失落20年"。虽然日本经济增长放慢了，但并未出现经济大萧条，日本在世界上的现代化强国地位一直未变。日本GDP总量长期稳居世界前三，2016年人均GDP为38762美元，是中国的4.8倍，海外净资产也在全球排在第一。日本经济是高质量增长，产业在国际产业分工中一直处于高端地位，人力资本积累水平高，始终保持着很强的科技竞争能力。另外，还要看到日本已经是成熟的现代化国家，经济增长速度下降和长期低速增长是历史的必然，不能用中等收入阶段的视角去评价和衡量高收入阶段的问题。

第二节　韩国成功迈向高收入国家的经验案例

韩国的经济起飞比日本要晚一个时期。在20世纪50年代它还是一个贫穷国家，1953年人均GDP仅为67美元。后来，由于经济结构和社会结构转型顺利，韩国实现了30多年的高速增长，很快从中等收入迈向高收入国家，创造了令世人瞩目的"汉江奇迹"。按照2010

---

① 胡澎：《从"中央集权"到"官民共治"日本社会治理的新走向"》，《国家治理》2014年第23期。

年美元不变价格计算,从 1960—1993 年,韩国经济年平均增长 9.4%,其中 1980—1990 年间年平均增长 9.9%。经济高速增长使得韩国国民人均收入水平不断提高。1961 年韩国人均国民收入 100 美元,1970 年 280 美元,1975 年 650 美元,1980 年 1860 美元,1990 年 6360 美元,1993 年 8860 美元,2000 年 10740 美元,2005 年 17790 美元,2010 年 21260 美元,2016 年进一步上升到 27600 美元。① 按照世界银行标准,韩国在 1993 年就从中等收入国家跨入高收入国家行列(见图 2—3)。②

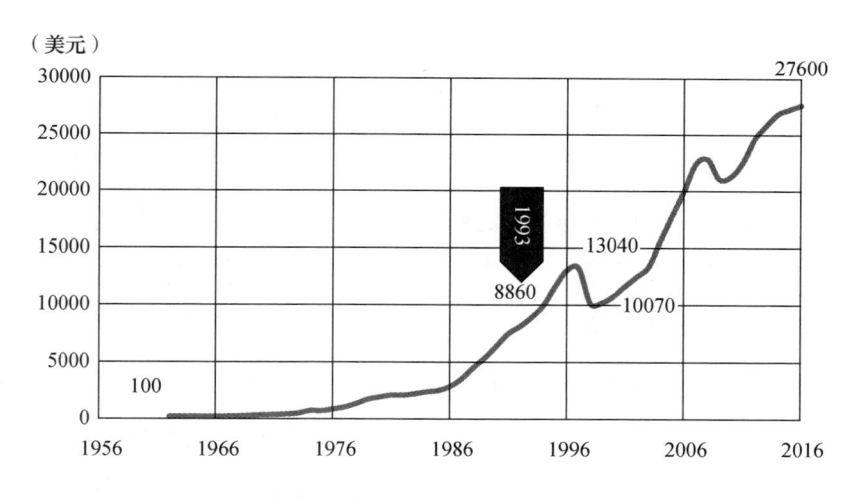

图 2—3 韩国人均国民收入 GNI 变化情况

资料来源:根据世界银行网站 World Bank Open Data 数据整理。

---

① 2000 年以前韩国人均收入是指人均国内生产总值,之后是指人均国民收入(GNI)。

② 世界银行测算,1993 年人均 GNI 在 695 美元及以下的为低收入国家;达到 696—2785 美元为下中等收入国家;达到 2786—8625 美元为中高收入国家;达到 8626 美元及以上国家为高收入国家。

一　选择优势起步推进产业结构合理化

韩国之所以能一举成为发达国家，首先得益于能抓住历史机遇，发展有比较优势的产业，从劳动密集产业发展入手，进而适时过渡到重化工发展阶段，然后进一步向高加工度和产业精细化阶段迈进，最后将韩国产业发展推向知识技术密集化和高附加值化。

第二次世界大战后，韩国40%的加工工业和90%的采掘工业企业倒闭，全国失业人口占总就业人口的40%，当时农林渔业附加值占整个产业的45%以上，矿业及制造业占10%左右。这一时期主要依靠美国援助物资，发展内向型经济，恢复经济增长。进入20世纪60年代，韩国经济开始起飞时，韩国抓住美、日等发达国家将劳动密集型产业转移到发展中国家的机会，利用本国劳动力资源优势，发展以出口为导向的劳动密集型产业。政府提出了贸易立国、出口第一主义，制定税收减免政策、金融优惠政策、出口补贴及汇率政策，积极引进外资和技术，把轻纺工业、农业、矿产采掘业等作为发展重点，这一时期，产业结构变动主要是实现了工业对农业的替代。

进入20世纪70年代，韩国开始出现劳动力短缺和工资上涨，西方发达国家也出现了经济衰退，后起的发展中国家在劳动密集型产业发展方面开始与韩国竞争。韩国利用发达国家重化工业向新兴发展中国家转移的机遇，大力发展钢铁、非铁金属、机械、造船、汽车、电子、石油化工、水泥、陶瓷等具有资本密集性质的重化工业，到1980年重化工业在制造业中的比重达到50%以上。到了80年代，韩国农业占GDP中的比重下降到个位数，工业占GDP比重达到最高，服务业比重一直是上升趋势。这一阶段，随着国际市场竞争日趋激烈，韩国提出"产业结构高级化"政策目标,对传统重化工业进行技术升级改造,并大力发展精细化工、精密仪器、计算机、电子机械等。值得关注的是,这一时期韩国发展最快的是半导体、电子产业和汽车产业,政府修订了《电子工业振兴法》,制订了产业高速化计划,三星、现代、LG 等大企业对彩色电视、录像机(VTR)、微波炉、电脑、半导体、电子交换器开始大规模投资。汽车产业也在这一时期确立了具有国际竞争力的生产体系,现代汽车开始研发自己的发动机。到 20 世纪 80 年代后半期,随着国内居民收入水平的快速增长,汽车大众化需求直接拉动汽车产业高速发展,使韩国成为世界十大汽车生产国①。

20 世纪 90 年代,是韩国从中高收入国家向高收入国家迈进的关键时期。1993 年,韩国人均 GNI 达到 8860 美元,超过世界银行所界定的高收入国家人均 GNI 最低门槛值 8626 美元。这一时期,由于产业投资过度、企业收入恶化,最终于 1997 年爆发金融危机。当时面对国内经济衰退、失业增加、阶层收入分化,韩国开始大力推进金融体系、劳动市场、公共部门的改革,并调整企业结构,转向重点发展知识密集型产业和服务业,如计算机、半导体、生物技术、新材料、精细化工、航天航空等产业,最终使这一时期经济增长仍保持了年均 6.9% 的速度。进入 21 世纪之后,韩国提出发展"十大引擎产业",大力促进数字电视、液晶显示器、智能机器人、新能源汽车、新一代半导体、新一代互联网、智能型家庭网络系统、数字内容软件、新一代电池、生物新药以及人工脏器等产业的发展,使经济发展保持了年均 3.88% 的增长速度。

韩国在向高收入国家迈进过程中,产业结构的变化有几个转折

---

① 朴馥水:《中等收入陷阱与经济转型:韩国的经验》,马晓河主编《中韩可持续均衡发展战略》,中国计划出版社 2012 年版,第 40 页。

点。一个是 1973 年，此前产业结构转换主要是工业对农业的替代，到 1973 年工业增加值占 GDP 比重开始超过农业，此后便继续保持了工业的高速增长，工业增加值占 GDP 比重于 1990 年达到最高。这一时期韩国的产业结构转换主要发生在工业内部，特点是制造业结构不断高度化，先是从劳动密集型向资本密集产业转型，进而又向技术密集性方向转化，同期内服务业也加快发展，到 1990 年服务业增加值比重开始超过农业和工业比重总和。另一个重要转折点是 1993 年，即实现向高收入国家门槛跨越时，韩国服务业增加值占 GDP 比重为 54.4%，工业为 39.11%（表 2—5）。在跨越时点上，同日本相比，韩国的工业比重较高，服务业比重较低。显然，这种特点与韩国对外出口结构有着密切关系。

表 2—5　　　　　　　　韩国产业结构演变情况

年份	人均 GNI（美元）	农业（%）	工业（%）	服务业（%）
1960	100	38.98	18.38	42.64
1965	130	39.43	24.36	36.21
1970	280	28.89	26.85	44.26
1973	430	26.44	29.50	44.06
1975	650	26.86	29.07	44.07
1980	1860	15.91	35.44	48.65
1985	2450	13.03	37.24	49.73
1990	6360	8.43	39.64	51.93
1993	8860	6.49	39.11	54.40
1995	11600	5.89	39.51	54.60
2000	10700	4.39	38.09	57.52
2016	27600	2.20	38.56	59.24

资料来源：根据世界银行 World Bank Open Data 数据整理。

在韩国的产业结构转换中，技术进步起到了主要作用。进入20世纪80年代后，韩国的R&D投入开始急剧增长。1980年之前在GDP当中R&D比例一直停留在0.3%—0.5%，但在1980—1995年从0.5%上升到2.5%，增长了5倍。需要强调的是，R&D支出的增加大部分是由民间企业创造的[①]。在向发达的高收入国家冲刺的最后十多年里，韩国成功避免"中等收入陷阱"的一个原因就是鼓励增加R&D，积极引进国外技术，支持企业技术创新。在技术开发方面，韩国实行了技术开发准备金制度，从1972年起企业可按销售收入总额的3%（技术密集型企业4%，生产资料企业5%），在税前提取研发基金，用于技术开发。韩国还设立了自由贸易区，对区内高技术投资者给予减免税政策。对于企业研发机构开发新技术或新产品需要从国外进口的，免予特别消费税，并减免关税。法人购置的土地、建筑物等如果用于技术研发，4年内免征财产税和综合土地税。对于先导性技术产品或有助于技术开发的新产品，在进入市场初期实行较低的特别消费税暂定税率。对于技术密集型中小企业和风险投资企业，在创业期的前五年减半征收企业所得税并给予50%财产税和综合土地税减免。在韩国拥有尖端技术的外国高科技企业给予7年免税政策和免税期满后享受5年减半征收所得税。对于企业购置用于技术研发或实现产业化所需的实验设备、产业化设备，享受一定比例的税收扣除和特别折旧政策。对于在韩国工作的外国科技人员5年内免征个人所得税，企业研发人员的人员经费、研发费、教育培训费实行所得税税前扣除政策[②]。

[①] 朴馥水：《中等收入陷阱与经济转型：韩国的经验》，马晓河主编《中韩可持续均衡发展战略》，中国计划出版社2012年版，第42页。

[②] 贾康、苏京春：《中国的坎：如何跨越"中等收入陷阱"》，中信出版社2016年版，第64—65页。

二 需求结构变动促进了产业结构转型

从需求侧分析,在经济高速增长过程中,韩国是实行出口主导和高额投资拉动经济增长的国家。

1960年,韩国经济对外依赖度还只有11.98%,其中出口占GDP比重仅有2.62%。随着出口主导战略的实施,韩国经济发展对外贸易依赖度越来越高,1970年韩国进出口占GDP比重上升到32.59%,1975年又上升到54.07%,1980年高达65.59%,1998年为69.99%,2005年又升至71.19%。从出口占GDP比重看,20世纪70年代中期后,韩国出口比例呈现出不断上升的趋势,1975年出口比例由1970年的11.45%提高到22.69%,1995年为25.93%,2000年提高到35.01%,2010年高达49.42%。在经济发展的不同时期,韩国的出口结构是不同的。20世纪60年代,韩国的出口产品主要是农产品及加工品和矿产品。排序前十的出口产品依次是铁矿石、钨矿石、生丝、无烟炭、鱿鱼、活鲜鱼、黑铅、胶合板、大米和琥珀。到了90年代,前十大出口产品变为服装、半导体、鞋、影像设备、船舶、电脑、音响机器、钢铁板、人造纤维织物、汽车等。再到21世纪,韩国的出口结构已经完全由劳动密集型产品转变为高技术、高附加值产品出口为主。比如2009年,占韩国出口总值62.2%比重的前十大产品依次是海洋传播救援物、半导体、无线通讯仪器、平板显示器、汽车、石油产品、合成塑料、钢铁板、汽车附属品和电脑(见表2—6)。[①]

[①] 朴馥水:《中等收入陷阱与经济转型:韩国的经验》,马晓河主编《中韩可持续均衡发展战略》,中国计划出版社2012年版,第38—39页。

表 2—6　　　　　韩国不同年代出口前十大产品排序　　　　　单位:%

排序	1961 年		1970 年		1980 年	
1	铁矿石	13.0	纤维	40.8	服装	16.0
2	钨矿石	2.6	胶合板	11.0	钢铁板	5.4
3	生丝	6.7	假发	10.8	皮鞋	5.2
4	无烟炭	5.8	铁矿石	5.9	船舶	3.6
5	鱿鱼	5.6	电子产品	3.5	音响器材	3.4
6	活鲜鱼	4.5	饼干	2.3	人造长纤维	3.2
7	黑铅	4.2	鞋	2.1	橡皮制品	2.9
8	胶合板	3.3	烟草及制品	1.6	木材	2.8
9	大米	3.3	铁矿产品	1.5	影像设备	2.6
10	琥珀	3.0	金属产品	1.5	半导体	2.5
	合计	62.0	合计	81.1	合计	47.6
排序	1990 年		2000 年		2009 年	
1	服装	11.7	半导体	15.1	海洋传播救援物	12.4
2	半导体	7.0	电脑	8.5	半导体	8.5
3	鞋	6.6	汽车	7.7	无线通讯仪器	8.5
4	影像设备	5.6	石油产品	5.3	平板显示器	7.0
5	船舶	4.4	传播	4.9	汽车	7.0
6	电脑	3.9	无线通讯仪器	4.6	石油产品	6.3
7	音响机器	3.8	合成塑料	2.9	合成塑料	3.6
8	钢铁板	3.8	钢铁板	2.7	钢铁板	3.3
9	人造长纤维织物	3.6	服装	2.7	汽车附属品	3.2
10	汽车	3.0	影像设备	2.1	电脑	2.2
	合计	53.4	合计	56.6	合计	62.2

资料来源：朴馥水：《中等收入陷阱与经济转型：韩国的经验》，马晓河主编《中韩可持续均衡发展战略》，中国计划出版社 2012 年版，第 38—39 页。

从投资和消费之间变化看，韩国在迈入发达的高收入国家行列之前，投资率一直上升，在1991年达到最高，此后开始下降。这种变化有利于韩国产业结构从劳动密集型向资本密集型、进而向技术密集型演变。1960年韩国的投资率只有10.52%，1970年26.33%，1980年34.03%，1991年达到最高点41.23%，之后连续下降，到2016年韩国投资率已经降到30.14%。与之相反的是消费率，韩国的消费率从高比例连续下降，1988年降到最低，此后开始回复呈持续上升态势。比如，韩国的消费率1960年是99.37%，1970年80.191%，1980年74.63%，1988年58.79%，2000年65.4%，2005年65.18%。从图2—4可以看出，韩国需求结构变化的转折点出现在进入高收入国家行列的前夕，即1991年前后，这期间人均国民收入7440美元，按照2010年美元价格折合9232美元。

需求结构变化与收入分配是相联系的。在经济快速增长的头十年，韩国收入分配状况有些恶化，反映收入分配均衡程度的基尼系数从1970年的0.362上升到1980年的0.39。由于从70年代开始推行"新农村运动"和80年代末期出台《最低工资法》，韩国居民收入增长加快，城乡和阶层收入差距明显缩小，基尼系数由0.39下降到1991年的0.263。影响韩国需求结构转变的重要因素还有社会保障制度，1980年全斗焕政府宣布"建设福利社会"，建立国民医疗保险和退休金制度。1981年实验性地实行农村地区和百人以上企业的医疗制度，1989在全国范围得以普遍实行。1988年国民退休金制度强制扩大到小规模公司、农民、个体劳动者，到1999年全体国民都加入了国民退休金制度。20世纪80年代到90年代正是韩国经济增长最快时期，恰在此时韩国政府用于国民社会福利支出也进入加快时期。韩国一般政府的福利支出占GDP比例，从20世纪70年代后期开始迅速上升，于20世纪90年代中期以后加快上升。① 社会保障制度的建立与完善为韩国中低收入阶层托了底，使得大众消费潜力得到释放，让消费在需求结构转换中发挥了应有作用。

图 2—4　韩国 1960—2016 年投资率和消费率变化曲线

资料来源：根据世界银行 World Bank Open Data。

三　社会结构及时转型支持了韩国向发达经济体迈进

工业化带来的人口空间集聚需要城市化，它能降低经济增长成本，提高发展效率。当一个经济体从中高收入阶段向高收入阶段跨越时，大规模公共投资阶段基本结束，产业投资也基本饱和，此时由城市化带来的经济增长就显得尤为重要。韩国的城市化进程最快时期恰

---

①　朴馥水：《中等收入陷阱与经济转型：韩国的经验》，马晓河主编《中韩可持续均衡发展战略》，中国计划出版社 2012 年版，第 48 页。

恰是在中等收入阶段。在1960—1975年间，韩国城市人口从693.09万增长到1694.64万人，每年城市净增人口66.8万人，城市化率由27.71%提高到48.03%，平均每年上升1.35个百分点。从1975年到1993年，韩国城市人口由1694.12万人增加到3387.3万人，每年净增94万人，城市化率从48.03%提升到76.65%，平均每年上升1.59个百分点，为城市人口增长最快的阶段。此后，从1993年到2016年间，韩国城市人口从3387.3万人增长到4232.49万人，每年城市净增人口36.7万人，城市化率由76.65%提高到82.59%，平均每年上升0.26个百分点。由图2—5可以看出这种趋势，韩国城市化加快期与工业化高度吻合，拐点出现在1993年，经济增长最快时期也是城市化最快时期，当韩国快要进入高收入阶段之时，恰好城市化基本完成，市民化社会结构业已形成。1993年以后，城市化转入了缓慢上升阶段。

如前所述，城市化给中产阶层成长提供了充分空间，同时产业结构升级，政府鼓励和支持发展教育，建立社会保障制度，劳动工资较快提升等，都使韩国在劳动力供给能力下降时人力资本明显提高，由此韩国的中产阶层迅速成长壮大起来。到20世纪90年代初期，中产阶层认同度以及占全社会人口的比重都超过了70%，1992年在全社会中的比重高达75.2%。这就是说，在韩国将要跨入高收入门槛时，中产阶层占主体的"橄榄型"社会结构业已形成。可以看出，韩国投资率从升到降、消费率由降到升的拐点发生在20世纪90年代初期，此时中产阶层社会已经形成，城市化也已经完成，工业比重开始下降、服务业持续上升。这时人均国内生产总值达到8860美元（相当于2010年的9232美元)。① 韩国向高收入国家转型的条件已经完全具备了。

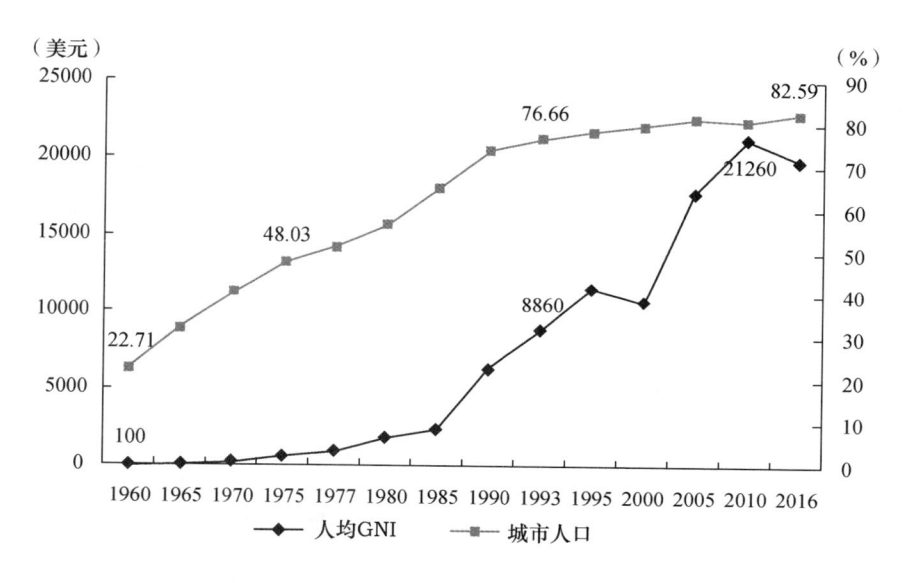

图2—5 韩国1960—2016年城市化变化情况

资料来源：根据世界银行网站World Bank Open Data数据整理。

四 制度结构转型支撑韩国跨越"中等收入陷阱"

通向高收入国家的条件有很多，产业结构、需求结构、社会结构和制度结构共同构成了经济增长的"动能组合"，其中制度体系结构在动能组合中是不可忽视的重要一极。韩国的制度结构经过了一波三折才实现了转型，恰恰转型完成时期与向发达经济体迈进高度吻合。

第二次世界大战后，韩国不仅贫穷、落后，而且还经历了朝鲜战

---

① 通过测算，1993年1美元相当于2010年的1.042美元。

争。在建国伊始，韩国受美国干预，仿照西方民主架构，构建了本国政治制度。韩国实行的是民主立宪，起初总统由国会以间接选举形式选出，而后经历了实质上的"威权主义"制度，于1987年开始执行总统直选制度。1948年李承晚以间接选举方式当选为韩国第一任总统，此后连任三届。在李承晚任期里，包括宪法、选举制度、政党与政党制度、国会和总统的产生、政府的选举等"民主框架"基本建立。由于当时经济发展落后，低收入人口众多，中产阶层群体较小，韩国社会缺乏民主政治的"土壤"，民主操控在少数人手中。李承晚利用这种天然机会，将建国初期的民主政治很快转变为个人独裁的政治体制。他在任期内违规修改宪法，搞大选舞弊，操纵选举，企图终身执政，阻碍民主进程。最终反对党和韩国民众于1960年4月19日发动了"4·19"革命，结束了李承晚长达12年的统治。接任的张勉第二共和国政府，无力处理诸多的经济、政治、社会问题，致使社会秩序混乱，经济动荡不堪，结果很快被军人政权取代。此段时期的政治体制未能实现民主化推进，与本国文化传统也没有进行有效对接，制度转型没有带来经济增长。

1961年，朴正熙发动军事政变，之后建立起威权体制。朴正熙政府推行"经济第一主义"，解散政党及社会团体，设立"重建国民运动本部"，开展生活节约化、家族计划、扫除文盲等社会活动；同时着手实施经济发展计划，主导开展"新村运动"，兴建高速公路，建设工业园区等。所有这些都刺激了韩国经济飞速发展，因而创造了"汉江奇迹"。20世纪60年代至70年代初期，随着贫富差距问题凸显，社会矛盾加深，反对党异军突起，朴正熙通过《国家保卫法》，宣布解散国会，终止所有未经政府允许的政治活动。1972年又通过《维新宪法》，扩大总统权力。在历时18年的总统任期中，朴正熙中后期的一些独裁专行引起反对党、知识分子的强烈反抗，直到1979年被杀身亡。紧接着，全斗焕发动"肃军政变"自任总统，继续延续威权体制。他在任期内也采取了一系列促进经济增长的措施，经济发展取得不小成就，韩国经济发展进入中高收入阶段。但通过军事政变建立的威权政府，越来越难以适应经济结构和社会结构的转化。在全斗焕任期内，韩国城市人口急速增加，中产阶层迅速成长，中产阶层逐渐成为社会阶层中的多数，他们纷纷要求民主，结束独裁统治。迫于政治压力，全斗焕最终主动放弃了总统权力。作为全斗焕助手的卢泰愚，在1987年提出《6·29宣言》，接受包括修改宪法、实行总统直选制等八项民主化宣言，韩国再次开启了民主化进程。1988年卢泰愚当选大韩民国总统。

20世纪80年代后期，当韩国进入中等收入阶段后，韩国中产阶层不断成长壮大，建立民主社会的呼声不断高涨，卢泰愚出任总统后在社会压力下开始大力推进民主化，直到1987年任期届满。1993年金泳三上台执政，彻底结束了韩国长期以来军人执政的时代。1998年金大中以在野党候选人身份当选总统，首次实现了政权的和平轮替。可以看出，卢泰愚、金泳三、金大中的先后执政，恰是韩国临近或刚刚迈过高收入国家门槛值时期，此时韩国能顺应经济结构转型，开启了政治结构转型的关键时期。1987年总统选举改为全民选举，20世纪90年代初实行地方议会选举，90年代中期实行地方行政长官选举，都是非常重大的改革事项。需要强调的是，金大中在任期间，大力呼吁全民建设民主主义，完善市场经济，培养知识国家，创造新劳资文化；以市场经济和市民社会为基础，重组政党，重组内阁。这些关键举措，推动了韩国政党竞争、三权分立的民主体系和政治制度渐趋成熟。

与日本相比，韩国实现由威权体制向民主体制转型是有波折的，其政治体制结构转换经历了"先民主后威权再民主"的起伏过程。第二次世界大战结束后，源于西方的民主政治在韩国遭遇的是"水土不服"，初期构建的"民主框架"基本沦为形式，而且这种泊来的"民主政治"并没有促进经济增长。相反，朴正熙建立的威权政治体制，恰恰对经济发展起到了强有力的推动作用。为什么？因为在经济发展的早期阶段，韩国实行政府主导型的市场经济，威权体制可以有效地动员社会资源，政府能够集中公权力支持劳动密集型产业发展，比如举办产业园区、开展新村运动、集中建设基础设施等，全面实行税收减免政策、金融优惠政策和出口补贴及汇率政策，支持经济增长。同时，政府还利用威权迅速扶持大财团、大企业，并以他们为依托发展政府需要的产业领域。但是到了20世纪80年代后期，韩国经济发展进入中高收入阶段，中产阶层已经成长为一个庞大的社会群体。他们要求自由、民主，希望参与政治，要求自我发展的权利，而威权政府难以满足这些需求。此时，便发生执政者及政府行为与公民社会冲突不断的局面，并借政权更替表现出来。事实上，韩国的威权政府后期也日益官僚化，行政效率下降，甚至频繁出现政府失效，这同社会上要求减少政府介入、经济政策民营化、减弱产业保护、扩大对外开放，都产生了无法缓解的矛盾。对此，以中产阶层为中坚的韩国充分利用自己的智慧，通过理性方式实现了政治结构转型，成功地化解了这些冲突和矛盾，避免了大的动乱和战争。

第三章

落入"中等收入陷阱"的国家案例

对于一个想要迈入发达国家行列的经济体来说,既要从成功案例中吸取经验,也要从失败案例中汲取教训,更要总结经济转型的规律。

◇ 第一节　巴西经济社会结构转型的教训

同韩国相比,巴西的经济起飞要更早一些。第二次世界大战后,这个拥有丰富自然资源的国家就开始采取一系列措施推进经济高速增长。1949—1981年,巴西经济年平均增长7%,其中1968—1974年经济增长速度年均超过10%。1962年巴西人均国民收入为240美元,是韩国的2倍;1970年为450美元,是韩国的1.6倍;1980年为2190美元,是韩国的1.18倍。但是从1982年开始,韩国人均国民收入开始超过巴西水平。从那时起,产业结构失衡、收入分配结构失衡、城市化超前、通货膨胀严重等因素便一直困扰巴西。巴西20世纪80年代以后经济增长十分缓慢,20世纪90年代后虽然进行了经济结构调整和经济体制改革,但也只实现了经济温和增长,这使其四十年来一直在中等收入国家之列徘徊。1980—1990年间巴西经济增长年均只有2.2%。1990年巴西人均国内生产总值（GDP）2790美元，只有韩国的48.4%。2006年巴西人均国民收入（GNI）4730美元，处于中高等国家收入水平，但此时已进入高收入国家行列的韩国，人均GNI高达17690美元，是巴西的3.74倍。更值得注意的是，2013年巴西人均GNI曾达到12730美元，恰好摸到高收入国家的门槛值。但是，此后巴西经济又出现下滑，2014年国内生产总值增长率降到0.5%，2015—2016年连续两年进一步降为负值，分别为-3.8%和-3.6%。由此，巴西的人均收入水平从12730美元滑落到2016年的8840美元，又重新回到中等收入区间（见图3—1）。

我们想知道的是，有哪些原因导致巴西一直徘徊在中等收入国家行列？

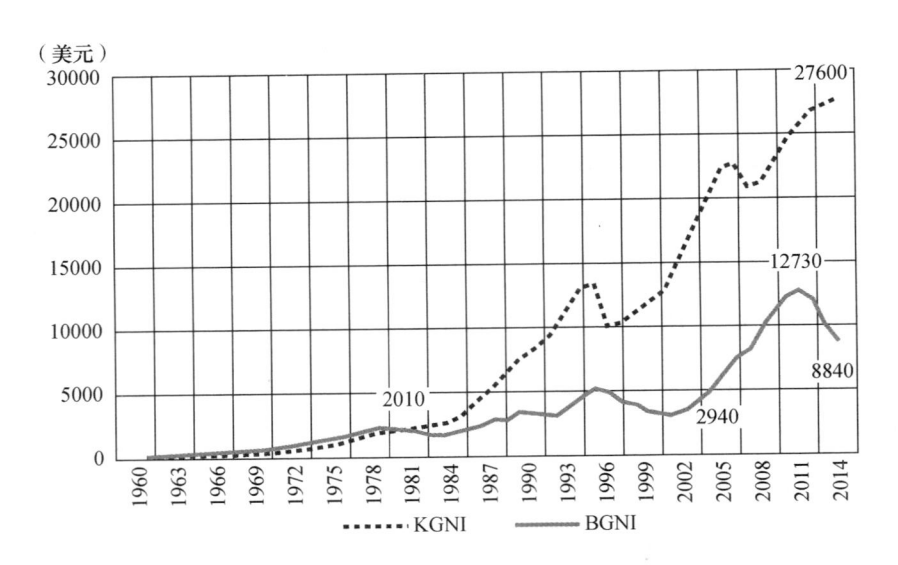

图3—1 韩国（K）和巴西（B）人均GNI比较

资料来源：根据世界银行网站World Bank Open Data数据整理。

一 长期实行进口替代工业化战略

在第一次世界大战和第二次世界大战之间,巴西民族工业已经有所发展,有私人企业、国有企业,还有外国企业。在产业结构中,轻工业较重工业发达,食品、纺织等比重较高,同时在重工业中采矿业发展快于加工工业。在农业中,第一次世界大战后巴西推行大庄园制,大量土地被大庄园主和外国资本占有,以种植咖啡为主,种植结构单一。1930年以后,巴西便开始推行进口替代工业化战略,通过关税、信贷、金融、价格、外资管理等政策,推动工业特别是重工业的发展。这一期间,巴西建立了年产100万吨钢铁的联合企业,还建设了生产飞机发动机的大型国营企业。在政府政策支持下,采矿业、钢铁工业、水泥、煤炭以及加工工业都取得了较大增长。20世纪50年代,巴西的进口替代工业化模式进一步深化。所谓进口替代工业化模式是一种将工业消费品由进口转为本国自主生产,以满足国内市场需要的方式。这种模式曾在20世纪50年代末和60年代成就了巴西炫目的"经济奇迹"。1956—1960年,巴西GDP年均增长率达到6.8%,当时官方口号是"5年等于50年"。1968年到1974年,巴西GDP年均增长率高达10.9%,成为拉美经济实力最雄厚的国家,而且经济总量还一跃成为世界第八大经济体。

然而,进口替代工业化战略也带来了许多矛盾。第一,实施进口替代工业化战略,使巴西实现了由传统农业向现代工业的结构转型,但是却直接越过了劳动密集型产业发展阶段。在巴西存在大量劳动力供给、同时缺乏资本的条件下,过早地推进具有资本密集性质的重化工业发展,忽视劳动密集型产业的增长,这使得资源过分向钢铁、建材、化工、汽车、造船、炼铝、重型机械、航空等领域倾斜，不但造成工业与农业、重工业与轻工业、基础产业与加工工业比例失调，而且还造成很高的失业率。第二，经济发展初期军人政府建立了庞大的国有经济，企图依靠这些国有经济体带动经济增长。但是，这些体量很大的国有经济受政府保护，企业管理不善，效率不高，市场竞争力不强。而政府为了建立和支持国有经济，大幅度地增加了公共财政支出，造成财政负担不断加重。第三，进口替代工业化战略还使得该国产业结构内向型特征突出，在高关税壁垒保护下，国内培育不出有国际竞争力的出口产业。巴西工业以资源密集型为主，工业制成品中多以资源加工和中低技术制成品为主，高技术制成品比重极低。由于巴西缺乏有比较优势的出口产业，其进出口贸易格局只能是出口初级产品和中低技术含量的工业加工品，进口较高技术含量的工业制成品和高端机械仪器设备。因此，长期出现外贸逆差就成为必然。1960—1980 年，巴西的商品与服务贸易占 GDP 比重一直是负值，这表明 20 年间巴西进出口长期逆差，出口对经济增长的贡献是负向的。比如，1960 年巴西进口商品与服务为 10.79 亿美元，出口 10.71 亿美元，贸易逆差为 0.08 亿美元；1980 年进口额上升到 265.71 亿美元，出口增加到 212.76 亿美元，贸易逆差扩大到 52.95 亿美元；到 2000 年巴西的贸易逆差进一步扩大到 148.36 亿美元。[①] 一方面是国内储蓄不足，另一方面是外贸逆差扩大，为了维持既有经济战略的正常运行，只有依靠大量举借外债。于是，外债积累越来越多，负担越来越重，偿债率大大超过了国民经济的承受能力，最终就引起了严重的通货膨胀。

---

① 根据世界银行网站 World Bank Open Data 资料计算。

二　需求结构长期失衡影响巴西经济增长

在需求结构方面，巴西的出口长期依赖初级产品。这些产品附加价值低，最易造成市场的周期性波动，特别是出口贸易对巴西国内经济增长是负贡献，对巴西进口先进设备和先进技术又形成了制约。从内需看，巴西的投资率一直偏低，难以支持产业结构调整转型。表3—1是巴西不同时期的投资率及与世界平均和韩国水平的比较数据。从中可以看出，从1970—2016年，无论在任何时点，巴西的投资率都低于世界平均水平，更低于曾经发展水平落后于巴西后来又远远超过巴西的韩国。

表3—1　　　　　巴西与世界及韩国的投资率比较　　　　　单位：%

年份	巴西	世界平均	韩国
1960	19.68	—	—
1970	20.54	27.04	26.34
1975	26.84	26.34	28.96
1980	23.35	27.25	34.46
1985	19.20	25.20	32.57
1990	20.17	25.77	39.62
1995	19.18	24.72	39.00
2000	18.90	24.34	32.94
2010	21.80	24.17	32.02
2016	15.45	23.82	29.21

资料来源：根据世界银行网站 World Bank Open Data 数据整理。

再看，巴西的投资率和消费率变化与日本、韩国相比，有很大的不同。在从低收入阶段向中等收入阶段转型过程中，日本韩国的投资率变动都是从低水平不断向上提高，到高收入国家门槛标准值时，投资率达到最高，尔后不断下降；消费率则相反，先是不断下降，到高收入国家门槛标准值时，消费率降到最低，尔后不断上升。巴西的投资率变化并未出现日本、韩国那样的趋势，而呈现出在20%上下波动起伏的特点（见图3—2）。这说明巴西投资不足，没有对公共基础设施供给和产业结构转型升级起到应有的支持作用。可以说，巴西长期徘徊在中等收入区域可能与投资率长期偏低有直接关系。

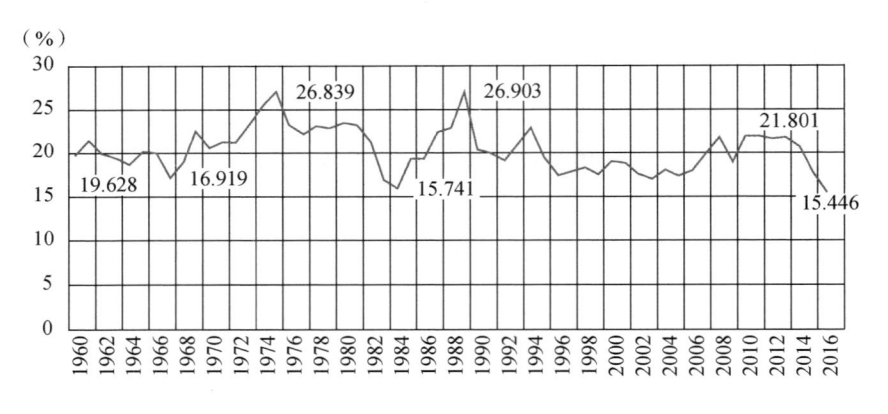

图3—2 巴西投资率变化

资料来源：根据世界银行网站 World Bank Open Data 数据整理。

较低的投资率一般是由国民储蓄率不高引起的。从现有的资料看（见表3—2），巴西的国民总储蓄率确实不高，无论是同世界平均总储蓄率还是与同等收入类型经济体相比，巴西的储蓄率都是最低的，与韩国相比差距就更大了。令人费解的是，1989年以来巴西的储蓄率还出现了大幅度的下降，这与其经济结构的转型是有矛盾的。本来，随着经济发展从低收入阶段向中等收入阶段特别是中高收入阶段迈进，国民储蓄率会有一个上升的过程。进入发达的高收入阶段，储蓄率才会出现下降。巴西的储蓄率变动则不同。1989年巴西的人均GNI为2760美元，其经济发展刚刚进入中高收入阶段，当年的储蓄率却达到了最高点（35.81%），此前此后41年其储蓄率都在10%—25%之间波动。1989年后巴西的储蓄率出现了大幅度下滑（见图3—3），较低的储蓄率和储蓄率不断下降，不支持投资率上升，致使巴西产业结构转型升级缺乏内生动力支撑。

表3—2　　　　　　　　　巴西国民总储蓄率　　　　　　　　单位:%

年份	巴西	世界平均	中等收入国家平均	韩国
1977	19.78	24.78	—	28.86
1985	19.09	23.28	25.55	32.55
1990	18.92	23.74	27.83	39.22
2000	12.52	24.79	27.70	34.26
2010	17.96	24.54	34.06	34.82

资料来源：根据世界银行网站World Bank Open Data数据整理。

按道理，在中等收入阶段，巴西国民储蓄率低并出现下降，会使居民家庭消费率比较高。确实，与同等收入类型国家相比，巴西的居民家庭消费率比较高。1960年巴西的家庭消费占GDP的比重高达66.28%，1970年上升到68.55%，1983年还高达71.24%。[①]在总收入中，尽管巴西居民把很大部分收入用于消费支出，但是由于巴西国民收入分配两极分化严重，大多数居民的收入水平并不高，由

---

① 世界银行网站World Bank Open Data。

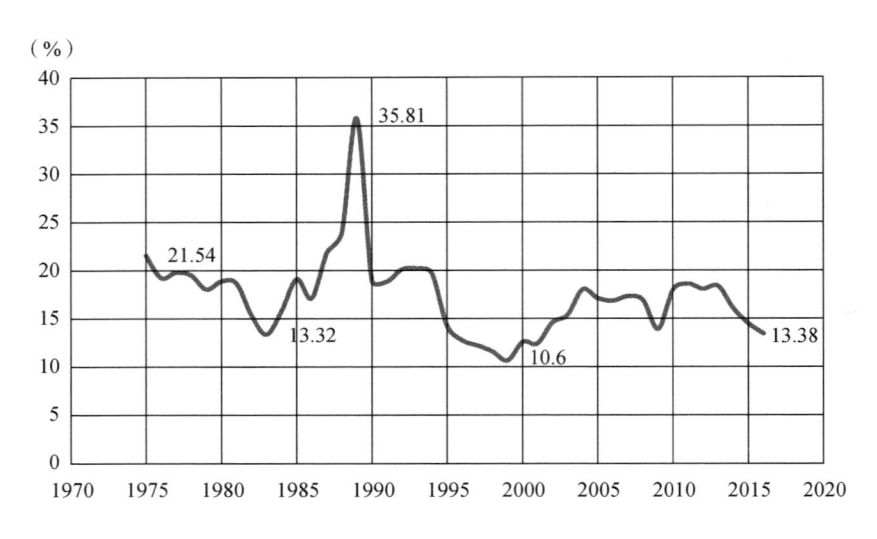

图 3—3　巴西总储蓄率变化

资料来源：根据世界银行网站 World Bank Open Data 数据整理。

此决定了巴西多数居民消费能力并不是很强。从理论上讲，进口替代工业化战略是以国内市场需求为导向的，国内市场大小决定了工业的规模和经济增长的速度。而国内市场大小又决定于居民的购买能力和收入水平。但是，巴西的国民收入分配极不均衡，一方面国民收入增长落后于经济增长，另一方面贫富差距不断扩大，财富越来越向富人集中，这就使得消费倾向较高的中低收入阶层实际收入水平上不去，购买能力难以提高，结果导致工业品增长空间受到限制。例如，1980年与1970年相比，在收入分配总额中占城市人口5%的高收入群体所占收入份额由30.3%上升到34.7%，占城市人口50%多的中低收入者所占收入份额从16%下降到13.1%，占农村人口50%的中低收入者所占收入份额从22.4%下降到14.7%。根据有关文献资料分析，1960年巴西的基尼系数就达到0.5，1995年更高达0.6。到1999年，占巴西人口1%的富人拥有的社会财富达到53%，而20%的贫困家庭仅拥有 2.5% 的社会财富。当年全国有贫困人口 5410 万人，贫困发生率 34.9%。①巴西长期贫富分化的结果是，国内市场消费需求不足，难以支持进口替代工业化战略。同时，收入分配两极分化，直接抑制了中产阶层的成长壮大，使得社会结构转换中缺乏中坚力量的支撑。

三 城市化过度超前与工业化形成争夺资源的矛盾

一般而言，城市化与工业化存在着三种发展关系。第一种是城市化与工业化同步推进型，典型代表是欧美发达国家。该类型主要特点是，人口在自由流动条件下，工业化促使人口集聚，人口不断集聚又促成了城市发展。于是，原有城市规模扩大了，新的城市成长起来了，该国城市化率也提高了。随着工业化的推进，城市人口跟随工业化步伐不断增长，当该国工业化实现时，城市化即人口市民化的社会结构也就形成了。第二种是城市化超前而工业化滞后型，以拉美国家为代表。此类型主要特点是，人口流动不受限制，工业发展比较滞后，但大量人口较早进入城市，由于城市发展缺乏产业支撑，城市政府财源不足，为城市居民提供公共服务的能力很弱，城市基础设施建设滞后，由此进城的新市民既缺乏基本公共服务，又没有就业空间，于是在城市周边形成了许多"贫民窟"。第三种是工业化超前而城市化滞后型，以中国为典型代表。此类型主要特点是，人口流动受到严格限制，政府将较多的公共资源优先用于工业化推进方面。产业特别是制造业优先发展，政府掌握了大量公共资源，使得各级政府有能力为城市居民提供公共服务，并使城市基础设施实现改善。这种类型的

---

① 马晓河：《转型与发展——如何迈向高收入国家》，人民出版社 2017 年版，第 24 页。

城市化，是以限制农民进城落户、延缓人口城市化进程为代价的。

巴西属于城市化超前而工业化滞后型的典型代表。巴西由于土地高度集中在少数大地主手中，同时农业又采取了一条资本密集型的发展道路，由此造成了大量无地或少地的穷人，这些失去土地的穷人被迫流入城市，形成城市人口集聚过快、数量过多，与工业化发展严重脱节，造成过度城市化。无论是在低收入水平发展阶段，还是在中等收入水平发展阶段，巴西的城市化都是偏高的。1960年巴西的城市人口占总人口比重达到56%，1980年升至67.6%，1990年又升至75%，2004年进一步升到83.6%。而在这些时点上，巴西的工业化和经济发展能力并不支持如此高的城市化水平。比如，1962年巴西人均GNI只有240美元，1980年2190美元，1990年2730美元。显然，巴西经济处于低收入发展阶段时，已经达到了中高收入阶段的城市化标准；而在经济处于中高收入阶段时，又已经达到高收入阶段的城市化标准。这种过度超前的城市化，不但造成城市发展缺乏经济支撑，政府没有能力为城镇居民提供基本公共服务，而且还导致城市发展过多地与产业发展争夺资源，反而影响了工业化发展进程。

四　政治结构转型跌宕起伏延缓了经济结构转型

巴西经过300多年的殖民统治之后，于1822年独立。起初国家政权由大地主和大种植场主掌握，社会保持农奴制。1889年军人发动军事政变，建立了共和国；1930年，军人再次政变，结束了第一共和国。1930年的政变是巴西现代化进程的一个重要分水岭，此后巴西进入了以进口替代工业化和民主主义为特征的现代化时期。1964年，面对经济衰退形势，军人又一次发动了政变，推翻了文人政府，建立了长达21年的军人政府。从1964—1985年,在军人掌权时期,建立了以"安全与发展"为指导思想的政权,加强权力集中,抑制社会政治参与,控制收入分配,重视投资积累,使巴西经济取得"增长奇迹"。在军人政府统治的前十年,是强硬派军人与技术专家联盟推进经济增长。1974—1985年是温和派军人上台,推行政治开放和民主化的时期。1985年军人向文人政府交权,文人政府逐渐摆脱军人的政治影响,逐步走向民主化。最终在巴西实行了联邦制,行政、立法、司法三权处于鼎立格局。由此可见,巴西在经历了较长时期的军人政府统治之后,民主化进程不是从下到上展开的,而是由温和派军人在上层交权向民主政治过渡来的,带有自上而下、循序渐进的特点。在20世纪60年代中期到80年代中期,军人政府建立的威权体制,在集中权力和社会资源方面或许有利于经济增长,但是在向民主政府转变方面却不尽人意。当时的政府深受西方民主政治的影响,试图完全脱离市场,任由市场自由发展。而在市场失灵部分政府职能也缺位,比如基础设施建设,居民社会保障等重要方面都长期落后。因此,巴西政治结构转型存在两个问题,一是在经济起飞阶段,民主政体与威权政体之间频繁更替,致使经济发展和社会结构转型不能稳定在进步方向上。二是20世纪80年代中期巴西进入中高收入阶段后,面对债务危机和经济社会结构转型,政府在公共服务领域严重缺位,使得城市化和工业化过程中,基础设施供给严重不足,居民社会保障不能及时跟上经济发展步伐,收入分配不公,贫富分化严重,中产阶层成长缓慢,这就使得巴西跨越中等收入陷阱缺乏系列的基础性制度供给。

自20世纪90年代以后,巴西开始推进经济改革。首先,政府制定了多个有关工农业现代化的"新巴西计划",鼓励巴西产品出口,力促巴西产品国际竞争力的提升。其次,实行全面对外开放,政府放宽限制,陆续扩大了本国市场的开放程度,降低关税,引进竞争机制,积极吸引外资和技术。最后,对内部产业结构进行调整,积极发展高附加值的制造业,提高了巴西产品的出口竞争力。进入 21 世纪后,特别是卢拉总统上台后,巴西积极调整经济发展战略,注重保持经济稳定增长,实施零饥饿计划,减少贫困人口,缩小贫富差距。结果就是,巴西经济实现了持续性加快增长,人均国民收入从 2000 年的 3570 美元提高到 2010 年的 9610 美元,中产阶层占社会人口比重由 2003 年的 36.5% 上升到目前 52%,① 消费在三大需求结构中占比达到 60%。目前,巴西进入高收入国家行列的条件基本具备。可以预见,巴西不久将跨入高收入国家行列。

◇ 第二节 阿根廷经济社会结构转型的案例

自 1816 年独立以后,自然资源丰富、劳动力供给充沛的阿根廷,依靠发展农牧业和出口初级产品,取得了好于其他拉美国家的发展成就。到 20 世纪初,阿根廷的经济发展水平已处于世界前列。1950 年阿根廷的人均 GDP 是日本的 2.6 倍,是巴西的 2.98 倍。② 到了 1965 年阿根廷人均国民收入水平还高于日本,按现价计算,当年阿根廷人均 GNI1230 美元,日本为 890 美元。可是到了 60 年代末期,日本经

---

① [英]林重庚、[美]迈克尔·斯宾塞编著:《中国经济中长期发展和转型》,余江译,中信出版社 2011 年版,第 42 页。
② 美国经济谘商局经济数据库,按照 1990 年美元价格计算,1950 年阿根廷人均 GDP 为 4987 美元,日本 1920 美元,巴西 1672 美元。

济发展开始超越阿根廷，1970年日本人均GDP1810美元，而阿根廷仅为1320美元，日本是阿根廷的1.37倍。1970年以后，日本跨过了"中等收入阶段"，进入高收入国家行列，而阿根廷却止步于"中等收入发展阶段"。不过，在20世纪70年代，阿根廷经济发展水平虽然已落后于日本，但仍然高于韩国。1970年阿根廷人均GNI是韩国的4.7倍，1980年是韩国的1.55倍。到1988年，经济快速发展的韩国开始超过阿根廷，人均GNI达到4460美元，是阿根廷的1.13倍。① 此后两国差距越拉越大，韩国于20世纪90年代跨越"中等收入阶段"，迈进高收入国家行列。但是，阿根廷仍然在"中等收入阶段"徘徊。进入21世纪后，阿根廷曾经"两起两落"高收入国家门槛。2014年，阿根廷第一次摸了一下高收入国家的门槛，但不幸的是2015年掉了下来；2017年阿根廷再次跃入高收入门槛，2018年又二次掉回中高收入区域。② 是什么原因导致阿根廷长期徘徊在"中等收入阶段"陷阱之中呢？

一 经济发展方式选择错失机会延缓产业结构转型

19世纪中期到20世纪初，当时阿根廷的执政者利用本国得天独厚的自然资源条件，大力发展农牧业，并借助国际市场对初级产品需求旺盛的机遇，实施初级产品出口的发展方式。农牧业的大发展产生了大量剩余农产品，这些剩余产品用于出口，获得了宝贵的外汇资源，使得阿根廷得以进口所需要的生活用品和工业产品。这一时期，阿根廷经济和出口一直保持较高的增长率，1918—1920年，阿根廷国

---

① 根据世界银行网站World Bank Open Data数据进行对比计算。
② 世界银行网站World Bank Open Data数据库。

内生产总值年平均增长率为9.8%，1927—1929年为6%。到1929年，阿根廷已经成为世界上最重要的农产品出口国之一。它是肉类、玉米、亚麻籽和燕麦的最大出口国，小麦和面粉第三大出口国。这一时期阿根廷本应该利用农牧业发展和初级产品出口创汇带来的资本积累，抓住欧美工业化产生的国际产业水平和垂直分工的机会，积极发展国内工业，但是阿根廷过度依赖农牧业及其初级产品出口，错失了工业化的机遇，延缓了产业结构由农业向工业的转换。

到了20世纪30年代，世界经济发生大危机和大萧条，发达国家纷纷压缩对农牧产品的需求，导致国际市场初级产品价格大幅度下跌时，阿根廷以小麦、牛肉、羊毛为主的农牧业产品出口遇到空前困难，这给阿根廷的经济增长带来了沉重打击。

经历了30年代大萧条后，阿根廷开始积极推进工业化，并实施进口替代发展方式。为了保护国内工业发展，政府对进口征收高关税，出台了吸引外资的投资法和政策，完善基础设施，大力实施国有化。此种发展方式的选择与实施，改变了过去完全依赖农牧业和出口初级产品的状况，一大批制造业企业成长了起来，工业领域就业人数大幅度增长，国内工业取得了迅速发展。1935年阿根廷工业企业增加到40600家，就业人数达到54.4万人；1944年阿根廷工业占GDP的比重为22.8%，农牧业为20.1%，首次超过农牧业；1965年制造业占GDP比重上升到41.18%，农牧业下降到12.9%。

在实施进口替代发展方式时期，阿根廷政府强化了国家对经济的掌控，建立了一系列国有企业，包括工业、航空、海运、铁路、天然气、通信、钢铁和石油等企业，并通过一系列税收、信贷优惠政策推动工业的发展。这些政策举措确实带来了经济增长，从1945—1980年，阿根廷经济年均增长3%。

但是，实施进口替代发展方式，加强政府对经济的干预，也带来了几个难以克服的麻烦：一是对国内工业的过度保护，造成企业竞争力不高，经济效益低下；二是国际收支状况没有改善，财政赤字增加，外债负担越来越重；三是通货膨胀严重，物价居高不下；四是政府官员腐败等。

阿根廷经济政策发生大的变化是在1976年。成功发动军事政变后上台的军人政府提出了"国家改组进程"纲领，推行经济体制改革，实行自由主义经济政策。军政府初期采取的主要措施是，改变汇率政策，实施货币贬值；削减公共开支，冻结工资，以减少公共部门赤字；争取国外资金，以扩大国内投资等。在国内经济形势稳定后，军政府还采取了一系列重大的经济改革措施，包括开放国内市场，降低进口关税，鼓励进口；改革宏观经济结构，中止对工业出口的补贴；国有企业转由省级经营，取消联邦分税制给各省的补贴；改革金融体制，实行金融市场自由化；实行利率自由化，批准建立新的银行和金融机构；国家为私营金融机构的定期存款提供担保等。

军政府所采取的上述经济政策意在控制长期以来的高通货膨胀率，并推进本国工业的发展。但是，高利率和自由买卖美元的制度，为投机资本提供了操作机会，却没有给国内工业发展带来多大好处。外资进入阿根廷后，并没有投入到工业领域，而是涌入金融领域，对国内金融体制形成风险冲击。同时，开放国内市场，降低关税，鼓励进口，还使国内本来就没有竞争优势的工业受到严重打击，大批企业倒闭，造成大量失业。

进入20世纪80年代初，阿根廷经济再次濒临崩溃，比索贬值400%，通货膨胀率达到100%。紧接着马岛战争爆发，英国和美国等国家对阿根廷实行经济封锁，阿根廷经济又陷入一场全面危机。

阿根廷经济发展方式发生根本性变是在1983年以后。1983年军人交出政权后，通过民主选举产生的阿方辛政府上台，这一年阿根廷的通货膨胀率高达688%。政府实施稳定和恢复经济政策，采取了经济调整措施控制恶性通货膨胀，但收效甚微。到1988年经济形势迅速恶化，政府开始实施"春季计划"，主要是开放经济，刺激进口，谋求减少财政赤字。然而，恶性通货膨胀还在持续蔓延，对经济社会和政治带来了巨大冲击。1989年5月，一些大城市发生哄抢超市事件，阿方辛政府被迫提前下台。

1989年5月底梅内姆上台执政。此时，新政府面临的形势更为严重。1989年7月通货膨胀率达到196%，从1988年8月实施"春季计划"起，零售物价上升了3610%，批发价格上升了5061%。1989—1990年，消费物价增长了20594%。梅内姆政府从1989年起着手调整和稳定经济，控制通货膨胀，并开始实施以市场化和国企私有化为主要内容的全面经济改革。第一，议会通过国家改革法，以立法方式对国有企业全面实施私有化。这一期间，除军工、核工业、核电、三家国营媒体等少量企业外，几乎所有的国有企业都被出售给私人资本。

第二，全面对外开放市场，特别是金融等服务业对外开放，取消对进出口的限制等。进一步实行财政、货币、金融和汇率制度全面改革，实现完全自由化。

第三，放松央行对储蓄信贷的控制。央行不再充当最后一级贷款机构。1992年实行美元和比索联系汇率（固定汇率）制度，这一制度为其后稳定汇率，降低通货膨胀率奠定了基础。

第四，改革财政税收体制，控制赤字预算；统一税收，实行分税制。

第五，改革社会保障体制。建立新的养老金和年金基金、医疗保障基金、失业保险基金等社会保障体制。同时，还建立和完善了商业性社会保险制度，允许包括外资在内的私营企业从事社会保险事业。

第六，调整对外关系，与巴西等国组建南方共同市场，加强地区一体化合作。

第七，改革国家政治体制。调整内阁组成，合并部处，设立首席部长一职；改组最高法院，增加大法官人数；完善民主制度，制定一系列新法律；改革选举制度，首都市长一职改为直接选举。

在20世纪90年代，梅内姆政府的改革对阿根廷的经济发展产生了积极而深远的影响。从1991年起经济保持了连续增长，这是自20世纪70年代以来经济增长最快的10年。恶性通货膨胀得到了有效控制，国际储备增加，外资流入大幅上升，对外贸易也获得了发展。从1990—2000年阿根廷人均GNI由3180美元提高到7440美元，是高收入国家标准门槛值的80.3%。①

进入新世纪以后，尽管阿根廷在2001年因债务危机又引发了一次金融危机，但由于政府采取的应对措施得力有效，在2003年这场危机开始得到控制，此后连续五年经济增长率获得8%以上的高速度，到2016年阿根廷人均GNI已经上升到12150美元，达到高收入国家标准门槛值的99%。② 显然，经过一个多世纪的艰难曲折发展，阿根廷才勉强靠近发达的高收入国家的门槛。今后，如果阿根廷不再发生大的经济危机，不再出现经济倒退，阿根廷会很快迈入高收入国家行列。

---

① 2000年世界银行高收入国家标准值是人均GNI 9265美元以上。
② 2016年世界银行高收入国家标准值是人均GNI 12235美元以上。

二 经济波动大和结构失衡使其长期徘徊在中等收入阶段

图 3—4 是阿根廷 1961 年以来国内生产总值年增长率。可以看出,阿根廷经济增长率波动十分剧烈,经济长期处于忽上忽下的不稳定状态。在 57 年的增长数据中,有 21 年是负增长,有 8 年经济增长率在 3% 以下。也就是说阿根廷经济在 20 世纪 60 年代后有 37% 的年份是负增长,有 14% 的年份是低速增长。在这一时期,高通货膨胀率一直困扰着阿根廷。自 20 世纪 70 年代以来,阿根廷就发生过八次金融危机,政府使用了很大的努力和政策资源长期忙于应对通货膨胀,延误了经济结构的转型调整。

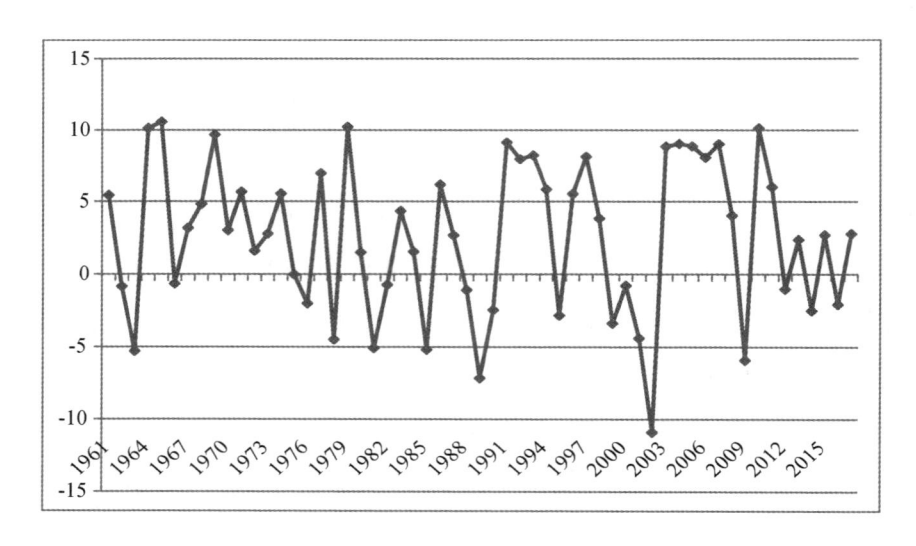

图 3—4　阿根廷 1961 年以来国内生产总值年增长率(%)

资料来源:世界银行网站 World Bank Open Data。

从产业结构看,阿根廷最明显的特点是产业结构转型升级缓慢。

在经济准备起飞阶段，阿根廷在较长时间内以农牧业为主导，以初级产品出口为导向。依靠这种发展方式获取的外汇资源，并没有用于发展制造业，而是用于进口日用消费品和工业产品。当阿根廷出口初级产品的比较优势下降，农牧业发展受到深重打击，经济出现严重衰退时，为了摆脱经济困境，阿根廷选择了进口替代政策，转向支持发展国内工业。在发展国内工业的方式上，阿根廷不是鼓励支持发展民间工业，而是大力扶植国企，发展水泥、电力、冶金等重工业。这种以国有企业为主优先发展重工业的路子，明显脱离了国内需求结构。一方面这意味着政府要拼命举债，企业效率又十分低下，另一方面这种发展并没有带来国内需要的日用消费性工业产品的增加，仍然要大量进口这类必需产品。于是，贸易赤字始终存在，外债负担持续加重，使政府不堪重负。自20世纪70年代末期军人政府实行自由主义政策以来，国内工业企业大批倒闭，制造业在国内生产总值中的比例快速下降。显然，阿根廷在漫长的中等收入阶段中，国内的制造业并没有对经济增长起到真正的主导作用，导致服务业过早地承担起经济发展的重任。

表3—3是阿根廷20世纪60年代中期以来的工业（包括制造业和建筑业）占国内生产总值的比重变化。同世界中低收入和中高收入国家相比较可以看出，在80年代中期以前，由于阿根廷军政府强调推进重工业的发展，此时工业比重要高于同等收入水平国家。80年代中期后，在民主政府推动下，进行经济体制、政治体制改革，实施国有企业全面私有化，面对全面对外开放的市场，缺乏竞争力的国内工业出现了衰退，工业比重就很快下降。从表中可以发现，在20世纪80年代，阿根廷的工业比重还与中高收入国家基本相当，但近三十多年来，阿根廷的工业比重下降要远远快于中高收入国家。到2017

年工业比重已经低于同类国家（中高收入）11个百分点。也就是说，处于中高收入阶段的阿根廷，过早地依赖服务业来拉动国内经济的增长。

表3—3　　　　阿根廷与不同类型国家工业占GDP比重　　　　单位:%

	阿根廷	中低收入国家	中高收入国家
1960	—	20.89	29.55*
1965	48.41	22.10	31.97
1970	42.28	22.28	35.83
1980	41.22	26.69	41.67
1985	39.28	27.44	38.76
1990	36.02	28.27	38.32
2000	25.99	29.79	37.59
2010	25.26	30.66	37.40
2015	23.15	30.33	33.20
2017	21.87	27.40	32.97

注：*是1962年的数据。

资料来源：根据世界银行网站World Bank Open Data数据计算。

同巴西情况极为相似，阿根廷国民储蓄率不高，难以支持国内产业结构转型。从表3—4的数据看，虽然阿根廷经济很早就迈入中高收入发展阶段，但阿根廷在20世纪80年代后，总储蓄率不但大大低于中低收入国家和中高收入国家的平均水平，而且也低于世界平均水平。无论是中低收入国家还是中高收入国家，国民总储蓄率自1980年以后都呈现出一种上升趋势。但阿根廷却相反，国民储蓄率在波动中下降。2000年以后，阿根廷的国民总储蓄率仅仅是中高收入国家总储蓄率水平的一半。阿根廷的储蓄率大幅度下降和低下的国民储蓄率，与国家的产业发展策略是相互抵触的。阿根廷发展工业特别是重工业，需要大量的投资和较高的投资率，更重要的是产业结构高级化，也需要资本和技术的支持。但阿根廷自1984年开始储蓄率都在18%以下，如此之低的储蓄率不可能支撑高投资，也不支持投资率在中等收入阶段合理上升，这是阿根廷产业结构转型升级缓慢的重要原因。

表3—4　　　　　阿根廷国民总储蓄率的国际比较　　　　单位:%

年份	阿根廷	世界平均	中低收入国家	中高收入国家
1980	22.99	22.92	18.41	27.57*
1985	14.78	23.36	21.03	29.28
1990	16.04	23.26	24.59	28.09
1995	16.51	23.49	25.09	29.13
2000	14.37	24.93	27.31	28.43
2005	13.71	25.58	32.30	32.81
2010	17.31	24.59	31.79	34.67
2015	14.14	25.13	27.61	31.28
2017	13.53	25.11	27.27	31.08

注：*是1982年的数据。
资料来源：根据世界银行网站World Bank Open Data数据整理。

三　过度城市化给阿根廷经济结构转型带来了巨大的成本

阿根廷的城市化比巴西更加超前。从表3—5可以看出，无论是同中低收入水平国家还是中高收入国家相比，阿根廷的城市化都明显偏高。即使同高收入国家相比，阿根廷的城市人口比重也非常之高。

1960年阿根廷人均GNI为732美元，城市人口占总人口比重达73.61%；1975年人均GNI为2700美元，城市人口比重高达80.87%；2005年人均GNI为4230美元，城市人口比重升至90.03%。显然，阿根廷从1960年到2005年都处在"中等收入阶段"区间，但城市化水平却跨越"中等收入阶段"，已经达到甚至超过高收入阶段的城市化标准。

正如笔者在分析巴西城市化时所言，一国的城市化进程应与该国的工业化进程相适应，工业化既要求人口集聚，也为城市发展积累了资本和技术。同时，人口集聚又增加了社会对工业化的需求，这些需求反过来进一步推动了经济发展。但是，若城市化过快或过度，人口集聚超过了工业化的需要，经济发展不能提供足够的就业岗位，就会造成城市失业人口过多。而产业发展慢于城市人口增长，会导致政府无法从这些发展滞后的产业提取足够的税收，于是政府没有能力为进城人口提供所需要的基础设施、失业救济、教育、看病和养老等基本社会保障，由此就产生了大量城市贫困人口和规模巨大的"贫民窟"。面对这种局面，阿根廷政府还在一个很长时间内推行进口替代战略，重点发展重工业。而重工业资本密集度高，就业弹性低。此种发展方式不但加剧了国内资本短缺的矛盾，还使得城市失业人口规模进一步扩大，贫困人口不断增加，由此加剧了贫富分化，中产阶层成长缓慢。因此，阿根廷的城市化在某种程度上带有"虚假成分"。虽然大量农村人口流向城市实现了集聚居住，但这只是简单的空间位移，由于城市的基础设施建设滞后，公共服务供给严重不足，进入城市的人口并不能完全享受到城市的文明成果。

表 3—5　　　　　　　　阿根廷城市化的国际比较　　　　　　　　单位:%

	阿根廷	世界平均	中低收入国家	中高收入国家	高收入国家
1960	73.61	33.62	19.62	27.54	63.77
1965	76.37	35.57	20.88	30.59	66.29
1970	78.88	36.57	22.25	31.51	68.75
1975	80.87	37.71	23.99	32.90	70.58
1980	82.89	39.37	26.01	35.69	72.01
1985	85.04	41.23	27.82	39.29	73.32
1990	86.98	43.05	29.73	42.56	74.66
1995	88.16	44.85	31.31	46.06	75.94
2000	89.14	46.70	32.87	49.79	77.09
2005	90.03	49.16	34.75	54.55	78.85
2010	90.85	51.66	36.82	59.35	80.29
2015	91.50	53.92	38.99	63.76	81.18
2017	91.75	54.83	39.91	65.45	81.53

资料来源:根据世界银行网站 World Bank Open Data。

四　政府更迭频繁,经济社会结构转型缺乏稳定的政治环境

19 世纪 60 年代初,阿根廷结束了独立后的长期内战,政治局势开始稳定,这给 19 世纪末和 20 世纪初的经济发展创造了有利条件。然而 1930 年的一次军事政变,改变了阿根廷的政治生态。在此后的 50 年内,阿根廷经常发生军事政变,政府更迭多达 25 次。各种类型和倾向的军人政府或文人政府先后登台执政,经济发展方向缺乏连续性,经济政策时常出现一百八十度的大转弯。

例如,1930 年何塞·费利克斯·乌里布鲁在政变中推翻了对经济大萧条束手无策的伊里戈延。两年后,乌里布鲁的体制失败,阿古斯丁·佩德罗·胡斯托上台,开始实施进口替代工业战略。1946 年

胡安·庇隆上台，他推行"庇隆主义"，实施偏左的凯恩斯主义和高福利政策，将关键工业与公共设施收归国有，提高工人工资，实行充分就业，救济弱势群体。1955年佩德罗·尤金尼奥·阿兰布鲁登台执政，主张自由市场与福利主义并行，1958年阿图罗·弗隆迪西执政，他采取部分私有化和鼓励投资等措施，实现能源与工业自给自足，扭转贸易逆差。1966年胡安·卡洛斯·翁加尼亚登台，他关闭国会，取缔所有政党，解散学生会和工会，引起社会大规模抗议。此后经军人干涉下台。1973年庇隆再次当选总统，第二次实行庇隆主义。1974年庇隆去世后其夫人执政。直到1983年，军人交出政权，激进党阿方辛在大选中当选总统，就此国家开始向民主法治社会过渡。1989年卡洛斯·萨乌尔·梅内姆在竞选中获胜，奉行新自由主义政策，推出一系列改革措施。1999年，费尔南多·德拉鲁阿领导的激进党在选举中重获执政权，2001年12月德拉鲁阿辞职。2002年底，内斯托尔·卡洛斯·基什内尔出任新总统，推行新凯恩斯学派经济政策。2007年克里斯蒂娜·费尔南德斯·德·基什内尔当选总统。

　　从政治体制演变看，从1930—1983年，阿根廷在半个多世纪里几乎都在不同的军政府控制下度过，不停地发生军事政变，执政者频繁更迭，造成基本制度供给严重缺失，经济政策和社会发展政策多变，执行成本高。政府更迭如同走马灯，在财产和产权保护、司法公正、政府决策、公共服务有效等方面，很难为经济发展提供正常化的制度供给保障。政权频繁更迭还使国家的营商环境变得糟糕不堪，在开办企业、市场准入、资本和技术获取、电力获得、跨境贸易等等方面，投资者都缺乏稳定的预期，交易成本大大提高。

　　目前，阿根廷仍旧艰难地徘徊在高收入门槛线上。曾有两次很幸运地迈上高收入国家台阶，但好景不长，由于缺乏关键条件支撑，很快又滑回"中等收入陷阱"中。下一步，阿根廷能否稳定迈进高收入门槛，还要看需求结构、产业结构、社会结构（包括市民化社会结构、橄榄型社会结构）以及政治结构等方面，有无条件实现顺利转型，并配合支撑整个经济社会系统向发达经济体攀升。

第三节 迈向高收入阶段的结构特征

通过对世界银行数据库200多个经济体累积数据的分析，并结合上述成功跨越或落入"中等收入陷阱"的国家案例，笔者尝试对跨越"中等收入陷阱"、迈入高收入国家行列的共同特征做出进一步归纳。

从成功跨越或徘徊于"中等收入陷阱"的国家和地区看，这些经济体在跨越"中等收入陷阱"、迈入高收入阶段门槛时，工业化基本完成。此时，经济增长正在从中高速度向中低速度转换，结构演变出现了几个共同点。

一 跨越中等收入陷阱的能力指标

首先，从人均GNI或GDP指标看，一个经济体在临近跨越"中等收入陷阱"区域期间，在某一时点上迈上了高收入台阶，并不意味着它就自然成为了高收入经济体。若要真正成为发达的高收入经济体，其人均GDP必须在实现中等跨越后保持持续稳定的增长，同时支撑GDP增长的经济结构、社会结构和制度结构必须要实现实质性的转型。否则，即使迈上高收入国家台阶，也会重新滑回"中等收入陷阱"区域。

第二，从需求结构看，在不同收入类型中，低收入类国家的消费率最高，中高收入类国家投资率最高。在需求结构的动态变化中，低收入和中等收入（包含中低收入和中高收入两类）类国家的消费率都呈现下降趋势，投资率则呈现上升趋势；而高收入类国家则呈现出投资率下降、消费率上升的趋势。表3—6中的数据反映出，中高收入国家的最终消费率比较低，在普遍年份中一般会低于高收入国家。高收入国家的平均消费率一般在75%以上。受文化体制影响，东亚地区的高收入国家消费率要略低一些，例如日本在1975年到1995年最终消费率在64%以上，2000年后最终消费率为71%以上。韩国迈入高收入阶段后最终消费率一直在61%以上（表3—7）。如果将中高等收入和中低等收入统一归入中等收入阶段，可以看出，处在中等收入阶段的国家，其投资率上升和消费率下降都是最快的；进入高收入阶段后，便会出现投资率下降、消费率上升的局面。合理的经济学解释是，一个经济体在活跃的中等收入阶段，会持续积极地拓展公共投资和产业投资，长期下来使得投资空间不断变小甚至趋向饱和，投资的边际效益走低甚至下降，此时像以往一样一味地增加投资就不再是一个有利的策略。与之相应的是，随着国内居民收入水平的提高，消费结构出现升级，由社会消费拉动经济增长的力量便越来越强大了。尽管这种需求结构的转型变动因文化环境和体制不同在地区间会有所差异，但在变动方向上是一致的，即投资增长速度放慢，投资率持续下降；消费增长速度转快，消费率不断攀升。从日本和韩国的经历看，早在其临近高收入国家门槛之前，投资率的下降和消费率的上升已经就出现了。

从产业结构的变动看，表3—8的数据表明，自20世纪90年代以来，所有类型国家产业结构中服务业占GDP的比重都在上升。无论是低收入国家、中低收入国家、中高收入国家还是高收入国家都不例外。

先看中高收入类国家，1990—2015 年间，中高收入类国家服务业占 GDP 的比重上升幅度最高，从 42% 上升到 58.7%，提高了 16.7 个百分点。从产业结构变动的路径看，主要是服务业逐步替代农业和工业，推动经济增长的过程。其中替代幅度最大，结构转换最快的也发生在中高收入类国家。随着一些国家经济进入到中高收入阶段，其服务业发展比重迅速上升，对农业的替代高达 11 个百分点，从 18% 降低到 7%；对工业的替代达到 5.6 个百分点，从 39.9% 降低到 34.3%。再看高收入类国家，高收入国家的服务业占 GDP 的比重最高，2015 年达到了 74%，比 1990 年提升了 15 个百分点。高收入国家中服务业比重在这一时期也一直在上升，而且上升幅度快于低收入和中低收入类国家。在这一时期中，高收入国家服务业的结构调整空间主要来自于工业，替代了工业 11.5 个百分点，对农业的替代仅仅只有 1.5 个百分点。一般而言，进入高收入国家行列后，服务业占 GDP 的比重都会保持在 60% 以上，但是东亚国家该比重偏低一些。从表中数据看，目前韩国已经接近 60%，日本已经超过 60%，贴近高收入国家平均值。

再从社会结构变动看，影响一个经济体从中等收入阶段向高收入阶段跨越，有两个指标不可忽视。一个是由城市化带来的市民化社会，一个是由中产阶层成长形成的橄榄型社会。从表 3—9 反映的城市化水平看，从 1960—2018 年这 58 年间，所有收入类型经济体的城市化水平都普遍提高。其中，低收入国家城市化率提高了 19.2 个百分点，中低收入国家提高了 19.38 个百分点，中高收入国家提高了 37.07 个百分点，高收入国家提高了 18.07 个百分点。不同收入类型国家城市化率变动数据，揭示出三个特点。第一，中高收入类型国家的城市化水平上升最快，在有统计的 58 年间，其年均城市化率上升 0.64 个百分点。相比之下，中低收入类型国家年均上升 0.334 个百分点，低收入类型国家年均上升0.331个百分点，高收入类型国家年均上升0.312个百分点。第二，高收入类型国家的城市化率在1977年越过70%后连续41年一直稳步上升，2018年达到了80.86%。由此可见，即使一国经济发展进入到发达的高收入国家行列，其城市化水平还会继续上升，不过提升速度会变缓。第三，同属东亚国家的日本和韩国，在它们迈进发达的高收入国家行列时，城市化率都超过70%以上。而后两国的城市化水平一直高于同类国家的平均值。显然，东亚国家人口众多，资源高度稀缺，在经济结构转型过程中，人口向城市集聚的程度要高于一般国家。

可以认为，要跨越"中等收入陷阱"，除了人均国民收入这个尽人皆知的指标外，与此紧密相关的几个社会结构变量也至关重要，理应达到一些基本水准。根据前面的经验值推算，国家及经济体的城市化率要达到70%以上，最终消费率也要在70%以上；服务业占GDP的比重应在60%以上。另外，影响消费、创新、社会进步的中产阶层也应达到相应比例。以美国、日本、韩国的经验看，进入发达的高收入国家，中产阶层的自我认同值应达到60%。①

从结构转换视角可以看出，一个经济体在从中等收入国家迈向高收入国家的进程中，"两个70%和两个60%"指标代表着该经济体具备了跨越"中等收入陷阱"的能力，其经济、社会和制度形态都发生了有益的结构性变化。这些变化其实是具有标志性的。

---

① 根据世界银行提供的数据，1970年以来世界高收入类型国家最终消费率绝大多数在70%以上。日本在1970—1995年在66.6%—70%之间，2000年后在70%以上；1975年以来高收入类型国家城市化率也在70%以上。1990年以后，高收入类型国家的服务业占GDP比重在60%以上。60%中产阶层是根据美国、日本、韩国的有关文献资料所得。据有关资料目前美国国民收入在3万到8万美元的中等收入群体占就业人口的四分之三。

表3—6　不同类型经济体最终消费和投资占GDP的比重

单位：%

年份	高收入国家			中高收入国家				中低收入国家				低收入国家			
	政府消费	居民消费	消费合计	投资	政府消费	居民消费	消费合计	投资	政府消费	居民消费	消费合计	投资	政府消费	居民消费	消费合计	投资
1965	15.95#	57.33#	73.28#	27.49#	10.72	64.08	74.8	22.96	10.77	80.09	91.67	18.18	—	—	—	—
1985	17.70	58.66	76.36	24.43	12.79	56.82	69.61	28.95	10.98	68.93	79.91	23.75	—	—	—	14.45*
1990	17.33	58.3	75.63	25.10	14.01	56.82	70.83	28.43	11.54	66.14	77.68	26.88	—	—	—	13.51
1995	17.26	58.8	76.06	23.25	14.10	55.64	69.74	29.46	11.19	65.55	76.74	26.14	11.04	77.99	89.03	16.60
2000	16.79	59.12	75.91	23.99	15.16	54.5	69.66	25.98	11.44	64.54	75.98	24.52	11.87	75.93	87.8	17.24
2005	17.57	59.15	76.72	23.13	14.62	50.92	65.54	29.28	10.73	62.93	73.66	30.16	13.01	77.48	90.49	18.44
2010	18.98	59.57	78.55	20.88	15.12	49.04	64.16	30.86	11.62	64.41	76.03	31.03	11.6##	74.9##	86.5##	20.37
2015	18.05	59.03	77.08	21.85	16.15	51.51	67.66	30.15	11.77	64.89	76.66	27.82	10.69	72.29	82.98	23.53
2018	17.8	59.01	76.81	22.08	16.26	50.94	67.20	30.83	11.68	65.45	77.13	28.31	11.30**	72.17**	83.47**	24.39**

注：#代表1970年的数据；*代表1986年数据；##代表2011年数据；**代表2017年数据。

资料来源：根据世界银行网站World Bank Open Data数据计算。

表3—7　　　　日本、韩国最终消费占GDP的比重变化　　　　　　　单位:%

年份	日本消费率	韩国消费率
1970	57.80	83.63
1975	65.76	80.19
1980	67.02	74.63
1985	66.80	66.56
1990	64.71	61.20
1995	68.85	62.00
2000	71.26	65.40
2005	73.74	65.18
2010	77.24	64.64
2015	76.40	63.62
2018	75.44	64.10

资料来源：根据世界银行网站 World Bank Open Data 数据计算。

表3—8　　　　不同类型经济体产业结构变化（农业:工业:服务业）

年份	低收入国家	中低收入国家	中高收入国家	高收入国家	日本	韩国
1990	40.5:18.1:41.5	26.5:31.1:42.4	18.0:39.9:42.0	2.1:26.8:64.9	2.1:38.1:59.8	8.2:38.2:53.6
2000	34.5:19.7:45.2	21.7:32.1:46.2	10.1:38.9:51.1	1.9:27.7:70.4	1.5:30.0:68.5	4.4:38.1:57.5
2010	33.0:20.1:47.2	17.7:32.6:49.7	7.4:38.9:53.8	1.4:25.0:73.6	1.1:26.5:72.4	2.5:38.3:59.3
2015	31.0:21.3:47.8	16.8:30.3:53.0	7.0:34.3:58.7	1.5:24.5:74.0	1.0:25.5:73.0	2.0:38.0:60.0

注：高收入组1990年栏是1997的数据。

资料来源：笔者根据世界银行网站 World Bank Open Data 数据计算。

表3—9　　　　不同类型经济体及日本韩国的城市化水平变化　　　　　　　单位:%

年份	低收入国家	中低收入国家	中高收入国家	高收入国家	日本	韩国
1960	13.69	19.83	27.28	62.79	63.27	27.71
1965	15.49	21.18	30.09	65.35	67.87	32.35
1970	17.89	22.59	30.98	67.79	71.88	40.70

续表

年份	低收入国家	中低收入国家	中高收入国家	高收入国家	日本	韩国
1975	19.56	24.05	32.39	69.62	75.72	48.03
1980	20.96	26.28	35.10	71.06	76.18	56.72
1985	22.71	27.91	38.67	72.38	76.71	64.88
1990	24.70	29.57	41.99	73.76	77.34	73.84
1995	26.31	30.78	45.63	75.03	78.02	78.24
2000	27.45	32.00	49.52	76.15	78.65	79.62
2010	28.77	35.70	58.86	79.43	90.81	81.94
2015	31.75	37.84	63.14	80.32	91.38	81.63
2018	32.89	39.21	66.35	80.86	91.62	81.46

资料来源：笔者根据世界银行网站 World Bank Open Data 数据计算。

二 市场经济制度的成熟水平

走出"中等收入陷阱"的另一个成功标志是市场经济制度的确立和成熟。从"亚洲四小龙"的发展经验和马来西亚、印度尼西亚、菲律宾、泰国的发展经历看，这些国家在第二次世界大战结束后纷纷采取"东亚模式"，即建立政府主导型的市场经济制度，并实行与之配套的出口导向型发展战略。这种制度选择和政策安排，在低收入发展阶段和中等收入阶段对推动经济发展起到了积极作用。政府利用公权力强力干预市场，直接代替市场配置资源，有目的地支持商业资本。这种方式可以在较短时间内，快速调集社会资源重点推进公共基础设施和主导产业等领域优先发展，从而使整个经济在短期内突破瓶颈实现快速增长。但是，政府主导型的市场经济，往往会造成市场扭曲，经济结构失衡，官僚腐败和社会不公。随着经济向高级阶段迈进，市民化社会和橄榄型社会结构的逐渐形成，社会普遍要求有更加充分的交换自由、经济自主和机会公平。因此，经济社会进一步发展会要求改革传统的制度安排，减少政府对市场的行政干预，实现进一步的市场化。事实上，日本、韩国以及中国台湾地区正是及时进行了发展方式的转型，政府从市场经济中不断退出，让市场在资源配置中充分发挥决定性作用，才使得经济发展实现了从中等收入向高收入的成功跨越。相反，亚洲有些国家在低收入阶段和中低等收入阶段，他们的经济起飞时间和发展速度并不落后于"亚洲四小龙"，但由于既得利益集团阻挠，旧体制无法清除，科技创新滞后，加之腐败横行，社会出现分化和结构畸形，市场经济始终处在不完善状态，经济发展也长期徘徊在中等收入阶段。

早期的西班牙与英国的发展经验和教训也充分说明了建立市场经济制度的重要性。

从 15 世纪到 17 世纪，地理大发现带来的海洋贸易，大大刺激了西欧国家的商业、航海业、工业的发展。此时的西班牙王室格外重视商业贸易。统治者利用中央集权制度，通过法律、税收和专属权等手段支持商业资本，干预经济生活。政府对农业、商业、工业实行管制，垄断对外贸易，通过高关税率和其他贸易限制措施保护国内市场，并利用殖民地为本国提供原料市场。这是典型的重商主义。西班牙王室为了维持庞大帝国的开支，能持续获取更多的财富来源，相继取消城市自治权，控制地下矿产资源，对国内产品实行重税，驱逐外来工商业者；对外垄断海洋贸易，对殖民地实施专属权，把水银、畜牧业、矿业和盐业划入专利事业范围，对烟叶执行专产专销等。但是，王室的重商主义政策并没有给西班牙带来持久的经济繁荣。第一，它排挤了国内工商业的发展。虽然西班牙政府在殖民活动中攫取了大量财富，但这些财富并没有投入到生产活动中。相反，为了维持庞大的军事开支，财政经常入不敷出。而农业生产一直停滞不前，工业也没有在商业繁荣中借机发展起来。第二，输入通货膨胀。黄金和白银的大量流入，造成了物价飞涨，民不聊生，同时少数获利阶层的生活穷奢极欲和好逸恶劳，还使西班牙形成了十分不良的社会风气。第三，政府对经济活动的强力和广泛干预，造成了特权获利阶层损害市场，抑制新兴市场力量的成长。由于看得见的"脚"踩住了"看不见的手"，市场经济难以在经济发展中发挥正常作用。这样，西班牙经济在16世纪后期"马尔萨斯灾祸"再次袭来和经济衰退重现时一蹶不振。到1596年菲利普二世去世以后，西班牙沦落为二流国家。[1]

与西班牙的衰落完全不同，英国在进入17世纪后由二流国家走向强盛。决定性因素之一就是自由市场经济制度的确立。进入17世纪后，欧洲的经济结构和社会结构发生了巨大变化，资本的原始积累基本完成，商业资本高度发展，经济发展的中心开始从贸易领域转向生产领域。对外贸易不再是财富的唯一源泉。此时，重商主义已经成为资本主义发展的障碍。在新兴工业资产阶级要求下，英国于1846年废除了《谷物法》，1849年废除了限制国际贸易的《航海条例》，1852年英国议会发表声明，称自由贸易是英国的国策。从此，英国人用经济自由主义取代了不合时宜的重商主义，积极推行自由贸易政策，逐步建立起了自由主义的经济体系，用取消贸易限制的办法来扩大国外市场。从此"英国制造"在世界市场里长驱直入，打造出了举世闻名的"日不落"帝国[2]。

由上述案例可以看出，包括市场经济在内的制度结构转型对经济

---

[1] 唐晋主编：《大国崛起》，人民出版社2006年版，第59—103页。
[2] 唐晋主编：《大国崛起》，人民出版社2006年版，第133—146页。

体实现中等跨越的作用是决定性的。张军扩团队用定量方法从制度视角，研究跨越"中等收入陷阱"获得的结论，深刻地印证了制度转型对经济增长的重要性。该团队对全球一百多个国家2007年和2017年的制度与经济增长关系做了深入研究。① 结果显示，当人均收入处于较低水平时，制度质量与人均收入之间的关系并不明显，即在人均收入分别低于4000美元和7000美元时，95%以上的国家制度指标基本为负。虽然制度与经济水平之间相关性不明显，但动态地看，低收入国家经济发展与制度改善具有同向性，即伴随着经济发展水平的提升，制度也在改善。当收入跨过某一临界水平后（2007年：7000美元；2017年：10000美元），99%的国家制度指标为正，收入水平与制度质量呈现出明显的正相关性。对于中高收入国家群体，相应国家人均收入与制度质量数据均匀分布在横坐标轴上下，处于制度由负转正的"拉锯"状态，若能为正且持续改善，就能具备高收入国家的制度特征。对于高收入国家群体，收入水平与制度质量呈现出明显的正相关关系。这意味着在跨越"中等收入陷阱"进入高收入国家后，一国经济进一步增长仍需要创新完善相关制度，制度建设对于经济的持续稳定增长仍很重要。作者还指出，对于能成功进入高收入国家行列的经济体，在"中等收入陷阱"时期，其制度提升是一种跨越式变化，而在迈入高收入国家后，制度改善呈现出渐进式调整特点。

---

① 张军扩等：《突破"制度高墙"与跨越"中等收入陷阱"》，《管理世界》2019年第11期。

第四章

排斥市场的经济结构转型

不同的经济结构带来的是不同的经济增长。过去70年,中国的经济结构经过了艰难曲折的演变历程。从贫穷的低收入阶段迈向中等收入阶段过程中,中国进行过两次不同寻常的经济结构转型,第一次始于新中国成立初期,直到改革开放以前,中国选择建立明确的计划经济制度,政府控制要素资源配置,强制推行重工业优先发展战略,形成了投资拉动、重工业主导的发展方式。第二次是在1978年以后,通过市场化取向改革,对外开放,调整工业化战略,实行所有制多元化,形成了投资带动、出口导向、劳动密集型主导的发展方式。这两次结构转型中的第一次带有行政强制性,是跨越式的,在超越经济发展阶段的路上走过了近30年。虽然它为后来的经济起飞奠定了一定的物质基础,但是这种发展模式使得国家长期处于低收入阶段,贫困人口数大庞大。第二次转型带有矫正性质,实现了经济的真正起飞,使中国的经济发展水平连续跨越了两个台阶——先是从贫穷的低收入阶段迈向中低收入阶段,而后又迈进中高收入阶段。

第一节 第一次结构转型：计划经济+重工业化

1949年后新中国成立初期，中国经济规模小，人均收入水平低，具有典型的低收入水平国家特征。1952年国内生产总值仅为679亿元人民币，人均只有119元人民币。按照安格斯·麦迪森《世界经济千年统计》测算，1952年中国人均国内生产总值折合1990年国际元为537元，远低于当年亚洲57个国家或地区人均794国际元的水平。如表4—1所示，即使同东亚16国或地区人均国内生产总值水平相比，中国除了比尼泊尔、缅甸略高外，均低于其他国家水平。[①]

表4—1　　　　1952年亚洲国家和地区人均GDP比较　　　单位：1990年国际元

国家或地区	人均GDP	国家或地区	人均GDP
亚洲57国和地区	794	中国台湾	1063
亚洲16国和地区	742	孟加拉	548
中国	537	缅甸	449
印度	629	中国香港	2377
印度尼西亚	910	马来西亚	1477
日本	2336	尼泊尔	517
菲律宾	1186	巴基斯坦	596
韩国	753	新加坡	2280
泰国	869	斯里兰卡	1314

资料来源：[英]安格斯·麦迪森《世界经济千年统计》，伍晓鹰、施发启译，北京大学出版社2009年版。

---

① 东亚16国或地区包括中国大陆、中国台湾、印度、印度尼西亚、日本、菲律宾、韩国、泰国、孟加拉、缅甸、中国香港、马来西亚、尼泊尔、巴基斯坦、新加坡、斯里兰卡。

第四章 排斥市场的经济结构转型

从中国当时的经济社会结构看,全国88%以上的人口在农村,城镇化率为12%左右,社会劳动力20729万人,其中有83.5%集中在农业领域。从需求结构上看,当时的消费率高,投资率低,货物和服务净出口率为负值。1952年,中国的消费率78.9%,投资率22.2%,货物和服务净出口率-1.1%。按照当年投资率、消费率推算,1952年中国的储蓄率是21.1%,据统计资料显示,当年全国人均储蓄余额仅为1.5元。显而易见,这样的需求结构难以支持后来的重工业优先发展战略。再从产业结构看,中国具有传统农业社会的产业结构特征,以农为主。在1952年的国内生产总值中,农业比重高达51%,第二产业为20.9%,其中工业17.6%,第三产业比重占28.2%。显然,当时的产业结构也是无法支撑后来的优先发展重工业战略选择的。

在新中国成立以前,中国共产党按照毛泽东《新民主主义论》和中共七大确立的"两步走"的思想确立了建国政治纲领。具体说就是夺取政权后,第一步先建立新民主主义社会,实现由农业国到工业国的转变;第二步再实现由新民主主义社会到社会主义社会的转变。[①] 根据这个政治纲领,中央领导做出了"三年准备、十年建设",然后采取适当步骤向社会主义过渡的战略部署。[②] 按照这样的部署,在新中国成立之初,中国决策者在经济体制和政策上做出了如下安排:一方面,通过土地改革消灭了旧中国封建土地所有制,将从地主那里剥

[①] 毛泽东:《新民主主义论》(1940年1月),《毛泽东选集》(第二卷)人民出版社、解放军出版社1991年版,第665—666页。毛泽东:《论联合政府》(1945年4月24日),《毛泽东选集》(第三卷),人民出版社、解放军出版社1991年版,第1055—1059页。

[②] 吴敬琏:《当代中国经济改革》,中信出版社2017年版,第42页。

夺来的土地、房屋、耕牛及农具分给无地或少地的农民，实现农民个体土地所有制；另一方面，明确了在建立新民主主义经济时期，中国需要资本主义的广大发展，允许手工业者、资本主义工商企业在国有经济领导下按市场导向运营。①

应该说，当时的制度选择和政策安排是正确的。土地改革的成功使得农业获得了丰收，到1952年全国粮食产量由1949年11318万吨增加到16392万吨，增长了44.8%；棉花、油料、猪牛羊肉、水产品等产品产量也分别增长了193.7%、63.5%、53.9%、271.1%。工业也取得了不菲的成绩。到1952年各类所有制经济工业总产值比1949年增长了13.2%，其中全民所有制工业增长了2.88倍，集体所有制工业增长了15倍、公私合营工业5.2倍、私营工业0.54倍、个体工业1.2倍。②

面对经济发展的好势头，怀着要突破西方封锁并赶超西方发达国家的强烈愿望，中国领导人的思想开始发生了大的变化。1952年9月，毛泽东在中共中央书记处一次会议上提出："我们现在就要开始用10年到15年的时间基本完成到社会主义的过渡，而不是10年或者以后才开始过渡。"1953年6月在中共中央政治局会议上毛泽东正式提出"过渡时期总路线"。党在过渡时期总路线和总任务，就是要在一个相当长的时期内，基本实现国家工业化和对农业、手工业、资本主义工商业的社会主义改造。③针对当时中国"一辆汽车、一架飞机、一辆坦克、一台拖拉机都不能造"的局面，在1953年国家的第一个五年计划中提出了"优先发展重工业"的工业化路线。时任国务

---

① 吴敬琏：《当代中国经济改革》，中信出版社2017年版，第41—42页。
② 根据国家统计局编《中国统计年鉴》（1985）数据计算。
③ 吴敬琏：《当代中国经济改革》，中信出版社2017年版，第43页。

院副总理兼国家计委主任的李富春在关于第一个五年计划报告中明确指出,"社会主义工业化是我们国家在过渡时期的中心任务,而社会主义工业化的中心环节,则是优先发展重工业"。[①]

然而,要想在一个储蓄率低而且投资率也很低、农业所占比重很高的经济结构起点上,直接跨越劳动密集型产业发展阶段,优先推动重工业发展,仿效欧美先行工业化国家的经验,建立高效的经济制度,凭借市场力量显然行不通。因为这样的发展方式所经历的结构演变时间太漫长,中国等不起;何况按照当时的苏联经验,社会主义制度从意识形态上就是要废除私有制和市场制度。于是,中国天经地义地借鉴苏联经验,建立了以高度集中配置资源为特征、与重工业优先发展目标紧密结合的计划经济制度。

第一,对农业、手工业、资本主义工商业实行社会主义全面改造,强制推行公有制。对分散的小农经济进行集体化改造,采取行政手段将农业初级社迅速发展成高级社进而快速过渡到人民公社,将农民的土地、大型农具由个体私有转变为集体所有。人民公社的特征是"政企合一""工农商学兵"五位一体,实行严格的户籍登记管理制度,农业生产按计划执行统一播种、统一劳动、统一收割、统一上交、统一分配劳动成果。这样的制度安排,为国家工业化能从农业持续顺利地获取低廉农产品供给,为工业化原始资本积累提供了组织制度保障。对手工业、资本主义工商业分别采取合作社、公私合营、全民所有制等形式进行了彻底改造,将它们改造成全民所有制或集体所有制等不同形式的社会主义公有制。在公有制企业里,企业的生产资料、生产产量、生产品种、产品销售、人力配置、工资发放等,一切

[①] 吴敬琏:《中国增长模式抉择》,中信出版社2017年版,第114页。

都受工业计划或商业计划控制。这为国家直接跨过劳动密集型的轻工业发展阶段，直接发展资本密集型的重工业创造了所有制结构条件。

第二，实行高度分割的城乡二元户籍制度，控制农村人口向城镇以及工业部门流动。虽然农业、手工业、资本主义工商业的改造为重工业优先发展扫除了组织和制度障碍，设法降低了重工业优先发展的成本；但是，在储蓄不足、资金短缺的条件下，面对农村大量富余劳动力，如果按照市场经济制度，任由城乡劳动力自由流动，必然会出现大量乡村低收入人口涌向城市和工业部门的情况。低收入人口的大量进入，不但会加剧城镇化与工业化在资源配置上的矛盾竞争，而且还会大大降低工业部门的资本有机构成，阻碍重工业优先发展。因此，设立一个门槛，限制农村劳动力和人口向城镇以及工业部门流动，就成为又一制度选择。

为了限制农村人口向城镇流动，在1953年以前，原政务院就发出了《关于劝止农村人口盲目外流的指示》；1958年，国务院又颁布了《中华人民共和国户口管理登记条例》。此后，我国以户口制度为基础，先后制定了与其相配套的一系列制度安排。例如，粮食、副食品和燃料等生活资料供给制度、住房分配制度、医疗制度、教育制度、就业制度、劳动保护制度、养老保障制度、婚姻制度、生育制度和兵役制度等。这些制度安排，把城市人和农村人分成了两个不同的"二元世界"和两种不同身份。在城乡分割的户籍制度条件下，农村人要想进入城镇，渠道非常狭窄，而且需要环环相扣、审批手续繁琐的漫长过程。相反，将城镇人口"下放"到农村，手续要简单得多。由此而滋生的乡村歧视环境也暗中成长起来。城乡二元户籍制度的制定与实施，为农村人只能做农业、非农业人口主要做工业奠定了明确的制度基础。

第三，垄断和控制生产要素的配置权，限制劳动密集型产业发展空间。有了完善的城乡户籍分割制度，可以有效地限制人口向城市和国家大工业流动。但是，受人的生存本能驱使，在日用消费品全面短缺的条件下，如果不控制生产要素的配置权，任由农民和城市居民自由支配手中的生产要素，他们完全可以利用一切机会，优先选择资本门槛较低的劳动密集型小手工业、轻工业及服务业。这势必会造成与国家工业化争夺资源的矛盾。为了保住有限的工业化资源，国家相继垄断和控制了主要生产资料的调配权。一方面，政府对用于非农产业的生产资料和资金，实行严格的计划分配政策，只有纳入国家计划轨道的企业，才能申请获得所需要的物质和资金；另一方面，政府还对用于农业生产的资金、化肥、农药、农业机械、农用工具和塑料薄膜等，根据需求量和供给能力进行计划管理和分配，农民只能通过合作组织按照农业生产计划获得上述生产资料和流动资金。这样的体制安排，为实现国家工业化目标优先获得生产资料设定了牢靠的供给渠道。

第四，对主要农产品和重要工业消费品实行配给制度。在社会储蓄率低的情况下，只有人为压低原材料价格，控制劳动力成本，才能提高资本积累率，保证重工业能优先发展。为此，政府对粮棉油等主要农产品实行统购统销政策，以购销制度控制住了农产品需求水平。就农产品供给而言，国家对230多种产品实行统购派购政策，由国家指定的国营商业部门和供销合作社低价收购，不准其他单位或个人到农村去收购农产品；就农产品消费而言，国家对非农业户口居民实行定点凭证供给的统销政策，居民只能按月凭证、凭定量购买到粮油、肉蛋及各种副食品。对农产品实行统购统销政策，实质上是国家超越和替代市场职能，垄断农产品的购销经营权，既从生产来源上控制农产品的供给总量，又从最终消费环节上控制农产品的需求总量。与此同时，为了控制轻工业产品的消费需求，各地还对主要的日用工业消费品实行票证（券）配给政策，以保证更多的资源用于重工业的方面。如棉花、布匹、自行车、缝纫机等各种短缺工业品都需要票证。

至此，一整套服务于国家工业化战略，并能为重工业优先发展提供食品、原料和资本积累的计划经济体制形成了。在计划经济体制支配下，农业、工业实行严格的计划生产，生产出来的产品由国家指定商业部门严格按照计划实行购销。这些安排，完全受制于行政力量支配，并服从和服务于国家的工业化战略，城乡居民和企业只能做出被动选择。

◇ 第二节 第一次经济结构转型的特征变化

重工业优先战略和计划经济相结合的制度安排，在行政强制干预和政府主导下形成和完善，对我国经济发展和结构演变的影响深刻而全面。

一 基于经济总量的观察

从经济总量观察，从 1952—1978 年，国内生产总值按可比价格增长了 3.72 倍，年均增长率为 6.2%，用国际视角衡量是不低的。这一时期的增长速度，显然是计划经济的结果。在经济起飞阶段，面对资源稀缺条件，高度的计划经济体制便于利用行政力量集聚人力、物力、财力，采取了非均衡的经济和社会发展方式，集中保证政府所需产业部门的资金、劳力、技术等要素优先投入，以此带动经济增长。

确实，该时期经济增长主要是由经济结构的强制变迁引起的，这里将从需求和供给两方面分析。先看需求结构，即投资、消费、进出口的变动。从表4—2的数据可以看出，1952—1978年间，在国民生产总值中，最终消费占比（消费率）从78.9%下降到62.1%，下降了16.8个百分点；投资占比（投资率）从22.2%上升到38.2%，上升了16个百分点。最终消费率的快速下降和投资率的大幅上升，意味着投资对经济增长的贡献作用明显提高，而消费对经济增长的贡献变弱了。如果将1978年国内生产总值与1952年相比较，就会发现投资对经济增长的贡献作用更加突出，1978年国内生产总值比1952年增加了2913.4亿元，其中来自消费的增加量为1692.8亿元，占国内生产总值增加量的58.0%；来自投资的增加量1224.2亿元，占国内生产总值增加量的42.0%。也就是说在过去26年经济增长中，有42%的增长份额是由投资贡献的。如此之高的投资率和对经济增长的贡献，已经远远超出了世界低收入国家类型的平均水平。与表3—6数据对照可知，低收入国家的投资率一般都在14%—26%之间。即使按照H.钱纳里的多国标准模式衡量，中国的投资率水平已经超过任何工业化阶段投资贡献标准[1]。很显然，中国的工业化初期，经济增长带有明显的投资带动型特征。

---

[1] ［美］H.钱纳里、S.鲁宾逊、M.赛尔奎因等著：《工业化和经济增长的比较研究》，吴奇等译，上海三联书店、上海人民出版社1995年版，第71—77页。

表4—2　　　　　中国国内生产总值结构（按支出法计算）

年份	国内生产总值/亿元	最终消费率%	资本形成率%	货物与服务净出口%
1952	692.2	78.9	22.2	-1.1
1965	1629.2	71.1	28.4	0.5
1970	2207.0	66.1	33.8	0.1
1978	3605.6	62.1	38.2	-0.5

资料来源：国家统计局编《新中国60年》，中国统计出版社2009年版，第615页。

再看供给结构，即产业结构的分析。可以看出，新中国成立后中国的经济增长从主要依靠农业转向了依靠第二产业，特别是工业部门的拉动；而工业的增长从依靠轻工业转向依靠重工业带动。彼时的中国尚处在低收入阶段，政府将大量投资聚拢，持续投向工业、尤其是重工业领域，引发了产业结构的迅速变化。从1952—1978年，农业仅增长了0.7倍，服务业仅增长了2.93倍，而工业增长了15.94倍[①]。工业增长一骑绝尘，远超农业和服务业，使得该时期的产出结构在产业间出现了迅速替代。同时，工业增长的内部，即各个工业行业之间也发生了替代变化。

二　从三次产业的结构变化看对工业的倚重

这里，我们用部门因素分析方法来看1978年以前，产业之间以及工业内部是如何发生结构替代的。先看产业结构的变化。表4—3是根据国家统计局提供的数据计算出的产业增加值增长对国内生产总值增长率的贡献。从表中数据结果发现，除了1958—1962年之间

---

① 国家统计局编《新中国60年》，中国统计出版社2009年版，第614页。

国民经济的异常变动年份之外，其他所有时段经济增长都主要是依靠第二产业尤其是工业拉动的。第一个五年计划时期全国国内生产总值年平均增长率为9.25%，来自第一产业的贡献值为1.75个百分点，对经济增长的贡献率18.9%。第二产业的贡献值为4.97个百分点，对经济增长的贡献率53.7%。其中工业的贡献值为4.26，对经济增长的贡献率达到46.1%。第三产业的贡献值为2.64个百分点，对经济增长的贡献率28.5%。在经济调整的1963—1965年，农业对经济增长的贡献率有所提高，从"一五"时期的18.9%提高到29.1%，但这三年第二产业的增长贡献率仍然高达46.8%，其中工业增长的贡献率也达到42.6%。在第三、第四个五年计划期以及改革开放前，第二产业尤其是工业一直主导着中国经济的增长，对国内生产总值增长的贡献率也明显上升。第三个五年计划时期，第二产业和其中工业对经济增长的贡献率分别上升到61.6%和57.3%。第四个五年计划时期继续上升到64.1%和59.5%；1976—1978年又进一步分别上升到67.9%和66%。也就是说在改革开放前期，我国经济增长中的三分之二都来自工业部门的贡献。

第二产业尤其是工业的快速增长以及对国内生产总值的超高贡献，使得我国产业结构从以农业为主导转向以工业为主导。1958年第二产业产出占国内生产总值比重首次超过农业，1970年工业产出占国内生产总值比重也超过农业（表4—4）。到1978年，我国农业在国内生产总值中的比重由50.5%下降到28.1%，第二产业及工业的比重则分别从20.9%、17.6%提高到48.2%、44.3%。

表4—3　1952—1978年不同产业部门对经济增长的贡献值比较

单位：%

时期	GDP增长率	GDP中的产业增长率				产业的平均比重				产业对增长的贡献值			
		第一产业	第二产业 合计	工业	第三产业	第一产业	第二产业 合计	工业	第三产业	第一产业	第二产业 合计	工业	第三产业
1953—1957	9.25	3.82	19.68	19.84	9.10	45.80	25.25	21.45	29.00	1.75	4.97	4.26	2.64
1958—1962	-2.03	-5.60	0.98	2.13	-0.74	40.15	30.40	26.80	29.75	-2.25	0.30	0.57	-0.22
1963—1965	15.10	11.29	21.34	21.44	11.78	39.00	33.15	30.05	27.90	4.40	7.07	6.44	3.29
1966—1970	6.93	3.15	11.32	11.62	3.81	36.85	37.70	34.20	25.50	1.16	4.27	3.97	0.97
1971—1975	5.90	3.17	8.80	9.02	4.56	33.95	42.90	38.95	23.15	1.08	3.78	3.51	1.06
1976—1978	5.74	0.00	8.32	8.87	7.79	30.35	46.70	42.70	22.95	0.00	3.89	3.79	1.79

注：GDP增长率和产业增长率以1952年为100的增长指数计算。产业部门平均比重是指各个时期各产业部门的初始年份和截止年份的增加值占GDP中的平均比重。产业部门对增长的贡献值按产业部门平均比重与该部门增长率的乘积计算。

资料来源：国家统计局编《新中国60年》，中国统计出版社2009年版，第612—614页。

表4—4　　　　　　　1978年以前国内生产总值构成　　　　　　单位:%

年份	第一产业	第二产业		第三产业
		总计	其中工业	
1952	50.5	20.9	17.6	28.6
1955	46.3	24.4	21.0	29.3
1958	34.1	37.0	31.7	28.9
1960	23.4	44.5	39.0	32.1
1965	37.9	35.1	31.8	27.0
1970	35.2	40.5	36.8	24.3
1975	32.4	45.7	41.5	21.9
1978	28.1	48.2	44.3	23.7

资料来源：国家统计局《中国统计年鉴（1999）》，中国统计出版社1999年版。

三　从第二产业内部结构变化看重化工业驱动

工业的快速增长也主要是内部结构转换带来的。这种转换来自两个方面：一方面，工业增长从依靠以农产品为原料的加工业转向主要依靠以非农产品为原料的工业；另一方面，工业增长从主要依靠以劳动密集型投入为主的轻工业转向主要依靠以资本投入为主的重工业。从表4—5的数据反映出，1952年，全国工业产值有56.4%份额是由农产品加工业提供的，但到1978年农产品加工业产值比重下降到29.5%；与之相反，以非农产品为原料的工业产值为工业提供的份额由43.6%上升到了70.5%。再看轻重工业结构，1952年我国工业产值有64.5%是由劳动密集型为主的轻工业提供的，到1978年这个比重下降到43.1%，而资本密集型的重工业对工业产值贡献的比重由35.5%上升到56.9%。再进一步，这一时期重工业内部结构变化也是促其增长的主要动力。20世纪50年代，我国重工业的发展重点是冶金、电力、煤炭、石油、化工和机械工业，基本上是以基础原材料、能源为主导的产业。到20世纪70年代末期，重工业发展石油、化工和机械工业方面，基本方向是以化工、能源、原材料和机械等为主的加工型产业。

表4—5　　　　　　　　1952—1978年工业总产值结构变动

年份	以工业产值为100		以工业产值为100	
	以农产品为原料工业	以非农产品为原料工业	轻工业	重工业
1952	56.4	43.6	64.5	35.5
1957	44.9	55.1	55.0	45.0
1962	34.5	65.5	47.2	52.8
1965	37.0	63.0	51.6	48.4
1970	32.3	67.7	46.2	53.8
1975	30.9	69.1	44.1	55.9
1978	29.5	70.5	43.1	56.9

资料来源：转引自马晓河《结构转换与农业发展》，商务印书馆2004年版，第76页表3—6。

按照部门因素分析法来解析轻重工业对工业增长作用则会进一步发现，重工业对工业增长的贡献更为直观明显。计算结果如表4—6所示。除了1963—1965年三年国民经济调整时期之外，五个五年计划期间重工业对工业产值增长的贡献都远远大于轻工业。将轻重工业对工业增长的贡献值折算成贡献率后可以看出，"一五"时期重工业对工业增长的贡献率是56.7%，"二五"时期高达84.2%，"三五"时期63.2%，"四五"时期61.5%，第五个五年计划前三年是52.9%。

表 4—6　　1952—1978 年工业产值增长的产业部门因素分析　　　　单位：%

时期	年均工业产值增长率			轻重工业平均比重		对工业增长的贡献值	
	总产值	轻工业	重工业	轻工业	重工业	轻工业	重工业
1953—1957	18.0	12.8	25.4	59.8	40.2	7.7	10.2
1958—1962	3.8	1.1	6.6	51.1	48.9	0.6	3.2
1963—1965	17.9	21.2	14.9	49.4	50.6	10.4	7.5
1966—1070	11.7	10.7	14.6	48.9	51.1	5.2	7.4
1971—1975	9.1	5.4	10.2	45.1	54.9	2.5	5.6
1976—1978	9.5	9.1	9.9	43.6	56.4	3.9	5.6

资料来源：转引自马晓河《结构转换与农业发展》，商务印书馆 2004 年版，第 77 页表 3—7。计算方法同表 4—2。

从产业结构转换角度分析我们不难得出结论：中国早期的工业化，经济增长的另一个特征就是重化工业带动型。

◇ 第三节　经济结构强制转型带来的影响及代价

毫无疑问，新中国成立后到改革开放前，中国依靠计划经济制度进行资源配置和优先策略选择，确实建立了一个基本完备的工业体系，国家的综合经济实力也有了一定提升。但是不得不说，这种凭借国家行政力量的干预、依靠高度集权的计划经济制度、忽视经济发展自身的平衡规律，畸形化推进重化工业优先发展的办法，给国民经济带来一定的负面影响。

一 经济发展更多地表现为"贫困式增长"

在资源要素配置过程中,国家将巨量资本、技术等稀缺资源要素优先向资本密集型行业倾斜分配,以此促成了重化工业的优先超前发展。同时,为了维持和推进重化工业的优先和超前发展,计划经济制度还必须为这种发展方式保持高资本积累率。在封闭条件下,获取高资本积累率的唯一途径就是压低居民的收入水平。因此,在国民收入分配中,城乡居民的收入长期压低了,他们的收入增长慢于资本积累的增长,生活水平改善慢于经济发展,就成为重工业优先发展方式下的一种常态。1952—1978 年,我国经济年均增长率 6.2%,同期内城镇职工年均工资额从 445 元增加到 615 元,年均增长仅为 0.17%;农民人均年均纯收入从 57 元增加到 133.6元,年均增长只有 2.2%。收入的低水平和低速增长,必然带来消费低水平和低增长率。1952—1978 年,城镇居民年均消费额从 154元提高到 405 元,年均增长 3.03%,农民年均消费额从 65 元提高到 138 元,年均增长 1.76%。① 再从支出法国内生产总值的结构变动来看资本积累和消费的关系。从 1952 年到 1977 年,由固定资产投资转化成的固定资本形成总额按名义增长了 10.29 倍,同期内最终消费仅仅增长了 2.77 倍。②

显然,由重化工业优先发展带动的经济增长并没有相应提高城乡居民收入和生活水平,甚至还累积了贫困问题。按照 2010 年农村贫困标准每人每年 2300 元(2010 年不变价)计算,1978 年的中国农村

---

① 国家统计局编《新中国60年》,中国统计出版社2009年版,第612页。
② 国家统计局编《新中国60年》,中国统计出版社2009年版,第612页。

有贫困人口 77039 万人，农村贫困发生率 97.5%。按照 1978 年农村贫困标准（每人每年纯收入 100 元）计算，当年农村贫困人口 25000 万人，农村贫困发生率 30.7%。①

二 政府主导资源配置引起经济结构失衡

在农业和轻工业还不发达的情况下，优先推进重化工业发展，政府依靠行政力量向农业和轻工业征税，压低农产品和轻工业品的收购价格，抬高向农业和轻工业部门销售的工业或重工业产品价格，为此获得更多的资金用于重化工业的发展。这种发展方式带来的问题是，从农业和轻工业部门过多过量抽取资本和资源，损害了这两大产业的自我发展能力，造成农业发展落后，轻工业发展缓慢，农产品严重短缺，日用工业消费品供给长期不足。

表 4—7 是从 1952—1977 年农业、轻工业和重工业产值增长指数，从中可以计算出，在 1952—1977 年的 25 年间，按可比价格，农业产值增长了 84.8%，年均增长 2.49%；轻工业产值增长了 8.07 倍，年均增长 9.22%；重工业产值增长了 23.9 倍，年均增长 13.72%。从产业发展比较角度分析，重工业年均产值增长速度是农业的 5.1 倍，是轻工业的 1.49 倍。这种畸形增长结构，导致社会生活品供给增长长期满足不了社会发展的需要。以粮食、棉花生产为例，1952—1977 年，我国粮食总产量由 16392 万吨增加到 28273 万吨，年均增长率为 2.2%；棉花产量由 130.4 万吨增加到 204.9 万吨，年均增长率为 1.82%。但同期内我国人口从 57482 万人增长到 94974

---

① 国家统计局编：《中国统计摘要（2019）》，中国统计出版社 2019 年版，第 66 页。

万人,年均增长率2.03%,人均粮食产量仅从570.3斤提高到595.3斤,年均增长水平为0.017%。支撑居民穿用方面的棉花,人均水平不但没增加反而下降了。人均棉花产量从4.54斤下降到4.31斤,年均增长率-0.2%。导致的直接后果是,1978年前的25年时间,城市居民主食供给水平25年几乎没有改善,棉纺原料的供给还有下降。居民生活所需的一切都靠票证支撑。

表4—7　1952—1977年工农业产值增长指数（1952年为100）

年份	农业	轻工业	重工业
1952	100	100	100
1957	124.8	183.3	310.7
1962	99.9	193.5	428.3
1965	137.1	344.5	650.5
1970	157.8	522.8	1309.5
1975	186.3	764.4	2137.7
1977	184.8	906.7	2490.3

资料来源:国家统计局《中国统计年鉴（1990）》,中国统计出版社1990年版,第57页。

三　抑制了农业剩余劳动力转移

剩余劳动力无法转移,会造成产业结构与就业结构双重失衡。由于经济增长依靠投资带动,而投资又集中于重工业方面,于是在经济发展的低收入阶段,中国便形成了偏离一般结构演变规律的重型产业结构。众所周知,重工业是资本密集型产业,与劳动密集型产业相比,重工业每单位产出所需要的资本投入要远远大于劳动密集型产业,相反每单位产出所需要的劳动力投入要明显小于劳动密集型产业。不难理解，重工业越是超前发展，就越需要更多的资本，同时越排斥更多的劳动力。改革开放以前，我们选择的发展方式与国家的资源比较优势恰好彼此背离。我国的基本国情是资本高度稀缺，而劳动力大量剩余。优先发展重工业不断加深、加剧了资本短缺和劳动力剩余的矛盾，造成了产业结构与就业结构的不对称转换。二十多年的发展实践以及产业结构与就业结构之间的变动关系充分证明了这一点。1952—1977年，在产业产出结构中，农业产值占社会总产值的份额由45.42%下降到20.87%，下降了24.55个百分点，工业产值份额由34.38%上升到62.05%，增加了27.67个百分点。同期内就业结构转换明显偏离了产业产出结构变化，1952—1977年，在农业部门的就业人数占社会就业的比重从83.5%下降到74.5%，仅下降了9个百分点。大量剩余劳动力挤在农业部门不得出路。

这里我们引入产业结构变化值和就业结构变化值的概念，来进一步观察就业结构与产业结构彼此偏离的问题。"结构变化值"是指统计基期某个产业的产值比重（或就业比重）减去统计期末该产业的产值比重（或就业比重）后的差值，所得结果即该产业产值结构（或就业结构）变化的绝对值。依次计算出第一、第二和第三次产业的产值结构（或就业结构）变化值后，将第一、第二、第三产业的产值结构（或就业结构）变化值相加，可得到观察期的产业结构（或就业结构）变化值。钱纳里提出了一个世界发展模型，提供了就业结构和产值结构变化值比较的"标准结构"，反映了人均GNI从70美元到1500美元不同发展时期劳动力结构和产值结构的变化关系。根据这个计算方法，我们在表4—8中将人均GNI从70美元到1500美元的时期划分为八个比较期，并以1964年美元为计算基准，依次计算得出各时期产业产值结构和就业结构的变化值。从这个标准结构可以看出,在产值结构方面,第二产业与第一产业并驾齐驱,并替代其地位成为主导产业的转折点发生在人均GNI300美元时期;而在就业结构方面,第二产业取代第一产业的转折点发生在人均GDI800美元时期,落后于产值结构变化三个时期。再对第一产业产值结构和就业结构的变化值进行比较,可以发现在各个时期里劳动力就业结构的变化值都普遍大于产值结构的变化值。这表明根据标准模型,在工业化中劳动力从传统的第一产业向非农产业部门流动的速度快,就业结构的变动活跃。

表4—8　　　世界发展模型"标准结构"中的结构变化值

人均GNI* （美元）	产值结构（%）			劳动力结构（%）		
	第一产业	第二产业	第三产业	第一产业	第二产业	第三产业
70	52.2	17.8	30.0	71.2	7.8	21.0
100	45.2	21.0	33.8	65.8	9.1	25.1
200	32.7	28.7	38.5	55.7	16.4	27.9
300	26.6	33.0	40.3	48.9	20.6	31.4
400	22.8	36.1	41.1	43.8	23.5	32.7
500	20.2	38.3	41.5	39.5	25.8	34.7
800	15.6	42.9	41.6	30.0	30.3	39.6
1000	13.8	44.9	41.3	25.2	32.5	42.3
1000以上（1500）	12.7	48.8	38.6	15.9	36.8	47.3

注：*世界发展模型"标准结构"中原为人均GNP。1993年联合国将GNP,即国民生产总值（Gross National Product,GNP）改称为GNI——国民总收入（Gross National Income,GNI）。人均GNI均按1964年美元计算。第二产业产值结构份额均包括了公共产业结构份额。

资料来源：[美]H.钱纳里等：《发展的格局（1950—1970）》,李小青等译,中国财政经济出版社1989年版,第22—23页。

利用该模型还可以对产值结构和就业结构变化值之间的偏离程度进行分析。如果以就业结构变化值为1，可以计算产业产值结构变化值偏离就业结构变化值的程度，并得到表4—9所示的偏离系数。可以看出在"标准结构"中，在人均GNI 70—100美元经济发展阶段，产值结构变化偏离就业结构29%，在其余七个阶段偏离系数都小于1；而且随着人均收入的提高，产业产值结构与就业结构的偏离系数越来越小。这意味着该"标准结构"中产业结构的转型尽管有先后的差别，但总体还是有利于劳动力流动，有利于结构发展均衡的。

参照钱纳里的模型和这个"标准结构"，可以分析一下中国的数据，计算结果如表4—10所示。从1952—1978年，除了1976—1978年，中国的产业产值结构与就业结构的偏离程度明显过高，都在1以上。其中在1952—1957年和1963—1965年竟分别达到4.46和13.4。这表明产值结构的变动远远快于就业结构，劳动力在产业间流动遇到了巨大障碍，产业结构的转换对其有十分不利的影响。这也就佐证了我们前面的讨论，偏向重工业发展的工业化严重制约了传统产业部门的劳动力向非农产业部门流动。

表4—9　　"标准结构"中产值结构变化值和就业结构变化值比较

人均GNI（美元）*	产值结构变化值（%）	就业结构变化值（%）	偏离系数
70—100	14.0	10.8	1.29
100—200	13.4	20.0	0.67
200—300	12.2	13.5	0.90
300—400	7.7	10.3	0.75
400—500	5.2	8.6	0.67
500—800	9.3	18.9	0.49

续表

人均GNI（美元）*	产值结构变化值（%）	就业结构变化值（%）	偏离系数
800—1000	4.1	9.7	0.42
1000—1500	7.7	18.6	0.41

注：①＊世界发展模型"标准结构"中原为人均GNP。1993年联合国将GNP改称为GNI。人均GNI均按1964年美元计算。②偏离系数是指以就业结构变化值为1，同产值结构变化值之比。

资料来源：根据表4—7资料加工整理。

表4—10　1952—1975年中国产值结构变化值和就业结构变化值比较

时期	人均GNI（美元）	产值结构变化值	就业结构变化值（%）	偏离系数
1952—1957	49.16	20.5	4.6	4.46
1958—1962	56.78	3.3	2.0	1.65
1963—1965	85.81	13.4	1.0	13.40
1966—1970	111.68	5.0	3.6	1.39
1971—1975	167.04	10.4	6.5	1.60

注：1952—1975年的人均GNI（美元）是按当年进出口总值人民币与美元折算比率推算所得；人均GNI分别是1957年、1962年、1965年、1970年和1975年的数据。从统计数据看，1978年以前GNI与GDP是相等的。

资料来源：笔者根据国家统计局编《中国统计年鉴（1988）》，中国统计出版社1988年版，第157页及《中国统计年鉴（2000）》，中国统计出版社2000年版，第54页提供的数据整理而得。以下各年度《中国统计年鉴》注释从略。

四　城镇化滞后于工业化

选择重工业超前发展还造成大量农村人口不能往城市流动，使得中国的城镇化发展滞后于工业化。大量的实证研究成果表明，城市化是与工业化紧密联系在一起的，经济发展阶段、产业结构高度都与城市化高度相关。在较低的人均收入水平阶段，社会储蓄率极端低下，由于农业部门产值和就业比重高，工业部门比重低，大量劳动力和人口都集中在农村，城市化水平一般较低。当经济发展进入中低收入阶段，工业部门的快速扩张吸纳了大量农业剩余劳动力，农业部门产值和就业比重开始下降，工业部门产值和就业比重不断上升。工业部门扩张带来了高经济增长，吸引了农业劳动力和农村人口加快向城镇转移，城市人口集聚度明显提高，城市化水平也迅速上升。这一阶段城市化率上升速度要比低收入阶段快得多。经济发展进入中高收入阶段时，城市化率上升得最快。这一时期，工业结构演变、制造业转型升级以及服务业的扩张，都使得农村劳动力和人口快速向城镇集聚，由此推动了城市人口比重在较短时期内超过60%以上。进入高收入阶段，工业化到了后期，工业增长速度开始放慢，服务业进一步发展，农业部门在经济结构中的份额下降到极低水平。此时农村劳动力主要流向服务业领域，由劳动力流动带来的人口市民化还在持续推进，但人口市民化速度明显减缓。此一阶段城市化率上升达70%以上，市民化社会由此建立，现代城市文明社会结构替代传统农耕文明已经成为社会主流。

同上述一般趋势有明显不同的是，中国的城市化要远远滞后于工业化。超前发展资本有机构成高的重工业，阻断了劳动力从农业部门向工业以及服务业部门转移，使得大量农业剩余劳动力沉淀在农业部门。由于农业劳动力以及农村人口不能伴随工业发展实现从乡村向城镇的有效转移，城市化进程停止不前。表4—11是我国1952年到1978年的产业结构变动和城市化对比数据，可以看出以下问题：先从时间序列考察，虽然我国从1952年开始发动工业化，工业的快速发展并在20世纪70年代对农业实现了结构替代后，并没有带来城市人口比重的迅速上升，20世纪60年代甚至还出现了城市人口比重下降的现象。从1965年城市人口比重达到18%后，直至13年后的1978

年该指标也没有超过18%。

表4—11　　1952—1978年产业结构变动和城市化对比

年份	人均GNI（美元）	劳动力结构（%）			产值结构（%）			城市化率（%）
		一产	二产	三产	一产	二产	三产	
1952	35.48	83.5	7.4	9.1	50.5	20.9	28.6	12.5
1957	49.16	81.2	9.0	9.8	40.3	29.7	30.1	15.4
1962	56.78	82.1	7.9	9.9	39.4	31.3	29.3	17.3
1965	85.81	81.6	8.4	10.0	37.9	35.3	27.0	18.0
1970	111.68	80.6	10.2	9.0	35.2	40.5	24.3	17.4
1975	167.04	77.2	13.5	9.3	32.4	45.7	21.9	17.3
1978	226.99	70.5	17.3	12.2	28.1	48.2	23.7	17.9

资料来源：1952—1975年人均GNI来源同表4—10，1978年数据根据国家统计局公布的当年汇率对当年人均GNI（人民币）折算而得。本表其他资料转引自马晓河：《结构转换与农业发展》，商务印书馆2004年，第107页表3—24。

再从国际比较视角看，表4—12是钱纳里的世界发展模型"标准结构"中生产结构和城市人口比重变化比较。以人均GNI每提高100美元为一个时段分析，按照标准结构，从人均收入70美元到100美元，城市人口比重上升9.2个百分点；人均收入100美元到200美元，城市人口比重上升幅度为14个百分点；人均收入200美元到300美元，城市人口比重上升幅度为7.9个百分点；人均收入300美元到400美元，城市人口比重上升幅度为5.1个百分点。而中国的情况与此有很大的差别。中国在人均GNI由49.16美元到111.68美元之间，城市人口比重只上升了2个百分点；在人均GDP由111.68美元提高到226.99美元期间，城市人口比重仅仅上升了0.5个百分点。需要指出的是，在"标准结构"中，当人均GNP达到300美元时第二产业实现了对第一产业的替代,此时城市人口比重上升到43.9%。而我国在1970年人均GDP111.68美元时就实现了第二产业和工业对农业的替代,但此时城市人口仅为17.4%,比"标准结构"模型相差26.5个百分点。在人均收入水平较低阶段,生产结构中工业化水平超高,城市化水平超低,产生的连带后果很明显。一方面大量人口被排斥在城市之外,只能长期拥挤在农村和农业领域,享受不到工业化和城市化带来的文明成果,农村社会进步的进程被阻断,农民的生存和发展空间被挤压;另一方面,城市化水平过低,为工业化配套的服务产业难以形成集聚效应和规模效应,引发工业化的直接和间接成本上升,经济效益下降。

表4—12　世界发展模型"标准结构"中的结构变化　　　　单位:%

人均GNI（美元）	产值结构			城市人口比重
	第一产业	第二产业	第三产业	
70	52.2	17.8	30.0	12.8
100	45.2	21.0	33.8	22.0
200	32.7	28.7	38.5	36.0
300	26.6	33.0	40.3	43.9
400	22.8	36.1	41.1	49.0
500	20.2	38.3	41.5	52.7
800	15.6	42.9	41.6	60.1
1000	13.8	44.9	41.3	63.4
1000以上（1500）	12.7	48.8	38.6	65.8

注：世界发展模型"标准结构"中原为人均GNP。1993年联合国将GNP改称为GNI。人均GNI按1964年美元计算,人均GNI 70美元是指接近于70美元,人均GNI 1000美元以上也包括接近于1500美元。第二产业产值结构份额包括了公共产业结构份额。

资料来源：[美] H. 钱纳里等：《发展的格局（1950—1970）》,李小青等译,中国财政经济出版社1989年版,第22—23页。

上述分析主要讨论了我国当初的经济发展战略及其制度安排的重要缺陷。这样的结构选择如果持续下去，将会使经济社会矛盾进一步恶化，理想中的工业化或结构转型也将难以为继。更加重要的是国民经济在现实中的表现已是矛盾重重，几乎到了崩溃的边缘。"穷人没有饭吃，精英没有上升通道"，全国上下诉求强烈，一场社会大变革也应运而来。

第 五 章

引进市场经济：由点到面
推进改革开放

粉碎"四人帮"后，"文化大革命"走向终结。以邓小平、叶剑英、陈云等为代表的老一辈领导人复出，为后来的中国大变革提供了机会和空间。就当时国情来讲，中国初期的改革开放并没有具体的方向和目标，面对数以亿计的人口吃饭问题和上千万精英缺乏上升通道的问题，只能是把解决当前问题放在重要位置，用"摸着石头过河"和"不管黑猫白猫，逮住老鼠就是好猫"的思路推进体制改革，调整发展战略。

从制度经济学角度分析，制度创新可以给经济带来新的发展活力。尤其是从僵化的计划经济体制转向市场经济体制的重大改革过程，更能为经济发展带来巨大的制度创新红利。

中国的改革从1978年开始。讨论起初的体制改革，不能不提及发生在当时的两大事件。一个是"实践是检验真理的唯一标准"① 大

---

① 南京大学政治系一名普通教师胡福明于1977年9月初撰写出《实践是检验真理的标准》，经过多人多次修改，在胡耀邦的支持和审定下，于1978年5月10日刊登在中央党校出版的《理论动态》第60期上，5月11日《光明日报》以特约评论员的名义在头版以《实践是检验真理的唯一标准》为题公开发表，5月12日，《人民日报》《解放军报》同时转载。张黎群等：《胡耀邦（1915—1989）》，北京联合出版公司2015年版。中共中央文献研究室编《邓小平年谱（1975—1997）》（上），中央文献出版社2004年版，第309页。

讨论，成为摆脱意识形态桎梏的"思想大解放"，为后来的改革顺利推进奠定了思想理论基础。邓小平是支持和推进这场大讨论的主要领导。1978年8月13日，他在一次谈话时指出："实践是检验真理的唯一标准，是马克思主义的。实践标准那篇文章是对的，现在的主要问题是要解放思想。"① 接着，在当年8月19日，在听取文化部工作汇报并谈到理论问题时再次指出："我说过《实践是检验真理的唯一标准》这篇文章是马克思主义的，是驳不倒的，我是同意这篇文章的观点的，但有人反对，说是反毛主席的，帽子可大啦。"②

另一个事件是党的十一届三中全会的召开，为中国的改革开放拉开了序幕。十一届三中全会提出了要破除"左"的思想束缚，重新确立"实事求是，一切从实际出发，理论联系实际，坚持实践是检验真理的标准"的思想路线，果断地停止使用"以阶级斗争为纲"的错误口号，决定把全党工作重点和全国人民的注意力转移到社会主义现代化建设上来。③ 同时，三中全会指出，"我国的经济管理体制权力过于集中，应该有计划地大胆下放，否则不利于充分发挥国家、地方、企业、和劳动者个人四方面的积极性，也不利于实行现代化的经济管理和提高劳动生产率。应该让地方和企业、生产队有更多的经营管理的自主权"。④ 在经济政策上，"要允许一部分地区、一部分企

---

① 中共中央文献研究室编：《邓小平年谱（1975—1997）》（上），中央文献出版社2004年版，第357页。

② 中共中央文献研究室编：《邓小平年谱（1975—1997）》（上），中央文献出版社2004年版，第359页。

③ 中共中央文献研究室编：《邓小平年谱（1975—1997）》（上），中央文献出版社2004年版，第454—455页。

④ 《邓小平文选》（第二卷），人民出版社1994年版，第145页。

业、一部分工人农民，由于辛勤努力成绩大而收入多一些，生活先好起来。一部分人生活好起来，就必然产生极大的示范力量，影响左邻右舍，带动其他地区、其他单位的人们向他们学习"。①

十一届三中全会后，改革开放在三条线上展开，一条线是在农村实行以土地大包干为主要形式的联产承包制，一条线是在城市实行"扩大企业自主权"的改革，另一条线是实施对外开放。

◇ 第一节 由土地制度改革引起的系列体制变革

从时间序列看，中国的改革首先是从农村开始，农村改革又是从农业起步的。就在即将召开的十一届三中全会前夕，安徽农村发生了一起具有历史意义的事件。1978年12月16日安徽省凤阳县小岗村18户农民为了摆脱饥饿贫困，冒着"坐牢"的风险，自发在一张合约上按下了21个手印，偷偷摸摸将集体的耕地包干到户。②自此，中国农村开始了以家庭联产承包责任制为主的经营体制改革。

1978年12月18日至22日，党的十一届三中全会在北京召开，会议通过了《中共中央关于加快农业发展若干问题的决定（草案）》，在总结了20多年农业发展经验教训基础上，提出了发展农业的二十五项政策和措施，指出"人民公社的基本核算单位有权因地制宜进行种植，有权决定增产措施，有权决定经营管理方式，有权分配自己的

---

① 《邓小平文选》（第二卷），人民出版社1994年版，第152页。
② 彭森、陈立等：《中国经济体制改革重大事件》（上），中国人民大学出版社2008年版，第16—17页。

产品和资金,有权抵制任何领导机关和领导人的瞎指挥。"①

一 包干到户及农业经营体制的变化

率先实行包干到户的小岗村,1979年春将全队517亩耕地按人、耕牛按户分包到户,实行"交了国家的、留够集体的,剩下都是自己的"办法。结果当年农业大丰收,全村粮食、油料等产量和生猪饲养量都超过历史上任何一年。小岗村的成功,产生了强烈的示范效应。当年秋种时节,安徽许多地方农村采取了"瞒上不瞒下"的办法,纷纷搞起了包干到户。②

在安徽省农村发起包干到户的同时,全国各地农村也相继实行了各种形式的联系农产品产量的责任制形式。有包工到组、田头估产评定奖惩;有田间管理责任到人,联系产量评定奖惩;也有当年包工包产到组等。进入1980年,中共中央开始支持并推动以包产到户为主要形式的家庭联产承包责任制。1980年5月31日,邓小平同志与中央负责同志谈到农村政策问题时指出,"农村政策放宽后,一些适宜搞包产到户的地方搞了包产到户,效果很好,变化很大。安徽省肥西县大多数生产队搞了包产到户,增产幅度很大。'凤阳花鼓'中唱的那个凤阳县,绝大多数生产队搞了大包干,也是一年翻身,改变面貌。有的同志担心,这样搞会不会影响集体经济。我看这种担心是不必要的"。③

---

① 马晓河:《转型与发展——如何迈向高收入国家》,人民出版社2017年版,第102页。

② 王耕今:《乡村三十年》(下),农村读物出版社1989年版。

③ 《邓小平文选》(第二卷),人民出版社1994年版,第315页。

1980年9月14日至22日，中央召开省市自治区党委第一书记座谈会，会后印发了《关于进一步加强和完善农业生产责任制的几个问题》，中央首次以文件形式，明确肯定党的十一届三中全会以来农民群众创造的，以包产到户为代表的生产责任制新形式。肯定了实行包产到户是依存社会主义经济，而不会脱离社会主义轨道，没有什么复辟资本主义的危险，因而并不可怕。[1] 文件受到广大农民的热烈欢迎，长期套在人们头上的意识形态紧箍咒随之消除了。包产到户在皖、浙、赣、苏、鲁、蒙、川、贵等省区农村迅速扩展开来。1980年11月初，全国农村实行包产到户的生产队比重占到15%，1982年6月末该比重上升到了67%。[2]

1982年9月，党的十二大对以包产到户为主要形式的农业生产责任制改革再次给予肯定。1983年1月2日，党中央颁发了《当前农村经济政策若干问题》的文件，高度评价了以包产到户为主的家庭联产承包责任制。在党中央的领导和支持下，在成功示范效应带动下，包产到户从南到北、从东到西进一步发展。到1983年末，全国已有1.75亿农户实行了包产到户，包产到户在所有责任制中的比重达到97.8%；1984年末进一步上升到98.9%。[3]

二 农村土地制度改革深化的效果

随着包产到户的兴起和迅速发展，为传统计划经济体制配套的人

---

[1] 中共中央文献研究室、国务院发展研究中心：《新时期农业和农村工作重要文献选编》，中央文献出版社1992年版，第60—61页。

[2] 马晓河：《转型与发展——如何迈向高收入国家》，人民出版社2017年版，第103—104页。

[3] 张红宇：《中国农民与农村经济发展》，贵州人民出版社1994年版，第25页。

民公社制度弊端日益凸现出来。为此,改革政社合一的人民公社体制、建立乡镇政府便成为历史必然。1979年,四川广汉县向阳公社,开始启动了人民公社政社分离的改革。① 1983年1月,江苏省江宁县进行政社分开试点,全县26个人民公社先后成立了乡(镇)政府。与此同时,北京、江苏、新疆等15省市自治区69个县、市辖区的部分人民公社,也进行了政社分开、建立乡政权的试点工作。1983年10月12日,中共中央、国务院正式发出《关于实行政社分开,建立乡政府的通知》,此项改革要求在1984年底完成。到1984年末,全国共建乡84340个、建制镇7280个,新建村民委员会82.2万个。②

进入20世纪80年代中期以来,土地制度改革还在进行。1984年中央1号文件首次提出,土地承包期限一般应在十五年以上,允许土地转包,但不允许买卖、出租。1986年中央一号文件提出了"统一经营与分散经营相结合的双层经营体制"的概念。1993年中发11号文件提出,在原定耕地承包期到期之后,再延长30年不变;在坚持土地集体所有和不改变土地用途前提下,经发包方同意,允许土地的使用权依法有偿转让。2001年的中发18号文件进一步明确了承包土地的多重权益,"在承包期内,农户对承包的土地有自主的使用权、收益权和流转权"。2007年颁布的《物权法》更是从法律层面上把土地承包经营权上升为一种用益物权,包括占有、使用、收益的权利。2008年党的十七届三中全会首次确定土地承包的长期稳定性,"现有

---

① 陈锡文:《中国农村改革:回顾与展望》,转引自吴敬琏《当代中国经济改革:战略与实施》,上海远东出版社1999年版,第104页。
② 马晓河:《转型与发展——如何迈向高收入国家》,人民出版社2017年版,第105页。

土地承包关系要保持稳定并长久不变"。十年后，2017年中央一号文件提出农村土地实行集体所有权、承包权、经营权三权分置。党的十九大报告中提出，农村第二轮土地承包到期后，将再延长30年。由此可以看出，土地制度改革的趋势是，坚持土地集体所有权不变，稳定和扩大土地承包权，完善和放活土地经营权。

土地制度改革，实质上是把强加在农民头上的计划经济体制去除掉，农民不再按照行政命令安排生产，随着土地改革的深入，农民可以自由支配自己的劳动、资金等生产要素，在承包的土地上可以根据市场需求自主安排生产，生产什么、生产多少、何时出工、何时收工完全由自己说了算。由此，农民获得了土地的自主支配权，生产积极性被大大调动了起来，长期受计划经济压制的农业生产力潜能被释放了出来，农业连续获得了大丰收。同样的人、同样的地、同样的天，经济体制一变，粮食增产了，农业发展了，中国人特别是数以亿计的穷人吃饭问题奇迹般得到了解决。

三　农产品统购统销体制的终结

农业连续丰收后，农民手中有了大量剩余农产品，但面对僵化、低价、低效的统购统销体制，农民只愿意完成国家下达的交售任务，并不愿意将余粮卖给国营机构。农业改革的成功又在呼唤着农产品购销体制改革。1979年4月，国务院批转工商行政管理总局《关于全国工商行政管理局长会议的报告》，提出城市农副产品市场原则上应该放开。此后，全国各大中城市的农副产品集贸市场相继开放，到1979年年底，全国208个城市农副产品集贸市场成交额已经达到12

亿元。①

1985年1月1日，中共中央、国务院在《关于进一步活跃农村经济的十项政策》中宣布："从今年起，除个别品种外，国家不再向农民下达农产品统购统派任务，按照不同情况，分别实行合同订购和市场收购。"这一文件的出台标志着我国农产品购销体制开始从统购统销走向"双轨制"。②在"双轨制"体制安排下，农民只是获得了一部分农产品的交易权。确定"双轨制"后，农产品获得了多渠道流通机会。在利益驱动下，农民出售农产品更愿意与市场接轨，于是由"计划"即国家收购农产品的数量、品种在不断下降，而由"市场"收购的农产品数量、品种在不断上升。1999年，国家统购粮食所占的粮食流通总量由1984年的87.3%下降到37.1%，市场调节粮食所占的流通总量则由12.7%上升到62.9%。③

农民出售的余粮由市场机制定价，而当时市场价格明显高于合同订购价格，这决定了农民完成合同订购任务的积极性不高。这又迫使国家不断提高粮食等主要农产品的合同订购价格。但是，此时城镇依然实行着粮食等主要农产品的统销制度。在主要农产品统销价格保持稳定的情况下，收购价格越来越高，很快便超越了销售价格，出现了购销价格倒挂的问题，且越来越严重，财政负担日益加重。于是，改革粮食等主要农产品价格"双轨制"、全面放开农产品购销体制的改革提上议事日程。1993年2月国务院发出《关于加

---

① 彭森、陈立等：《中国经济体制改革重大事件》（上），中国人民大学出版社2008年版，第72—73页。

② 双轨制，即政府通过一定的行政手段直接控制部分粮食购销；另一部分粮食购销由生产者、消费者、经营者自主进行，实行完全的商品交换，由市场机制调节。

③ 马晓河、刘振中、钟钰：《农村改革40年：影响中国经济社会发展的五件大事》，《中国人民大学学报》2018年第3期。

强粮食流通体制改革的通知》，要求在两三年内全部放开购销价格。① 很快，我国的粮食等主要农产品购销便由"双轨制"转向了市场购销体制。

20世纪90年代中期以后，随着农业综合生产能力的持续增长，粮食等主要农产品供给增加，市场供求波动不断加大。当遇到经济下行市场需求疲软时，粮食等主要农产品市场价格大幅度下滑，会使种粮农民利益受损。为此，1998年5月，国务院下发《关于进一步深化粮食流通体制改革的决定》，提出了"三项政策、一项改革"，② 2004年中央一号文件进一步要求全面放开粮食收购和销售市场。2006年，国务院发布了《关于完善粮食流通体制改革政策措施的意见》，指出粮食流通体制的改革要"从推进国有粮食购销企业改革，转换企业经营机制入手，积极培育和规范粮食市场，加快建立全国统一开放、竞争有序的粮食市场体系"。在2004年国家开始实施粮食最低收购价格和2008年对主产区玉米、大豆、油菜籽实行临时收储政策后，面对粮食价格由"市场价"向"政策价"的变化，出现了粮食产量、进口量、储备量"三量齐升"的现象，财政负担剧增。为此，2014年1月19日，中共中央、国务院印发了《关于全面深化农村改革加快推进农业现代化的若干意见》，强调完善粮食等重要农产品价格形成机制，要求继续坚持市场定价原则，探索推进农产品价格形成机制与政府补贴脱钩的改革。2016年中央一号文件提出率先对玉米的价格形成机制和补贴制度进行改革，取消玉米临储政策，实行"价

---

① 马晓河、刘振中、钟钰：《农村改革40年：影响中国经济社会发展的五件大事》，《中国人民大学学报》2018年第3期。

② "三项政策、一项改革"，是指实现按保护价敞开收购农民余粮、顺价销售、资金封闭运行，加快国有粮食企业改革。

补分离"。①

农产品购销体制改革，还引起了国民经济其他行业进行适应性市场化改革。在实行农产品统购统销体制年代，农产品加工企业和城镇商业企业，只能通过计划经济单一渠道获得农产品；"双轨制"条件下，这些企业在通过"计划轨"取得一部分调拨指标外，还能从市场上获得所需要的农产品资源；农产品购销完全市场化以后，农产品加工企业和销售企业只能完全从市场上获取农产品。另外，由于农民开始按市场安排农业生产，还要求化肥、农药、种子、薄膜等生产资料由过去的计划配给转向市场化供给，于是农业的产前领域也相应实施了市场化的改革。

四　在农业领域之外发展乡镇企业

土地制度改革的成功，使农民既取得了身份自由，又有了农产品剩余，在非农产业利润较高的诱惑下，大量农民携带着农业剩余，抬起双腿开始迈出农业门槛，瞄准市场需求最短缺的领域，轰轰烈烈搞起了乡镇企业。为了顺应这种趋势，1985年1月1日中央一号文件发布了《关于进一步活跃农村经济的十项政策》，号召农民调整产业结构，大力发展乡镇企业，对乡镇企业实行信贷、税收优惠，鼓励和支持农民发展农产品加工业、采矿业以及其他开发性事业。

乡镇企业是典型的劳动密集型产业，采取的是分散型、本地化路线，距农业本土比较近，对农村剩余劳动力转移的拉动作用很大。乡镇企业的蓬勃兴起，打破了传统体制下城市搞工业和农村搞农业的二

---

① 马晓河、刘振中、钟钰：《农村改革40年：影响中国经济社会发展的五件大事》，《中国人民大学学报》2018年第3期。

元经济结构格局。由此，我国在地域上形成了城市工业化与农村工业化并存的双重工业化格局。① 进入20世纪90年代，改制后的乡镇企业出现了两个发展趋向，一个是向城镇集中发展，伴随国有企业的改革，慢慢地与城市产业相融合，成为城市工业系统的成员；另一个是向农村进一步延伸，逐步深入地渗透、影响着传统的农业生产和农民生活，推动其走向现代化，并产生了一批新业态、新模式。

乡镇企业铺天盖地的快速发展，直接推动了中国大范围内经济结构的转型，打破了计划经济主导下由国有企业为主的重化工业优先发展的方式。一方面，乡镇企业本身是一种混合型制度安排，它既有集体所有制，也有个人所有制和合伙制，同时还有股份制和股份合作制等。在国有体制之外，发育和成长出一批非国有企业，我国所有制结构也因此由单一制转向多元化。另一方面，在国有经济主导的重化工业优先发展方式之外，从广袤农村发育和成长出一批以劳动密集型产业为主的轻工业。这些企业生产出大量的轻纺、日用消费品和快消品，既满足了国内市场需求，为告别"短缺经济"做出卓越贡献，同时又形成了向外出口的能力。这使得我国经济结构过度向重型化演变的倾向得到很大矫正，为后来中国发展以出口为导向、劳动密集型产业为主导的发展方式提供了增量支撑。

◈ 第二节 从扩大企业自主权开始，改革向纵深领域延伸

在农村开始改革的同时，以扩大国有企业自主权为主要内容的城

---

① 马晓河著：《结构转换与农业发展》，商务出版社2004年版，第127—141页。

市改革也相继推开。1978年7—9月召开的国务院务虚会上，时任国务院副总理李先念在总结报告中指出，"过去20多年的经济体制改革的一个主要缺点，是把注意力放在行政权力的分割和转移上，形成了'放了收、收了放'的循环。今后的改革中，一定要给予各企业以必要的独立地位，使它们能够自动地而不是被动地执行经济核算制度，提高综合经济效益"。① 1978年12月13日，邓小平在中共中央工作会议闭幕会讲话中指出，"当前最迫切的是扩大厂矿企业和生产队的自主权，一个工厂和一个生产队能够千方百计地发挥主动创造精神。"②

一　四川起步试点放权让利

1978年下半年，四川省率先开始了扩大企业自主权的改革试点工作。10月省委选择重庆钢铁公司、宁江机床厂等6个地方国营工业企业进行扩大企业自主权改革试点。党的十一届三中全会召开之后，1979年1月，省委和省政府制定了《四川省地方工业企业扩大企业自主权、加快生产建设步伐的试点意见》，把试点范围扩大到100个工业企业，并在40个商业企业中进行了扩大企业自主权改革试点。改革试点内容是企业在完成计划的前提下，在生产上，可以根据市场需求自主安排生产；在销售上，可以在一定范围内按照国家规定的价格自销计划外的产品；在收入分配上，国家允许企业有一定的自主分配权，企业经营好坏与职工的利益挂钩。总之，扩大企业自主权改革是在一定程度上放松了企业的计划控制，在企业的计划安排、新产品

---

① 吴敬琏：《当代中国经济改革教程》，上海远东出版社2010年版，第49页。
② 《邓小平文选》（第2卷），人民出版社1994年版，第146页。

试制、产品销售、劳动人事、利润分成、资金使用以及出口和外汇分成等方面，给予部分或完整的自主权。①

四川省的"扩权"改革试点企业取得了喜人的效果，企业产值、实现利润都取得了显著增长。这为中央决定扩大"扩权"试点提供了重要依据。1979年7月13日，国务院下发了5个有关企业扩权试点文件。到1979年底，云南、北京试点企业扩大到4200个，1980年进一步扩展到6000个，约占全国预算内工业企业的16%，产值的60%，利润的70%。1980年9月2日，国务院批转国家经委《关于扩大企业自主权试点工作报告》，批准从1981年起，将"扩权"改革工作在国营工业企业中全面铺开。1981年，国家经委、国家计委印发了《贯彻落实国务院有关扩权文件，巩固扩权工作的具体实施暂行办法》，扩大企业自主权试点的基本思路就是向国营企业"放权让利"，使它们在经营活动中有较多的自主权。②

二 从企业承包经营责任制到个体经济破冰

比"放权让利"有更多自主经营权的是企业承包经营责任制。"放权让利"给予了企业一定的生产、经营和分配的自主权，从而激发了企业的活力，调动了职工的积极性。但是，这种改革并没有改变由计划经济体制配置资源的大格局，只是在计划经济一统天下的条件下撕开了一个小小的口子。20世纪80年代初期，农村家庭承包责任

---

① 彭森、陈立等：《中国经济体制改革重大事件》（上），中国人民大学出版社2008年版，第74—75页。

② 彭森、陈立等：《中国经济体制改革重大事件》（上），中国人民大学出版社2008年版，第74—76页。

制改革的成功，给国有企业改革提供了一条示范途径。1980年，江苏、山东等地利用农村承包的形式，对部分国营企业试行了"利润包干"，并很快见到了成效。1981年4月国务院召开的全国工交会议上肯定了这一"经济责任制"形式，明确提出要在国营工业企业中逐步建立和实行工业经济责任制。1981年10月10日、11日，国务院连续转发两个文件，要求通过工业经济责任制把企业和职工的经济利益同他们所承担的责任联系起来。到1982年10月，全国80%以上的全民所有制工业企业和35%的全民所有制商业企业实行了不同形式的经济责任制。[①] 1983年初中共中央书记处领导人提出"包字进城，一包就灵"。

在推行国有企业经营承包责任制过程中，最"耸人听闻"的是个人承包国有企业。

1983年2月26日，人民日报刊发了一则消息，在国家经委和江西省委支持下，江西丰城县国营硫酸磷肥厂的一个车间党支部书记卢火根承包了这个连续亏损20多年、拥有500名职工的国有企业。卢火根受到老家农村实行家庭联产承包责任制的成功启示，要求个人承包这家企业，在得到国家经委和江西省委主要领导支持后，与有关部门签订了五年承包合同。卢火根按照设计的改革方案，将责任、利益等各类指标层层分解到每个员工，干的好奖励，干不好处罚。结果当年承包企业扭亏为盈，实现了合同规定的各类指标。卢火根承包企业2年又7个月，实现利润400万元，上缴税金200万元。[②]

[①] 彭森、陈立等：《中国经济体制改革重大事件》（上），中国人民大学出版社2008年版，第96—98页。

[②] 彭森、陈立等：《中国经济体制改革重大事件》（上），中国人民大学出版社2008年版，第96—98页。

第五章　引进市场经济：由点到面推进改革开放

在卢火根之后，全国各地许多中小国营企业都先后实行了企业个人承包制。比如河北省的马胜利，1984 年承包了石家庄造纸厂，此后还跨数省承包国有企业，到 1987 年竟承包了全国各地 100 个造纸厂。①

在国有企业从"扩权"改革到个人承包的变化过程中，民营经济也冲破了意识形态禁锢和体制障碍，红红火火地发展了起来。

20 世纪 70 年代末 80 年代初，中国各大城市突然涌进大批返城知青，人数估计在 2000 万以内，约占所有城市人口比重的 10%，其中 1979 年北京返城知青超过 40 万人。② 数以千万计的"上山下乡"知识青年回城要生存、要就业，这给城市带来了极大的就业压力。"食之者众、生之者寡"的国有企业根本难以接纳如此众多的进城青年。面对就业无门，一些城市爆发了抗议活动。1979 年初，有超过 21 个省份的失业青年发起了各种形式的抗议活动。经济学家薛暮桥在 1979 年 7 月 20 日《人民日报》上发表文章，敦促政府开放个体经营，让返城知青自谋出路。③ 1979 年 9 月 29 日，叶剑英在庆祝中华人民共和国成立 30 周年大会的讲话中提出，要重视并认可"个体经济"。三个月后，1979 年 11 月 30 日，温州诞生了第一个正式注册的"个体工商户"。④ 接着，1980 年 8 月，中共中央转发了全国劳动就业会议文件

---

① 彭森、陈立等：《中国经济体制改革重大事件》（上），中国人民大学出版社 2008 年版，第 147—150 页。
② [美] 罗纳德·哈里·科斯、王宁著：《变革中国》，徐尧、李哲民译，中信出版社 2013 年版，第 85 页。
③ [美] 罗纳德·哈里·科斯、王宁著：《变革中国》，徐尧、李哲民译，中信出版社 2013 年版，第 85 页。
④ [美] 罗纳德·哈里·科斯、王宁著：《变革中国》，徐尧、李哲民译，中信出版社 2013 年版，第 86 页。

《关于进一步做好城镇劳动就业工作》。文件提倡大力发展城镇集体经济和个体经济,并要求各地给予大力鼓励和扶持。1981年7月,国务院制定了《关于城镇非农业个体经济若干政策性规定》,提出两类人可以从事个体经营:凡有城镇正式户口的待业青年和退休职工中具有社会所必需的技术专长或经营经验的人,都可以申请从事个体经营。很快,全国各地个体经济迅速地发展起来了。1979年,全国城镇从事个体工商业的劳动者17万人,1980年迅猛增长到49.8万人,1984年进一步增长到108.6万人。①

三 企业所有制结构向市场主体多元化全面转型

1984年10月20日,中国共产党召开了十二届三中全会,全会通过了《中共中央关于经济体制改革的决定》(以下简称《决定》),决定要求"加快以城市为重点的整个经济体制改革的步伐","发展社会主义商品经济",明确提出"坚持多种经济形式和多种经营方式的共同发展,是我们长期的方针,是社会主义的需要。"②

在经历了1988年的经济危机和1989年的政治风波之后,1992年10月12日,中国共产党第十四次全国代表大会在北京隆重召开。会议确定了建立社会主义市场经济体制的改革目标,指出要使市场在社会主义国家宏观调控下对资源配置起基础性作用。次年10月召开的十四届三中全会做出了《中共中央关于建立社会主义市场经济体制若

---

① 彭森、陈立等:《中国经济体制改革重大事件》(上),中国人民大学出版社2008年版,第99页。国家统计局编:《中国统计年鉴(1985)》,中国统计出版社1985年版,第235页。

② 吴敬琏:《当代中国经济改革教程》,上海远东出版社2010年版,第64页。

干问题的决定》，全会指出："社会主义市场经济体制是同社会主义基本制度结合在一起的。建立社会主义市场经济体制，就是要使市场在国家宏观调控下对资源配置起基础性作用。为实现这个目标，必须坚持以公有制为主体、多种经济成份共同发展的方针，进一步转换国有企业经营机制，建立适应市场经济要求，产权清晰、权责明确、政企分开、管理科学的现代企业制度。"[①] 1997年9月中国共产党第十五次全国代表大会进一步明确指出，"公有制为主体、多种所有制经济共同发展"是我国社会主义初级阶段的一项基本经济制度。[②]

在谈起国企改革时，必须提到《全民所有制工业企业转换经营机制条例》（以下简称《条例》）。1992年7月23日，国务院第106次常务会议审议通过了该《条例》。《条例》共54条，对落实企业生产经营决策权、投资决策权、产品定价权、进出口经营权、人事劳动权、工资奖金分配权等，都有一些突破。在企业自负盈亏的问题部分，强调了厂长责任、企业上缴利润和分配约束责任；在"企业的变更和终止"部分，规定企业可以通过转产、停产整顿、合并、分立、解散、破产等方式，进行产品结构和组织结构调整，实现资源合理配置和企业的优胜劣汰；条例还明确界定了政府与企业的关系，以及企业的法律责任等。《条例》颁布后，全国掀起了一轮国有企业转换经营机制的热潮。到1992年9月，全国进行转换经营机制试点的企业达到近万家。[③] 在试点中，产生了多种改革模式，有投入产出总承包

---

① 《中共中央关于建立社会主义市场经济体制若干问题的决定》，《人民日报》1993年11月17日。

② 《高举邓小平理论伟大旗帜，把建设有中国特色社会主义事业全面推向二十一世纪》，《人民日报》1997年9月22日。

③ 彭森、陈立等：《中国经济体制改革重大事件》（上），中国人民大学出版社2008年版，第403—408页。

模式、委托承包经营模式，还有子公司兼并母公司、工商联姻式兼并，也有"一长多厂"、仿"三资"企业方式。另外，有些地方政府将国企作股与外商合资，一些地方在企业租赁制方面也进行了新探索。①

伴随着改革的不断深入推进，以公有制为主体、多种所有制经济共同发展的新格局到20世纪90年代基本形成了。1985年全民所有制工业企业数9.37万个，占全国工业企业总数的1.8%；创造工业总产值6302.12亿元，占全国工业总产值的64.9%；到1995年全民所有制工业企业数11.8万个，占全国工业企业总数的1.6%，创造工业总产值31220亿元，占全国工业总产值的33.97%。同期内，包括集体工业企业、城乡个体工业企业和其他类型的企业数从509.16万个增加到722.35万个，占全国工业企业总数比重由98.2上升到98.4%；创造工业总产值从3414.35亿元增加到60674亿元，占全国工业总产值的比重由35.1%迅速提高到66.03%。②1985年，全国在全民所有制就业的职工人数还有3815万人，占全部工业就业人数的68.6%；到2000年国有及控股企业就业人数为2995.2万人，占规模以上工业企业就业人数的53.9%。相反，集体企业、私营企业和外资及港澳台商企业就业人数由1742万人增加到2564.2万人，占规模以上工业企业就业人数由33.97%上升到46.1%。也就是说，到20世纪90年代中后期，工业产值中有三分之二、就业总数中有近一半都是由非国有企业创造的。进入21世纪以后，这种新格局还在发生进一步变化，从2000—2018年，国有控

---

① 彭森、陈立等：《中国经济体制改革重大事件》（上），中国人民大学出版社2008年版，第403—408页。

② 1992年和1996年《中国统计年鉴》。

股工业企业营业收入占全国规模以上工业企业营业收入中的比重由 50.15% 下降到 27.13%，就业比重由 53.9% 下降到 17.9%，同期内私营工业企业、外商投资和港澳台投资工业企业营业收入占比由 32.49% 提高到 53.02%。①

当私营企业、外商投资和港澳台投资企业发展到一定程度时，不但对于有了自主经营权的国有企业要求经济体制从计划经济向市场经济全面转轨，就是非国有企业也强烈要求经济体制改革要加快由局部市场化向全面市场化转型。1984 年 10 月 20 日，党的十二届三中全会提出，要"加快以城市为重点的整体经济体制的改革的步伐"，"发展社会主义商品经济"。② 1987 年党的十三大提出进行政治体制改革，实现"党政分开""下放权力""以党内民主逐步推动人民民主"等方针，在经济体制改革上，继续以国有企业改革为主线，实行了"企业承包""部门承包""财政大包干""外贸大包干"和"信贷切块包干"等五大包干制度。1992 年 10 月，党的第十四次全国代表大会确定了建立社会主义市场经济的改革目标。1993 年 11 月，党的十四届三中全会作出了《中共中央关于建立社会主义市场经济体制若干问题的决定》，明确提出新的改革战略是"整体推进、重点突破"，并对财政体制、金融体制、外汇管理体制、企业体制和社会保障制度等方面拟定了改革方案和目标。到 20 世纪 90 年代后期和 21 世纪初期，中国在价格、财政、金融、外汇管理、社会保障③的体制改革取得了重大进展，对建立和完善社会主义市场经济体制起到整体推进和有效配套作用。

---

① 1992 年和 2019 年《中国统计年鉴》。
② 吴敬琏：《当代中国经济改革》，中信出版社 2017 年版，第 88 页。
③ 吴敬琏：《当代中国经济改革》，中信出版社 2017 年版，第 86—97 页。

在体制改革深入推进过程中，随着外资外商的大量进入和乡镇企业的迅速崛起，各种形式的股份制企业发展了起来。到 1986 年中国已经有超过 6000 家股份制企业，股票集资额 60 多亿元。[①] 起初，股份制企业募集投资是不规范的，向公众和企业员工销售股票是自发的，股票印发不统一，交易场合不统一，发行范围也比较小。即使同一股票在同一时间在不同地点也有不同价格。股票市场发展迫切需要建立一个规范的交易中心。1989 年末，在时任上海市委书记朱镕基领导下，上海市通过充分研究酝酿，上报国务院并经同意，于 1990 年 11 月 26 日成立了上海证券交易所，同年 12 月 19 日，上海证券交易所正式开业；1991 年 4 月，经中国人民银行批准，深圳证券交易所成立，7 月 3 日正式开业。从此，中国的证券市场迈上有序化、规范化、法制化的轨道。从 1990 年到 2018 年底，中国境内上市公司总数从 10 家增加到 3584 家，境外上市公司总数到 2018 年底有 267 家，股票市价总值为 43.49 万亿元。[②]

◇◇ 第三节 重构与外界关系，实施对外开放

20 世纪 70 年代末 80 年代初期，我国在加快推进国内体制改革的同时，也开始了具有划时代意义的对外开放。

对外开放首先是观念的开放。伴随着《实践是检验真理的唯一标准》的大讨论，社会意识形态发生了大转变，人们的思想开始得到解

---

① 彭森、陈立等：《中国经济体制改革重大事件》（上），中国人民大学出版社 2008 年版，第 198 页。

② 2019 年《中国统计年鉴》。

放，特别是精英决策层太想了解外部世界的变化。从1978年4月到5月，中央政府先后派出三路考察团分别到世界各地开展考察活动。第一路是1978年4月，由国家计委和外贸部组织的港澳贸易考察团，对中国香港和中国澳门进行实地调查研究；第二路也是当年4月，由经济学家李一氓、于光远带队赴南斯拉夫、罗马尼亚考察；第三路是当年5月，由国务院副总理谷牧组成一个包括20名中央和地方领导干部的代表团，赴法国、联邦德国、瑞士、丹麦、比利时等西欧五国考察。三路人马将考察成果分别于6月3日和6月30日向中共中央、国务院领导人做了汇报。1978年7—9月间中共中央、国务院多次召开会议，认真总结新中国成立以来发展的经验教训，详细研究国外经济发展的成功经验，最后高层下决心实施对外开放。[①]

1978年10月22—29日，担任中共中央副主席、国务院副总理、全国政协主席的邓小平作为中华人民共和国国家领导人第一次访问了日本。访问期间，邓小平与日本各界认真进行了接触、会谈，还参观了日本的现代企业和高科技设施，其中有日产汽车公司、新日铁公司、松下电器公司，还专门乘坐了日本新干线列车。他在回答日本记者有关问题时很坦诚地说，这次到日本来，就是要向日本请教。我们要向一切发达国家请教。[②]

邓小平从日本回国后不久，在十一届三中全会召开的前夕，中美正式建交。它标志着一个崭新的中国向世界打开了大门，从中美关系正常化入手，加入到世界大舞台上来，这为后来中国依靠世界自贸体

[①] 彭森、陈立等：《中国经济体制改革重大事件》（上），中国人民大学出版社2008年版，第28—30页。

[②] 中共中央文献研究室编：《邓小平年谱》（1975—1997年）（上），中央文献出版社2004年版，第406—414页。

系加快经济发展铺平了道路。

1979年1月,交通部和广东省政府分别收到了一份关于建立蛇口工业区的计划书,1月31日计划书获得了时任国务院副总理李先念的首肯。与此同时,习仲勋和杨尚昆酝酿在汕头、珠海建立出口加工区。4月份,中央召开工作会议,专门讨论经济建设问题,习仲勋和杨尚昆汇报提出,希望中央允许广东在深圳、珠海和汕头举办出口加工区的设想。此设想得到邓小平的赞同和支持,并提议还是叫"特区"好。最后,经中央工作会议讨论通过,形成了《关于大力发展对外贸易增加外汇收入若干问题的规定》,其中决定广东的深圳、珠海、汕头和福建的厦门试办经济特区,国家授权特区实行特殊政策和灵活措施。[1] 这是中国对外开放迈出的具有决定性意义的一步。

在首批经济特区改革试验取得初步成功后,我国对外开放从经济特区向沿海、沿江、延边、内陆地区分步骤、分层次、渐进式开放。1984年5月4日中央国务院又决定开放天津、上海、大连、秦皇岛、烟台、青岛、连云港、南通、宁波、温州、福州、广州、湛江、北海14个沿海城市,建立经济技术开发区。[2] 1985年,将长江三角洲、珠江三角洲、闽南厦漳泉三角洲地区开辟为沿海经济开放区。1988年初,又将辽东半岛和山东半岛全部对外开放。同年4月,兴建我国最大经济特区——海南省经济特区。1990年,国务院决定开发开放上海浦东,1992年设立上海浦东新区,给予经济技术开发区和经济特

---

[1] 彭森、陈立等:《中国经济体制改革重大事件》(上),中国人民大学出版社2008年版,第46—54页。

[2] 彭森、陈立等:《中国经济体制改革重大事件》(上),中国人民大学出版社2008年版,第170—171页。

区政策。①

20世纪90年以后，对外开放从沿海向沿江、沿边和内陆延伸推进。1991年，开放满洲里、丹东、绥芬河、珲春4个北部口岸。1992年，开放芜湖、九江、武汉、岳阳、重庆5个沿江城市，同时开放哈尔滨、长春、呼和浩特、石家庄等边境和沿海地区省会城市；并且，开放黑河、二连浩特、伊宁、塔城、博乐、瑞丽、畹町、河口、凭祥等沿边城市。接着，还开放了太原、合肥、南昌、郑州、长沙、成都、贵阳、西安、兰州、西宁、银川11个内陆省会城市。②

2001年，中国加入WTO，中国的对外开放从试点、区域开放转向全方位、多层次、宽领域；从给予优惠的政策性开放转向制度性开放；从商品贸易向投资、服务贸易全面深入推进。我国对外全面开放格局逐步形成。

在创办经济特区，开放沿海、沿江、沿边和内陆城市及区域的同时，中国还先后办起了54个国家经济技术开发区和14个边境经济合作区。所有这些开放城市、区域、开发区、合作区，在引进外资，扩大对外贸易规模，拓展开放领域，推进产业转型升级，提升国家对经济社会发展管理水平等方面发挥了重大作用。

加入WTO后，中国经济发展进入快车道。引进外资大幅度增加，经济持续高速增长，人均GDP水平得到显著提高。到2010年中国人均GDP水平达到4550.5美元，已经跨进中高收入国家行列。③ 但是，2010年以后中国经济增长按季度计算，其增长速度开始不断下降。

---

① 国家统计局编：《新中国60年》，中国统计出版社2009年版，第24—32页。
② 国家统计局编：《新中国60年》，中国统计出版社2009年版，第24—32页。
③ 见本书第一章表1—2。2010年，世界银行界定凡是人均GNI在3976美元到12275美元之间的国家，都属于中高收入类型的国家。

为了加快政府职能转变,积极探索管理模式创新,促进贸易和投资便利化,也为了全面深化改革和扩大对外开放探索新途径、积累新经验,培育中国在国际环境发生巨变情况下的竞争新优势,2013年9月国务院决定在上海设立自贸试验区,在改革开放方面先行先试。2015年4月经国务院批准,广东、天津、福建自贸试验区相继挂牌成立;2017年4月国务院批准在辽宁、浙江、河南、湖北、重庆、四川、陕西等省市设立7个自贸试验区;2018年10月海南在省域内设立自贸试验区,开启"全域性"改革开放新探索。2019年8月国务院又批准在山东、江苏、广西、河北、云南、黑龙江等省(区)新设6个自由贸易试验区。至此,中国的自贸试验区达到了18个。

在开展自贸区建设的同时,2013年国家主席习近平又提出了"一带一路"(即"丝绸之路经济带"和"21世纪海上丝绸之路")倡议。中国"一带一路"倡议的主要目的是要将自身的产能优势、技术与资金优势、经验与模式优势转化为市场与合作优势,实行全方位对外开放。积极发展与丝路沿线国家的经济合作伙伴关系,同包括欧亚大陆在内的世界各国分享优质产能,共商项目投资、共建基础设施、共享合作成果,内容包括道路联通、贸易畅通、货币流通、政策沟通、人心相通等"五通",建立一个政治互信、经济融合、文化包容的利益共同体、命运共同体和责任共同体。

2013年以来,中国自贸试验区建设从沿海到内陆,从北到南,已经形成了一个新的"雁阵"开放态势。这种态势与"一带一路"建设、自贸协定谈判等区域合作互相配合,构成了新时期中国对外全面开放的新格局。

经过40年对外开放,中国从20世纪70年代末期每年实际利用外资不到20亿美元发展到2018年实际利用外资1350亿美元。从1979—2018年，中国实际利用外资总额累计共22381亿美元，其中外商直接投资20315亿美元。① 外资的持续进入既缓解了投资短缺的矛盾，又为国内带来了技术创新和管理创新，提升了企业活力，加快了产业结构转型升级，促进了国家经济发展。以工业为例，从1998年到2018年，外商投资和港澳台商投资工业企业数由26442个增加到47736个，营业收入由15604.6亿元增加到244478亿元，占全国规模以上工业企业营业收入的比重一直在四分之一左右，几乎与国有控股企业相当。外资企业在吸纳就业方面的贡献也超过国有企业。1998年外商投资和港澳台商投资工业企业提供就业岗位853万个，2018年为1887万个，占规模以上工业企业就业比重由15.3%提高到23.8%。同期内，国有控股企业提供的就业岗位由2995.2万人减少到1418.1万人，占规模以上工业企业就业比重由53.9%下降到17.9%（表5—1）。

表5—1　　　　　全国规模以上工业企业就业结构变化　　　　单位：万人、%

年份	企业用工总数		国有控股企业用工		私营企业用工		外商和港澳台企业用工	
1998	5559.4	100	2995.2	53.9	346.4	6.2	853.0	15.3
2000	6896.0	100	1874.9	27.2	1692.1	24.5	1899.6	27.5
2005	9544.7	100	1836.3	19.2	3312.1	34.7	2645.7	27.7
2015	9775.0	100	1777.8	18.2	3464.0	35.4	2355.4	24.1
2018	7942.5	100	1418.1	17.9	2840.7	35.8	1887.0	23.8

资料来源：2019年《中国统计年鉴》。

---

① 2019年《中国统计年鉴》。

对外开放、引进外资和外商企业不仅仅带来技术创新和管理创新，加快了产业结构转型升级，更重要的是它彻底改变了中国经济的发展方式。经过40年的对外开放，中国经济已经从封闭或半封闭的经济结构走了出来，逐渐转变和确立了开放型的经济发展格局。1978年，中国的进出口总额仅占当年国内生产总值的9.6%，1990年该比重提高到29.4%，加入WTO之前的2000年进一步提高到39.1%，2010年高达48.9%。也就是说，到2010年中国的经济增长中接近一半都与对外贸易直接相关，即使到了2018年，中国的对外贸易总额占国内生产总值比重依然高达33.9%。[①] 如此之多的外资外商，如此之高的对外贸易比重，显然中国已经演变成为典型的出口导向型经济体了。

第四节　中国改革开放的主要特点

中国的改革开放是在国民经济到了崩溃边缘、老百姓缺吃少穿的状态下开始的，带有"危机式"改革特点。这种改革往往会"被动式"启动，在取得明显效果后再转变为"主动式"改革。从"被动式"改革到"主动式"改革，决策者常常采取"先行先试"的指导思想。因此，同前苏联的"休克疗法"改革相比，中国的改革开放采取的是一种渐进式改革开放路线。

在改革开放路径上，中国采取了从下到上、先易后难的路径。从十一届三中全会到20世纪90年代，我国在许多领域的改革，一般都

---

① 2019年《中国统计年鉴》。

是由农民、工人和农村、城镇的基层力量在实践中自发进行改革探索，然后将改革的成功信息向上传递，逐渐为上层接受并转化为推进改革的意志。同时，最初的改革也是先从国民经济最薄弱环节、最容易取得成效的领域开始。这些领域涉及的利益关联部门少，但对老百姓的生活影响却很大，比如通过承包制增加工农产品供给，通过市场化改革扩大城乡商品流通，通过分配制度改革增加居民收入等，都是直击下层百姓的痛点，很快赢得支持和拥护。而涉及利益关联部门多、改革阻力大的社会以及上层建筑领域改革，都是在20世纪90年代中期以后才逐步展开的。

在改革开放顺序上，采取了先生产后流通、先经济后体制的探索方式，开放则采取了先东部沿海、后沿江沿边再中西部深入的渐进办法。比如，农村改革先在农业生产领域实行家庭承包经营制，随着剩余农产品的增多，再敦促国家层面改革统购统销的农产品流通体制；农业经营体制、流通体制改革成功推动了原有农村行政管理体制的松动，也为农村税费、教育、医疗、保障等领域的改革奠定了目标。城市改革先从国有企业开始，企业经营承包制改革的先行成功，继而要求改进计划经济体制下的投资、原材料购进、产品销售、劳动用工、收入分配等制度；整体改革初期先行尝试市场经济与计划经济"双轨制"，再逐步向市场经济单轨制转变，这些改革初步成功后，又提出国家行政管理体制以及政治体制改革等领域的改革要求。

在改革开放进程上，采取了先点后面的推广方式。在改革开放初期，我国既没有现成可供借鉴的经验，又面对着全国生产力参差不齐、区域差别大的国情，改革开放很难一下子在全国范围内全面推开，故而采取了"摸着石头过河"的方式，先进行局部试点，及时总结经验教训查漏补缺，而后再全面推开。从40多年的改革开放的进程看，无论经济领域还是社会政治及管理领域的改革开放，中国都采取了先点后面的方式循序渐进。以对外开放为例，20世纪80年代初我国先在深圳、珠海、汕头、厦门设立经济特区，80年代中期进一步开放大连、秦皇岛等14个沿海港口城市，同时还将珠江三角洲、长江三角洲、胶东半岛、辽东半岛等定位为经济开放区。取得经验后，90年代初才做出开放浦东的重大决策，此后对外开放区域进一步扩大到内陆和边境口岸城市。进入21世纪后，国家首先在上海设立自贸试验区，在改革开放方面先行先试。接着又批准广东、天津、福建成立自贸试验区，后来自贸试验区扩大到辽宁、浙江、河南、湖北、重庆、四川、陕西、海南、山东、江苏、广西、河北、云南、黑龙江等省（区市）。这种先点后面的摸石头改革方式虽然不易在短期内取得大范围的成功效果，但避免了大的社会振荡，带来的试错成本低、风险小。

在改革开放的利益分享结构上，采取了先进行增量改革，然后以增量改革带动存量改革的激励办法。这是中国改革开放的另一个鲜明特点。改革开放以前，我国计划经济体制所构建的资源配置和利益分配，已经从上到下形成了刚性极强的僵化结构，很难靠寥寥几项改革措施就能迅速打破。于是，国家在生产、流通、信贷、汇率等领域采取了"双轨制"的改革模式，利用外围渗透的办法，使僵化的体制逐步软化。比如在生产领域，对增产超产部分实行市场价格，对计划内生产实行计划价格；对计划内生产购进物资实行计划调拨价格，对计划外生产购进物资实行市场调剂价格。又如在产权制度改革上，先稳定原有计划经济下的国有企业，优先鼓励发展个体户和民营经济；上世纪90年代时，对国有企业先实行"一厂两制"，对新建部分实行股份制，对原有存量部分保持国有制性质。正如公众所见，增量改革可暂时避开僵化体制的坚硬核心，带来的阻力会小很多；让增量改革的群体分享到的利益大于原有体制，明显的利益优化产生的示范效应非常明显，此时，囿于原有体制中的群体看到了改革的好处，自然愿意支持和加入改革，由此增量改革也就带动了存量改革。

第六章

结构转型与经济高速增长

在改革开放推动下,国民经济获得了持续高速的增长,长期扭曲的经济结构得到逐步矫正,商品供求关系由供给短缺转向极大的丰富充裕,人民生活水平不断提高,综合国力明显增强。

◇ 第一节 连续跨越两个台阶:迈向中高收入国家行列

改革开放推动了中国经济的起飞和发展。经过40年的快速发展,中国经济总量和人均水平都有了大幅度提高。从1978年到2018年,国内生产总值由3678.7亿元增加到919281.1亿元,增长了36.03倍,年均增长速度9.45%。人均国内生产总值由385元增加到64520元,增长了24.42倍,年均增长速度为8.42%。

经济总量的迅猛增加,人均国内生产总值快速提高,改变了中国在世界的经济地位。从表6—1可以看出,按照美元计算,1978年中国国内生产总值1495.4亿美元,排在世界各国经济总量的第十位,占世界国内生产总值比重1.74%。到2018年,中国国内生产总值达到13.895万亿美元，排位上升到第二位，占世界国内生产总值比重高达16.08%。中国经济总量在世界地位上升最快时期是加入WTO以后，从1978—2000年，中国国内生产总值占世界总量的比重从1.74%提高到3.61%，22年提高了1.87个百分点，2000—2010年十年提高了5.60个百分点，2010—2018年又提高了6.64个百分点（表6—2）。显然，这种变化与中国加入WTO实行出口导向型的发展方式紧密相关。

表6—1　　　　中国GDP总量和人均水平的国际比较　　　　单位：亿美元、%

位次	1978年			2018年		
	国家	GDP总量	占世界	国家	GDP总量	占世界
1	美国	23520.0	27.40	美国	205800.0	23.82
2	日本	10140.0	11.81	中国	138950.0	16.08
3	德国	7404.7	8.63	日本	49550.0	5.73
4	法国	5067.1	5.90	德国	39500.0	4.57
5	英国	3358.8	3.91	英国	28610.0	3.31
6	意大利	3150.6	3.67	法国	27880.0	3.23
7	加拿大	2186.3	2.55	印度	27130.0	3.14
8	巴西	2008.0	2.34	意大利	20860.0	2.41
9	西班牙	1606.0	1.87	巴西	18850.0	2.18
10	中国	1495.4	1.74	加拿大	17160.0	1.99
	世界总计	85840	100	世界总计	864090.0	100.0

资料来源：根据世界银行网站World Bank Open Data数据计算。表中GDP总量均为现价。

经济总量快速扩张势必会引起人均水平的迅速提高。改革开放初期，中国人均GDP与世界平均水平相差很远。1978年，我国人均GDP只有156.4美元，到2018年达到9976.7美元（表6—2）。1978

年中国人均GDP只有世界平均水平的7.8%，到2000年为17.45%，22年差距缩小了9.65个百分点。但是，2000年后，中国人均水平与世界人均水平缩小速度更快，2000—2010年，中国人均GDP是世界人均水平的比率由17.45%提高到47.64%，十年时间差距缩小30.19个百分点；到2018年进一步提高到87.66%，八年间提高了40.02个百分点。可见中国经济增长无论是总量还是人均水平在世界经济地位中上升都具有加速度特点。

表6—2　中国GDP总量、人均水平时间序列的国际变化

年份	GDP（亿美元）		中国/世界（%）	人均GDP（美元）		中国/世界（%）
	世界	中国		世界	中国	
1978	85840	1495.4	1.74	2005.1	156.4	7.80
1980	112280	1911.5	1.70	2532.8	194.8	7.69
1985	127930	3094.9	2.42	2643.8	294.5	11.14
1990	226260	3608.6	1.60	4285.2	317.9	7.42
1995	308870	7345.5	2.38	5412.3	609.7	11.27
1998	313900	10290.0	3.28	5272.6	828.6	15.72
2000	336190	12110.0	3.60	5498.3	959.4	17.45
2005	475170	22860.0	4.81	7297.2	1753.4	24.03
2010	661130	60870.0	9.21	9551.3	4550.5	47.64
2015	751990	110620.0	14.71	10246.5	8066.9	78.73
2018	864090	138950.0	16.08	11381.7	9976.7	87.66

资料来源：根据世界银行网站World Bank Open Data数据计算，美元为现价。

在经济总量和人均水平不断提升过程中，中国经济增长还呈现出周期性特征。图6—1是中国改革开放以来的国内生产总值和人均国内生产总值的变动指数。可以看出，中国的GDP与人均GDP年均增

长的趋势一直在持续。1978—2018 年，中国经济增长经历了大约四个朱格拉周期①，分别是 1981—1991 年、1991—1999 年、1999—2009 年和 2009—2018 年，平均每个周期均在 9 到 10 年之间。从 GDP 年均增长速度看，第一个经济周期年均增长速度为 9.7%，第二个周期年均增长速度为 10.82%，第三个周期年均增长速度 10.34%，第四个周期年均增长速度为 7.86%。可以发现，中国经济增长速度最快时期发生在 1991—2009 年。从 40 年 GDP 增长率的变动可以看出，中国经济增长和人均 GDP 增长的长期趋势是先上升后下降的，其大的波动方向呈现为一个经济运行的长周期，即所谓的康德拉季耶夫周期②，当然这个长周期（50—60 年）还处于进行时。道理很简单，改革开放以后，体制改革、产业技术变革、管理创新以及国内外市场开发使得经济发展不断获得新动力，中国经济就像一架进入跑道的飞机，在低收入阶段，就如同飞机在跑道上助跑起飞并升空，而后飞机由低空进入高空，速度由慢变快，在中低收入阶段飞机保持高速运行，到了中高收入阶段后，由于体制、技术、管理及市场变革带来动力的边际效益下降，此时经济的总规模已经相当庞大，每增长一个百分点都是巨额数字，难度大大增加。于是，持续飞行了 40 多年的这架飞机运行速度开始下降，由高速运行逐渐转向中低速。

---

① 朱格拉周期（Juglar）是法国人克莱门特·朱格拉在 1862 年首先提出的经济增长存在周期的思想。他认为，经济危机并不是一种独立的现象，而是经济周期中的一个阶段。他根据物价水平、生产统计指标，确定经济中平均每一个经济周期为 9—10 年。

② 1925 年前苏联经济学家康德拉季耶夫在美国发表的《经济生活中的长波》一文中首先提出。他对英、法、美等国家 18 世纪末到 20 世纪初 100 多年的批发价格、利率、工资、对外贸易等 36 个系列统计项目的分析研究，认为经济发展过程存在 3 个周期，平均每个周期波动为 50—60 年。

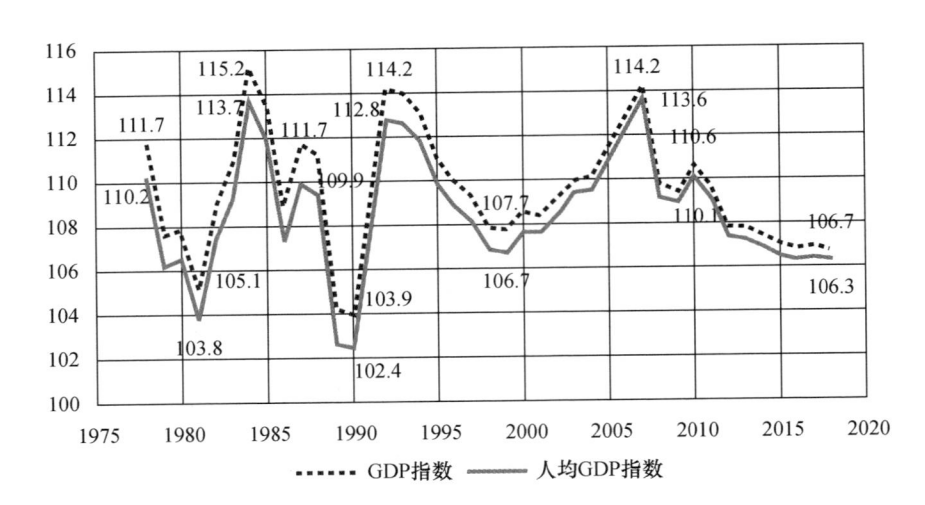

图6—1 中国GDP年均增长率和人均GDP年均增长率变化

注：以上年度为100，按不变价格计算。资料来源：中国国家统计局数据。

上述GDP波动曲线还显示出，中国人均GDP同GDP总量的变动方向是一致的，年均增长速度基本相同，但是人均指数的变动曲线全程低于总量曲线。人均GDP年均增长率最高的是1991—1999年和1999—2009年两个周期，分别增长9.65%和9.67%，1981—1991年人均GDP年均增长率为8.12%，2009—2018年增长率7.32%。按照世界银行标准划分，在改革开放初期，中国经济发展水平尚处于低收入国家行列，此时经济总量小，人均水平低，在这个阶段中国一直发展了20年。直到1998年，中国人均国内生产总值上升到828.58美元，开始进入世界中低收入国家行列，这一年世界银行界定凡人均GNI处在761—3030美元区间的经济体，均可定义为中低收入国家。① 此后经过 12 年的发展，中国又于 2010 年跨进中高收入国家行列，此时中国人均 GDP 达到 4550.45 美元，当年世界银行把人均 GNI 处于 3976—12275 美元区间者，定义为中高收入国家。2010 年，当中国刚刚进入中高收入国家行列时，人均 GDP 水平只是高收入国家门槛值（人均 GNI12276 美元以上）的 37.1%，到了 2018 年，中国人均 GDP 已经增加到 9976.7 美元，人均 GDP 水平已经达到高收入国家门槛值（人均 GNI12376 美元以上）的 80.6%，从经济增长趋势判断，中国与发达的高收入国家水平越来越近。

经济快速增长、总量迅猛扩张直接带来了国家综合实力的增强，人民生活水平的提高。1978 年国家财政预算收入 1132.26 亿元，2018 年财政预算收入 183351.8 亿元，40 年增长了 160 倍（名义增长率）。1978 年中国外汇储备仅有 1.67 亿美元，到了 2018 年外汇储备 30727.1 亿美元。财政收入连年持续增长，极大地增强了政府为社会提供公共服务的能力，全国的基础设施建设水平连续跨越新台阶，教育文化事业、生态环境治理、社会保障都取得了历史性进步。在经济快速发展中，城乡居民也分享到了发展成果，从收入水平看，1978 年城镇居民年人均可支配收入 343.4 元，到 2018 年增加到 39250.8 元，按可比价格增长了 15.27 倍。同期内，农村居民年人均可支配收入由 133.6 元增加到 14617 元，按可比价格计算增长了 18.45 倍。收入的大

---

① 世界银行：《迈进 21 世纪——1999/2000 世界发展报告》，中国财政经济出版社 2000 年版，第 227 页。1997 年世界银行界定人均 GNI 低于或等于 785 美元为低收入国家，中低等收入国家为 786—3125 美元，中高等收入国家 3126—9655 美元，人均 GNI 大于 9655 为高收入国家。1997 年，中国人均 GNI 为 750 美元。1998 年世界银行界定人均 GNI 低于或等于 760 美元为低收入国家，中低等收入国家为 761—3030 美元，中高等收入国家为 3031—9360 美元，人均 GNI 大于 9361 为高收入国家。1998 年中国人均 GNI 为 800 美元。

幅度增长，极大地提高了城乡居民的生活水平，恩格尔系数持续下降，从 20 世纪 90 年代的 50% 以上下降到 2018 年的 19.95%，居民家电拥有率大幅度上升，到 2018 年平均每百户居民彩电拥有率 119.3%、电冰箱 98.8%、空调 109.3%、洗衣机 93.8%、家用汽车 33%、计算机 53.4%。①

第二节　经济结构转型与经济增长

如前所述，经济增长既有在需求结构和产业结构不变情况下，各大需求和各个产业规模平面扩张引起的增长，也有需求结构变动和各个产业此消彼长引起的经济增长。但是，从发展实践经验看，经济增长更多的是由结构转换带来的，中国也不例外。为了便于在逻辑上同前述对接，也为了以后分析研究问题的国际可比较性，这里也参照世界银行的收入标准划分思路，将中国的结构转型划分为低收入阶段的结构转型、中低收入阶段的结构转型、中高收入阶段和高收入阶段的结构转型。同时，将低收入阶段分为结构偏差矫正期、结构转型深化期。

一　经济结构矫正性转型

自中国共产党十一届三中全会把党和国家的工作中心转移到经济建设上来以后，国家首先调整了经济发展的政策重点，一方面积极调

---

① 国家统计局编：《中国统计摘要（2019）》，中国统计出版社 2019 年版。以下各年度《中国统计摘要》注释从略。

整积累和消费的关系,降低过高的资本积累率,适度提高消费率;另一方面较大力度调整农、轻、重的产业关系,主要目标是放慢重工业发展速度,加快工业发展,大力增加农产品和日用工业消费品的有效供给。调整措施主要反映在以下方面。

第一,在国民收入分配结构中,降低资本积累率,提高社会消费率。在改革开放初期,国家首先较大幅度调减了预算内基本建设投资。1978 年国家预算内基本建设投资规模为 417.37 亿元,1980 年降为 349.27 亿元,1981 年降到 251.56 亿元,虽然 1982 年后国家预算内投资有所增加,但是即使到 1985 年国家预算内投资也没有恢复到 1978 年的预算内投资水平。预算内投资规模的减少,体现的是国民收入结构的调整,这一时期我国的投资率也在相应地下降,1978 年我国的投资率为 38.9%,1979 年下降到 37.3%,1982 年进一步下降到 32.4%。[①] 与此相反,由于居民在国民收入分配结构中获得份额增加,购买能力增强,社会消费率明显提高了,1978 年我国消费率为 61.4%,此后连续五年不断上升,到 1983 年消费率提高到 66.8%。

第二,大力支持农业发展。在农业领域全面推行家庭承包经营责任制的同时,国家调整预算财政支出结构,显著增加农业投资,连续大幅度提高农副产品出售价格并逐渐放开农产品购销市场,同时还相应减免了部分农业税。这些改革和政策举措,改变了农业的生产和市场贸易条件,使得农业连年获得丰收,农产品市场供给得到极大改善。

第三,调整工业结构,实行以消费品为主的轻工业优先发展政策。1979 年 4 月,中共中央工作会议提出国民经济实行"调整、改

---

① 1999 年《中国统计年鉴》。

革、整顿、提高"八字方针，决定加快轻工业发展。① 同年11月又进一步确定了轻工业"六优先"的发展政策。② 同时，对于重工业，国家调整了发展方向，放了发展速度，促进重工业更好地为农业和消费品工业服务。同时，这一时期为了促进工业发展，国家还对国有企业实行了放权让利，推行企业承包经营责任制。通过这些改革和政策调整，消费品工业也得到了快速发展，城乡居民所需要的日用消费工业品的市场供给大大增加了。

这里选择几种与居民生活直接相关的工农业产品增长情况来加以说明。表6—3是1978—1985年的主要农产品生产和消费品工业发展情况。该表显示，同1978年相比，到1985年我国粮食产量增长了7434万吨，棉花、油料、植物油、肉类、水果分别增长了91.4%、202.5%、126.6%、105.6%、77.2%。轻工业产品产量迅猛增长。乳制品、缝纫机、手表、自行车、照相机、鞋类等传统轻工业品增长一倍或数倍。一些原先生产量极低的新型电器产品数量增长幅度最高，如洗衣机、空调器、录音机的产量增长高达百倍以上。

表6—3   1978—1985年主要农产品和工业产品产量

产品类	单位	1978年	1985年	1985/1978
粮食	万吨	30477.00	37910.80	1.24
棉花	万吨	216.70	414.70	1.91
油料	万吨	521.80	1578.40	3.03

---

① 彭森、陈立等：《中国经济体制改革重大事件》（上），中国人民大学出版社2008年版，第32—33页。

② 六优先指轻工业原材料、燃料、电力供应优先；挖潜、革新、改造措施优先；基本建设优先；银行贷款优先；外汇和引进技术优先；交通运输优先。

续表

产品类	单位	1978年	1985年	1985/1978
植物油	万吨	177.00	401.00	2.27
肉类	万吨	856.30	1760.70	2.06
水果	万吨	657.00	1163.90	1.77
乳制品	万吨	4.65	16.37	3.52
缝纫机	万架	486.50	991.20	2.04
服装	亿件	6.73	12.67	1.88
手表	万只	1410.80	5447.10	3.86
鞋类	亿双	6.68	14.18	2.12
洗衣机	万台	0.04	887.20	22180.00
电风扇	万台	137.80	3174.60	23.04
空调器	万台	0.02	12.35	617.50
电视机	万台	51.73	1667.66	32.24
照相机	万架	17.89	178.96	10.00
电冰箱	万台	2.80	144.81	51.72
录音机	万台	4.73	1392.10	294.31
自行车	万辆	854.00	3227.70	3.78

注：肉类指猪牛羊肉，鞋类指布鞋、皮鞋、胶鞋。

资料来源：1992年《中国统计年鉴》；国家统计局工业统计司编：《中国工业经济统计年鉴（2001）》，中国统计出版社2001年版。

这一时期，经济结构变动带有矫正性特点，具有对历史欠账的纠错和补偿性质。长期以来，在计划经济体制下，我国在国民收入分配结构中一直在向投资偏斜，用于社会消费的份额受到制度性压抑；与这种分配结构相配合，政府采取高资本积累率的方式，将资源集中到工业领域进而又倾斜投向重工业，支持重工业优先发展。在改革开放初期，被强制转型的畸形结构得到一定扭转，这是经济增长结构中的转折性变化。

首先看需求结构,即消费、投资和进出口三个方面对GDP增长率的贡献情况。表6—4是1978年到1985年三大需求对经济增长的结构性影响分析。从中可以发现,投资对经济增长的贡献作用下降了,而消费对经济增长的贡献作用上升了。除了1978年和1985年之外,消费对经济增长的贡献率都高达56%以上,其中有五个年份超过了70%,最高年份的贡献率竟然达到89.4%。相反,同期内投资对经济增长的贡献率有六个年份都远低于消费贡献率,其中有四个年份贡献率在24%以下。在进出口方面,这一时期我国多数年份货物和服务贸易都表现为负值,这表明此时我国经济仍具有短缺型特征,以满足国内市场需要为主。直到20世纪80年代中后期,随着国内产业的快速发展,工农产品供给状况得到更大改善,净出口率才开始由负转正,对外贸易依赖度也快速上升。1978年我国对外贸易依赖度仅为9.7%,1985年提高到22.7%,1990年进一步上升到29.5%。

表6—4　　　　　　　　1978—1985年三大需求的结构性分析

	GDP增长（%）	最终消费		资本形成总额		货物和服务净出口	
		贡献率（%）	拉动/百分点	贡献率（%）	拉动/百分点	贡献率（%）	拉动/百分点
1978	11.7	38.7	4.5	66.7	7.8	−5.3	−0.6
1979	7.6	84.0	6.4	19.2	1.5	−3.2	−0.2
1980	7.8	78.1	6.1	20.1	1.6	1.8	0.1
1981	5.1	89.4	4.6	−1.7	−0.1	12.3	0.6
1982	9.0	56.7	5.1	22.6	2.0	20.7	1.9
1983	10.8	75.0	8.1	33.0	3.6	−8.0	−0.9
1984	15.2	69.3	10.5	41.3	6.3	−10.6	−1.6
1985	13.4	71.9	9.7	79.6	10.7	−51.5	−6.9

资料来源:2020年《中国统计摘要》,经济增长是依据支出法国内生产总值中的投资、消费和净出口拉动百分点相加而得。

其次从产业结构分析，即一、二、三产业的关系以及工业内部的结构关系。在产业产值变动方面，这一时期农业和第三产业增长加快，改变了产业结构的原有变动方向，工业内部轻工业增长加快也改变了工业内部结构。从图6—2可以看出，在各个产业增长中，农业占GDP的比重是先上升后下降，第二产业比重在20世纪70年末到80年代初期上升之后就呈现下降趋势，第三产业比重则是一直处于上升态势。由曲线趋势可以看出，在20世纪80年代中期以前第二产业在经济增长中份额下降主要是由农业替代了，第三产业替代较少；而80年代中期后第二产业份额下降主要是被第三产业增长替代了。表6—5是1966—1990年三大产业以及工业增长对GDP的增长贡献，在20世纪60年代中后期和整个70年代，我国经济增长有60%以上甚至70%来自于第二产业，其中主要贡献是由工业提供的。比如，1976年到1978年，我国经济增长中68.4%来自于第二产业，其中工业增长对GDP增长拉动了3.6个百分点，占63.1%。而此时农业对经济增长的贡献为零。1978年以后，农业和第三产业对经济增长的拉动作用增强了，第二产业和工业对经济增长的拉动作用相对变弱了。比如1978—1990年，我国国内生产总值年均增长率9%，其中农业提供了16.9%的增长力，第三产业提供了34.8%，第二产业提供了48.3%，其中工业提供了43.8%增长力。

这一时期产业结构出现了明显的轻型化倾向。主要表现在以下几个方面：在产业投资方面，改革开放以后，轻工业投资增长速度要快于重工业，在工业总投资中，轻工业投资比重不断上升，重工业投资比重持续下降。表6—6提供的数据表明，粉碎"四人帮"以后，从1976—1985年的两个五年计划期中，轻工业基本建设投资增长了50.05%，重工业基本建设投资增长了22.04%，轻工业投资增长率是重工业的2.5倍。用工业投资结构来说明问题，1971—1975年轻工业投资占工业总投资比重是10.54%，到1986—1990年间，轻工业投资比重上升到21.15%，上升了10.61个百分点，相反重工业投资比重从89.46%下降到78.85%。

表6—5　1966—1990年中国产业对经济增长的贡献变化　　　　　　单位:%

时期	年均增长率					产业附加值份额				对GDP增长的贡献			
	GDP	一产	二产 总	二产 工业	三产	一产	二产 总	二产 工业	三产	一产	二产 总	二产 工业	三产
1966—1970	6.90	3.14	11.33	11.65	3.80	36.60	37.80	34.30	25.70	1.20	4.30	4.00	1.00
1971—1975	5.90	3.17	7.37	9.02	4.55	33.30	44.00	39.90	22.90	1.10	3.20	3.60	1.10
1976—1978	5.80	0.00	8.30	8.50	7.70	30.50	46.80	42.60	22.70	0.00	3.90	3.60	1.80
1979—1980	7.70	2.30	10.90	10.60	6.90	31.70	48.00	44.00	21.40	0.70	5.20	4.70	1.50
1981—1985	10.70	8.23	10.20	9.90	15.20	30.10	44.80	40.30	25.20	2.50	4.60	4.20	3.80
1986—1990	7.90	4.20	9.00	9.20	9.40	27.10	42.80	38.00	30.10	1.14	3.90	3.50	2.80
1978—1990	9.00	5.50	9.70	9.70	11.30	27.70	44.60	40.40	27.80	1.50	4.30	3.90	3.10

注：产业附加值份额为每个时期起始年份与截止年份的平均算术份额，产业份额是按当年价格计算，GDP增长率是以上年价格为100指数过5年进行推算获得年均增长率，各产业对GDP增长的贡献是产业附加值份额与本产业增长率之乘积。

资料来源：1999年和2011年《中国统计年鉴》。

表6—6　1966—1990年中国轻重工业投资结构变化

时期	工业投资（亿元）			比重（%）		
	总额	轻工业	重工业	总额	轻工业	重工业
1966—1970	541.51	42.62	498.89	100	7.87	92.13
1971—1975	977.97	103.03	8747.94	100	10.54	89.46
1976—1980	1231.71	156.25	1075.46	100	12.69	87.31
1981—1985	1546.97	234.45	1312.52	100	15.16	84.84

续表

时期	工业投资（亿元）			比重（%）		
	总额	轻工业	重工业	总额	轻工业	重工业
1986—1990	7700.39	1653.54	6046.85	100	21.15	78.85

资料来源：1986 年《中国统计摘要》，1992 年《中国统计年鉴》。其中 1966—1985 年数据是指轻工业和重工业基本建设投资，1986—1990 年数据是指全民所有制对单位按轻重工业划分的固定资产投资。

在第二产业对经济增长拉动作用变弱的情况下，工业内部增长结构也在发生着深刻的变动。具体表现在轻工业增长速度加快，重工业增长速度放缓。从国家统计局数据看，从 1978—1984 年，轻工业产值增长了 93.8%，年均增长 11.7%，重工业产值增长了 46.7%，年均增长了 6.6%，[①] 致使轻重工业结构比发生了转折性变化。1978 年中国工业总产值中，重工业产值占有比重 56.9%，轻工业产值比重 43.1%，到 1990 年重工业比重下降到 50.6%，轻工业比重上升到 49.4%。重工业畸重的结构得到了纠正。结构变化也深入到了轻重工业内部。在轻工业内部，以农产品为原料的加工业占轻工业产值的比重迅速上升，以非农产品为原料的加工业比重明显下降；在重工业内部，采掘工业占重工业产值比重下降，原料工业产值比重明显上升，制造工业产值比重先降后升。[②]

在就业结构和城乡人口结构方面，产业结构的轻型化和人口流动限制政策的放松，也推进了就业结构转换加快，城镇化进程开始提速。改革开放以前，在计划经济体制作用下，由于长期实行重工业优

---

① 1985 年《中国统计年鉴》，第 309 页。
② 国家统计局工业统计司编：《中国工业经济统计年鉴（2001）》，中国统计出版社 2001 年版。

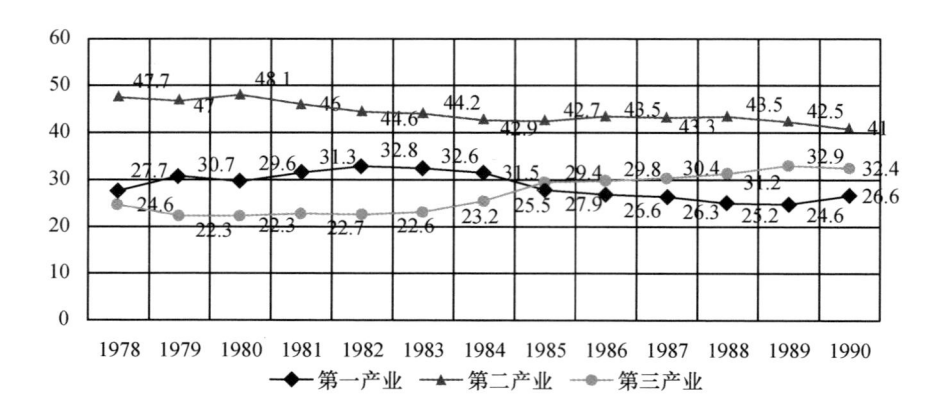

图 6—2 1978—1990 年中国产业结构变化图

先发展，我国产业发展与就业结构转换极不对称。改革开放以后，这种不对称得到明显改观。表 6—7 是 1978 年之前和之后三大产业的产值结构与就业结构的偏离度比较。从表中可以看出，从 1952 年到 1978 年，农业的结构偏离度从 32.5% 上升到 42.3%，偏离度提高了 9.8 个百分点，第二产业的偏离度从 -13.5% 上升到 -30.6%，提高了 17.1 个百分点。唯独第三产业的结构偏离度在负值区间是下降的。这表明第一、二产业产值结构与就业结构之间的关系是逐步恶化的不良状态。在三大产业中，农业产值比重下降速度越来越快于就业比重下降速度，说明农业领域中剩余的劳动力越来越多，而第二产业产值比重上升速度越来越快于就业比重上升速度，说明第二产业的发展越来越排斥劳动力。当经济发展还处于工业化初期阶段，或者人均收入还处于低收入阶段时，这种产业结构变动方向是违反经济发展规律的。1978 年以后，产业发展与就业结构变化的关系得到显著改善。从 1978—1990 年，农业的结构偏离度从 42.4% 下降到 33%，第二产业结构偏离度从 -30.9% 下降到 -20.2%，第三产业结构偏离度也有所下降。因此可以得出结论，改革开放初期的十几年里，产业结构是向着有利于劳动力就业的方向变化，这种变化在一定程度上是对改革开放前被扭曲的就业结构的矫正。

表6—7　　　　　1952—1990年产值结构与就业结构比较　　　　单位:%

年份	产值结构			就业结构			结构偏离度		
	一产	二产	三产	一产	二产	三产	一产	二产	三产
1952	50.5	20.9	28.6	83.5	7.4	9.1	33.0	-13.5	-19.5
1962	39.4	31.3	29.3	82.1	8.0	9.9	42.7	-23.3	-19.2
1965	37.9	35.1	27.0	81.6	8.4	10.0	43.7	-26.7	-17.0
1970	35.2	40.5	24.3	80.8	10.2	9.0	45.6	-30.3	-15.3
1978	28.1	48.2	23.7	70.5	17.3	12.2	42.4	-30.9	-11.5
1980	30.1	48.5	21.4	68.7	18.2	13.1	38.6	-30.3	-8.3
1985	28.4	43.1	28.5	62.4	20.8	16.8	34.0	-22.3	-11.7
1990	27.1	41.6	31.3	60.1	21.4	18.5	33.0	-20.2	-12.8

注：结构偏离度是指某产业就业在三次产业中的比重与该产业产值在三次产业的比重的差额，差额为正表明劳动力向外转移有压力，差额为负表明吸纳劳动力有潜力。

资料来源：笔者根据1999年和2019年统计年鉴资料整理。

产业结构的轻型化有利于就业结构的改善，同时就业结构的改善又推进了城镇化。1978—1990年，我国城镇人口由17245万人增加到30195万人，城镇人口每年增加1079万人，是1952—1978年年均城镇人口增长的2.8倍。城镇人口的加快增长带来了城镇化率的迅速提高。1978年我国城镇化率17.92%，1990年上升到26.41%，上升了8.49个百分点，年均上升0.71个百分点，是1952—1978年间的2.54倍。

二 推动结构深度转化的重要因素

改革开放在继续向前推进,经济结构也在不断深化变革。进入20世纪90年代以来,影响结构转型和经济发展的重大因素主要包括以下几个方面。

第一,邓小平南方谈话与确立社会主义市场经济体制。正当媒体关于姓"社"还是姓"资"问题争论得相持不下时,1992年1月19日,邓小平乘火车从武汉来到深圳,在谢非、李灏①等地方领导陪同下视察了深圳八年来②的巨大变化,明确了特区姓"社"不姓"资"。邓小平明确指出,"改革开放迈不开步子,不敢闯"的原因,"说来说去就是怕资本主义的东西多了,走资本主义道路。要害是姓'资'还是姓'社'的问题"。③ 为此,他提出了著名的"三个有利于"判断标准:"判断的标准,应该主要看是否有利于发展社会主义社会的生产力,是否有利于增强社会主义国家的综合国力,是否有利于提高人民的生活水平"。④ 此次考察,邓小平提出了对中国决策界有决定性影响的重要观点:"发展才是硬道理",计划经济不等于社会主义,资本主义也有计划;市场经济不等于资本主义,社会主义也有市场。

---

① 谢非,时任中共中央委员、中共广东省委书记;李灏,时任中共深圳市委书记。
② 1984年1月24日,邓小平带着问号首次到深圳特区视察,此时,深圳经济特区刚刚成立4个年头,特区的建设热火朝天,但国内关于"改革开放"的争论、围绕特区的非议同样云谲波诡。邓小平在亲眼目睹了深圳的发展变化后,提笔题词:"深圳的发展和经验证明,我们建立经济特区的政策是正确的。"此后,"特区不能办"的议论基本上没有了。《1984年深圳特区行》,《广安日报》,2017年6月21日。
③ 《邓小平文选》(第三卷),人民出版社1993年版,第372页。
④ 《邓小平文选》(第三卷),人民出版社1993年版,第372页。

计划和市场都是经济手段。1992年2月28日，中共中央以2号文件形式向全党传达了邓小平南方谈话精神，3月9—10日，中共中央政治局在北京召开全体会议，会议一致同意邓小平视察南方的重要讲话。① 实际上，后来的中共中央十四大报告是以邓小平视察南方的重要讲话精神为主线贯穿在全文之中。当年10月12日，中国共产党第十四次全国代表大会在北京召开，大会提出了"我国经济体制改革的目标是建立社会主义市场经济体制，以利于进一步解放和发展生产力。"邓小平讲话的发布和中国共产党十四大的召开，为新阶段的中国改革开放提供了方向指导和理论支撑。

第二，实行以分税制为主要内容的财税体制改革。1993年12月25日，国务院颁布了《关于实行分税制财政管理体制的决定》，决定从1994年1月1日起改革实行多年的"基数比例法"地方财政包干体制，对各个省、自治区、直辖市，以及计划单列市实行分税制财政管理体制。本次财政管理体制改革，一方面明确了中央与地方的财权、事权关系，对中央和地方的事权和支出进行了划分，并依据事权和支出按税种划分了中央和地方的收入。同时还确定了中央从地方净上划的收入数额以及对地方税收返还的数额。另一方面对所得税、流转税、资源税、土地增值税、城乡维护建设税等进行了相应改革。从实行改革后的效果看，1994—2002年，全国一般财政公共预算收入年均增长18.04%，明显高于1980—1993年实施财政包干制时期年均财政收入增长10.7%的速度，全国一般财政公共预算收入占GDP的比重由1993年的12.19%提高到14.78%。更重要的是，中央政府的财政收入得到较大幅度提高，1994—2002年，中央一般财政公共预算收

---

① 彭森、陈立等：《中国经济体制改革重大事件》（下），中国人民大学出版社2008年版，第377—398页。

入年均增长31.54%,占全国一般财政公共预算收入比重由1993年的22.02%提高到52.38%。毫无疑问,分税制财税体制改革,扩大了中央政府的财政收入来源,提高了其收入比重,为后来中央加强宏观调控、及时应对世界多次爆发的经济危机、实施积极的财政政策创造了制度条件。与此同时,实施分税制,也调动了地方政府发展区域经济的积极性和主动性,此后各地政府纷纷大办各类经济开发园区,大力招商引资,培育地方财源,亦与分税制改革有着不可分割的关系。

第三,推进全方位对外开放与加入WTO。自1992年设立上海浦东新区开始,先是开放芜湖、九江、武汉、岳阳、重庆5个沿江城市,接着开放哈尔滨、长春、呼和浩特、石家庄等边境和沿海地区省会城市;还开放了黑河、二连浩特、伊宁、塔城、博乐、瑞丽、畹町、河口、凭祥等沿边城市。后来又开放了太原、合肥、南昌、郑州、长沙、成都、贵阳、西安、兰州、西宁、银川11个内陆省会城市。再加上批准建立的53个国家级高新技术开发区、32个经济技术开发区、15个保税区和一批开放口岸。由此,我国形成了沿海、沿江、沿边和内陆地区多层次、全方位的开放新格局,这为中国扩大招商引资、发展外向型经济,既提供了更大的制度平台,又拓展了更加广阔的空间。

全力推进对外开放,另一个重要事件便是加入世界贸易组织(WTO)。经过长达15年的不懈努力,中国于2001年加入WTO。中国加入这个以市场经济为准则的世界多边经贸体制,使得我国在更大范围和更广领域参与国际经贸合作,实现与多边经贸体制接轨,以发展中国家身份享受多边谈判成果;同时,还使得我国由过去的单边自我开放转变为与WTO成员国之间实行双边、多边开放。更重要的是为了适应这种变化,国内改革范围扩大,进程加快。以此为转折点,中国形成了以开放促改革的新格局,党的十四大确立的社会主义市场经济体制也得到不断完善。加入WTO后,中国获得了稳定有利的国际经贸环境,出口导向型经济进入发展最快的时期,经济高速增长,综合国力大幅提升。

第四,深化推进产权制度改革,所有制结构多元化支撑经济发展。1992年10月党的十四大召开以前,国有企业改革从放权让利起步,先后经历了承包经营、利改税、税利分流、股份制试点等。党的十四大以后,国有企业改革的重心转向股份制改造和建立现代企业制度,20世纪90年代末期,对国有经济布局和国有企业又进行了战略性调整和改组,国有企业由此脱困搞活。另外,大力支持非公有制经济发展,党的十四大提出要以公有制为主体,个体经济、私营经济、外资经济为补充,多种经济成分长期共同发展。1999年的宪法修正案在法律上明确提出坚持公有制为主体、多种所有制经济共同发展的基本经济制度。国家从法律层面保护个体经济、私营经济的合法权益和利益。在改革不断深化和全面对外开放形势下,我国形成了由国有企业、民营企业和外资企业三股力量共同支撑的工业化格局。

由以上几方面可以看出,进入20世纪90年代以后,中国加快发展的制度和政策条件已经具备,稳定有利的国际环境业已形成,经济结构深度转化,经济持续高速增长已经成为必然。从1990—2010年,我国国内生产总值年均增长10.49%,高于1978—1990年间年均9.02%的经济增长速度。这一时期,经济高速增长主要是由结构深度转化带动的。

三 结构的深度转化与对经济增长的贡献

在需求结构方面,投资对经济增长的贡献出现了趋势性上升,消费对增长的贡献出现了趋势性下降。表6—8是按照支出法计算的三大需求对经济增长的贡献情况，其中数据的跌宕起伏非常大。1990年我国国内生产总值的增长91.7%来自于消费的贡献，这其实是消费贡献率的峰值，越过此峰值后的需求结构的变化不同以往了。1990年投资对经济增长的贡献为-74.6%，净出口贡献为82.9%；到2000年消费对经济增长的贡献降到了78.1%，投资的贡献提升到22.4%，净出口的贡献降为零以下。到2010年当中国迈进中高收入阶段时，消费对经济增长的贡献降到44.9%，投资贡献上升到66.3%，净出口贡献仍为负值。与表6—4相比更可以清晰地看出这些变化。1990—2010年间，货物及服务净出口的贡献率的震荡幅度最大，表现最不稳定；而消费支出贡献率尽管已从最高点回落，但基本围绕在45%左右上下波动。

表6—8　　　　　1990—2010年三大需求对经济增长的贡献率

年份	GDP增长率（%）	最终消费支出		资本形成总额		货物和服务净出口	
		贡献率（%）	拉动（百分点）	贡献率（%）	拉动（百分点）	贡献率（%）	拉动（百分点）
1990	3.9	91.7	3.6	-74.6	-2.9	82.9	3.2
1995	11.0	46.2	5.1	46.6	5.1	7.2	0.8
2000	8.5	78.1	6.6	22.4	1.9	-0.5	0.0
2001	8.3	49.0	4.1	64.0	5.3	-13.0	-1.1
2002	9.1	55.6	5.1	39.8	3.6	4.6	0.4
2003	10.0	35.4	3.6	70.0	7.0	-5.4	-0.6
2004	10.1	42.6	4.3	61.6	6.2	-4.0	-0.4
2005	11.4	54.4	6.2	33.1	3.8	12.5	1.4
2006	10.7	42.0	5.3	42.9	5.5	15.1	1.9

续表

年份	GDP 增长率（%）	最终消费支出		资本形成总额		货物和服务净出口	
		贡献率（%）	拉动（百分点）	贡献率（%）	拉动（百分点）	贡献率（%）	拉动（百分点）
2007	14.2	45.3	6.4	44.1	6.3	10.6	1.5
2008	9.7	44.2	4.3	53.2	5.1	2.6	0.3
2009	9.4	56.1	5.3	86.5	8.1	-42.6	-4.0
2010	9.5	44.9	4.8	66.3	7.1	-11.2	-1.3

资料来源：2019 年《中国统计年鉴》。

三大需求数据在年际间波动幅度加大，使得消费和投资变动对经济增长贡献的趋势似乎不太明显。为进一步观察，我们用投资率、消费率①分析来观察需求结构对经济增长的影响。从图 6—3 可以看出，在 1990—2010 年间，我国的消费率不断下降，而投资率呈现上升趋势。1990 年我国的消费率为 62.9%，2010 年下降到 48.5%；相反投资率从 34.4% 上升到 47.9%。这种需求变动趋势其实是符合经济发展一般规律的。观察世界先行工业化国家的发展实践，我们也可以发现，当一个国家或地区处于低收入阶段和中等收入发展阶段时，其经济社会发展需要大规模的公共基础设施投入，此时工业发展自然处在扩张期，厂房建设、仪器设备购置都需要大量资本金投入；同时劳动力向工业集聚加快了城市化进程，城市化又带来了城市建设投资的扩张，最终引起了投资增长速度超过消费增长速度。但是，当经济发展从中高收入阶段迈向高收入阶段过程中，经济社会发展所需要的公共

---

① 投资率、消费率是指一个经济体社会最终消费支出和资本形成总额分别占当年国内生产总值的比重。

基础设施建设基本饱和，厂房建设、仪器设备购置高峰期过去，城市化建设也进入后期收尾，投资空间就变得越来越小，由此经济增长越来越依赖于消费的增长，于是消费增长会快于投资增长，并逐步稳定在一个较高的水平上。

再看投资率。投资率的上升以及对经济增长贡献作用增强，是以社会储蓄率的增长为前提的。这里，笔者根据中国国家统计局提供的资金流量表测算了中国储蓄率变动数据，如表6—9所示。从该表可以看出，中国储蓄率从1992—2010年是上升趋势，2010年是个转折点，达到高峰值47.78%，之后开始平缓下降。储蓄率这种变化与投资率、消费率变化的拟合度比较高。这就是说中国投资率的推高其实得到了高储蓄率的支撑。当2010年中国迈进中高收入阶段后，投资率和消费率发生了转折性变化，投资率出现了趋势性下降，从2010年的47.9%下降到2018年的44.8%，相反消费率从48.5%上升到54.3%。

图6—3是1975年以来中国投资率和消费率的变动情况。从两条曲线的变动趋势看，中国的投资、消费增长基本遵循了需求结构演变的一般规律，即消费率由高降到低然后又由低向上回升。相反，投资率由低升高然后又由高到低回落。但是，需要注意的是，与前述讨论过的日本和韩国相比，中国的需求转折点为2010年，似乎提前到来了。我们已经发现，日本和韩国投资率由升转降、消费率由降转升都发生在从中高收入阶段跨入高收入阶段之际，而中国的转折变化却发生在从中低收入阶段跨入中高收入阶段之际，比这两个国家整整提前了一个阶段。

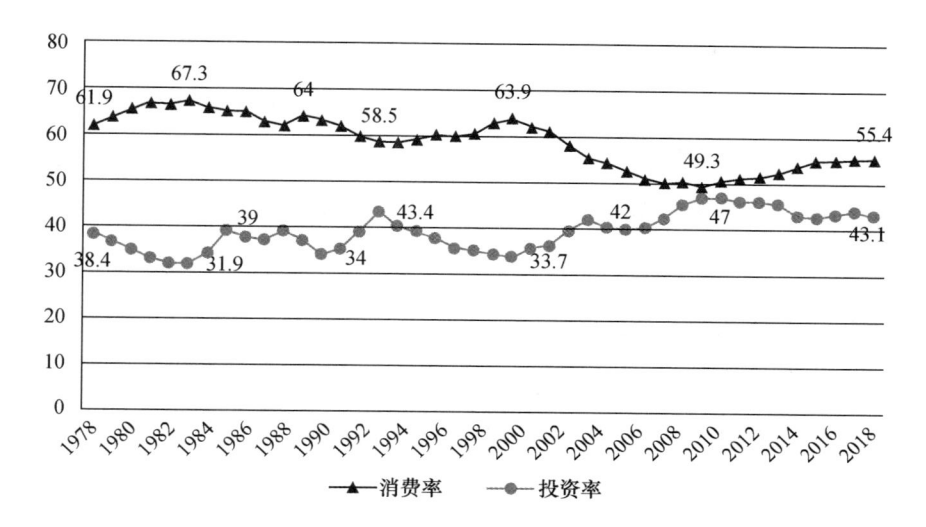

图6—3 1990—2018年中国消费率、投资率变化曲线

资料来源：2019年《中国统计年鉴》。

表6—9 中国居民储蓄率变化情况 单位：亿元、%

年份	总储蓄额	可支配总收入	储蓄率
1992	10410.50	26715.53	38.97
1995	23844.65	57614.64	41.39
1998	28887.80	77321.79	37.36
2000	35308.40	98523.00	35.84
2005	75370.80	161483.30	46.67
2010	192300.20	402513.70	47.78
2015	304439.10	685655.90	44.40
2016	326699.80	739961.90	44.15
2017	369023.80	819295.90	45.24

注：储蓄率是指当年总储蓄占可支配总收入的百分比。

资料来源：笔者根据《中国统计年鉴》1999—2019年的资金流量表（非金融交易）中提供的数据计算。

受高储蓄率和高投资率的支撑,中国的产业结构发生了深度变化。第一层次是三次产业之间的结构变化。第一产业比重不断下降,第二、三产业各有提高。表6—10是中国经济增长的产业部门因素分析,从中可以看出,第一产业增加值占GDP的比重是一种下降趋势,对经济增长的贡献也在不断降低。从1978—1990年有16.5%的经济增长来自农业部门,到了2001—2010年只有4.6%的经济增长来自农业,到了2010年进入中高收入阶段之后,农业对经济增长的贡献进一步降低,2011—2018年经济增长中只有4.3%来自农业。第二产业增加值占GDP比重在20世纪90年代后先升后降,1991—2000年经济增长中有56.4%都来自第二产业的贡献,2001—2010年经济增长中来自第二产业的贡献下降到49.8%,2011—2018年进一步下降到43%。相反,第三产业增加值占GDP比重一直在上升,在2010后平均比重超过第二产业,① 对经济增长的贡献也是持续上升,1978—1990年经济增长中有35.7%来自第三产业,到2010年后第三产业为经济增长提供了52.7%的份额。就是说,进入中高收入阶段,中国经济增长有一半以上的贡献是由第三产业提供的。

表6—10　　　　中国经济增长的产业部门因素分析　　　　单位:%

时期	年均增长率				部门附加值份额			对GDP增长贡献		
	GDP	一产	二产	三产	一产	二产	三产	一产	二产	三产
1978—1990	9.02	5.50	9.70	11.30	27.10	44.40	28.50	1.49	4.31	3.22
1991—2000	10.40	3.80	13.50	10.20	19.40	43.50	37.10	0.74	5.87	3.78
2001—2010	10.55	4.20	11.50	11.30	11.70	45.70	42.70	0.49	5.25	4.82

---

① 从2019年《中国统计年鉴》看,第三产业增加值比重超过第二产业的具体年份是2012年。

续表

时期	年均增长率				部门附加值份额			对GDP增长贡献		
	GDP	一产	二产	三产	一产	二产	三产	一产	二产	三产
2011—2018	7.40	3.90	7.30	8.10	8.20	43.60	48.20	0.32	3.18	3.90

资料来源：2019年《中国统计年鉴》。

第二层次是各个产业内部的结构变化。三大产业部门对经济增长的贡献变化主要是由各个产业内部结构变动引起的。先看第一产业即农业。进入20世纪90年代后，农业内部结构变动特点是，种植业在农业增加值中的比重不断下降，畜牧、水产等养殖业比重持续上升。在农业行业内部，种植业、畜牧业、水产养殖业的扩张也主要是由优质高效农产品的增长带动的。

从表6—10能够看出，在进入21世纪的前后10年间，年均增长率最快的是第二产业。在第二产业内部特别是工业内部，结构转换也最为迅速。工业内部构成复杂，这里粗略地将工业划分为采掘业、制造业、电力热力燃气和水供应业。如表6—11所示，进入20世纪90年代以来，采掘业在工业中收入比重在下降，电力热力燃气和水供应业有所上升，而制造业在工业收入中比重一直在86%—89%之间。从某种程度上说，真正占据大头对工业结构起决定性影响作用的是制造业发展和结构变化。

表6—11　　　　　1995—2018年中国工业结构变化　　　　　单位：%

年份	1995	2000	2006	2010	2018
工业	100	100	100	100	100
采掘业	6.09	5.91	6.00	6.80	4.40
制造业	87.59	85.34	86.70	86.90	88.70

续表

年份	1995	2000	2006	2010	2018
电力、水、热力、燃气供应	6.32	8.75	7.30	6.30	6.90

注释：1995年和2000年是用工业产品销售收入计算，其他年份是用主营业务收入计算。

资料来源：1996年、2001年、2007年、2011年、2019年《中国统计年鉴》。

这里，我们将制造业划分为消费品制造业、能源原材料加工制造业、装备制造业三大类，① 来进一步观察分析制造业内部的结构变化。如表6—12所示，1995年以来，消费品制造业在制造业收入结构中所占比重大幅度下降，能源原材料制造业所占比重略有上升，而装备制造业比重提高超过10个百分点以上。从1995—2018年，消费品制造业的收入占比下降了10.9个百分点，其中92.7%是被装备制造业替代的，其余是由能源原材料制造业替代。20世纪90年代中期以来，中国制造业营业收入有明显的增长，2018年达到86万亿元。中国制造业结构变化的明显特点是，在经济发展过程中，以金属制品、设备制造、电器制造、计算机、通信等电子设备制造为代表的装备制造业增长最快，既快于消费品制造业，也快于能源原材料制造业；由此制造业结构取得了实质性转换，由消费品制造

---

① 消费品制造业包括农副食品加工业、食品制造业、饮料制造业、烟草制品业、纺织业、纺织服装和服饰业、皮革毛皮羽毛及其制品和制鞋业、木材加工和木竹藤棕草制品业、家具制造业、造纸及纸制品业、印刷业和记录媒介复制业、文教体育用品制造业、其他制造业（包括鬃毛加工、制刷及清扫工具、其他日用杂品制造等）。能源原材料加工制造包括石油煤炭及其他燃料加工业、化学原料和化学制品制造业、医药制造业、化学纤维制造业、橡胶和塑料制造业、非金属矿物质制品业、黑色金属冶炼及压延加工业、有色金属冶炼及压延加工业等。装备制造业包括金属制品业、通用设备制造业、专用设备制造业、交通运输设备制造业（包括汽车制造）、电器机械及器材制造业、计算机、通信及其它电子设备制造业、废弃资源综合利用业、金属制品机械和设备修理业等。

业主导转变为装备制造业主导。

表6—12　　1995—2018年中国制造业行业规模以上收入结构变化　　单位：%

项目	1995	2000	2010	2018
制造业结构	100	100	100	100
消费品制造业	32.80	38.42	31.40	21.49
能源原材料制造业	36.50	35.88	32.80	37.82
装备制造业	30.65	35.71	35.80	40.75

资料来源：1995年和2000年数据来源于马晓河主编《中国制造2025》，人民出版社2017年版，第7页。2010年和2018年是根据2011年、2019年《中国统计年鉴》提供的数据计算，收入是指主营业务收入。

表6—13　　　　中国不同年代出口前十大产品排序　　　　单位：亿美元

排序	1995年		2000年	
1	服装及衣着附件	199.55	机电产品	1054.13
2	玩具	34.31	服装及衣着附件	299.32
3	棉布	34.11	塑料制品	48.94
4	皮鞋	27.37	皮鞋	43.69
5	原油	22.39	家具	36.65
6	钢材	21.91	棉布	30.85
7	水产品	20.87	收录机及组合音响	28.10
8	医药品	15.82	集装箱	23.77
9	家具	11.06	水产品	22.67
10	橡胶、塑料及球鞋	10.88	钢材	22.29
	合计	387.39	合计	1610.41
排序	2010年		2018年	
1	机电产品	9334.30	机电产品	14603.26
2	高新技术产品	4924.14	高新技术产品	7468.22
3	自动数据处理设备及部件和零件	1946.42	服装及衣着附件	2201.96

续表

排序	2010 年		2018 年	
4	服装及衣着附件	1088.69	自动数据处理设备及部件和零件	2163.07
5	电话机	489.26	钢材	605.96
6	船舶	393.03	家具及零部件	536.64
7	钢材	368.19	塑料制品	434.52
8	家具及零部件	329.87	成品油	358.84
9	二极管及半导体器件	302.53	通断保护电路装置及零部件	298.87
10	汽车及零部件	248.47	二极管及类似半导体	265.43
	合计	19442.90	合计	28936.70

资料来源：1996 年、2001 年、2011 年、2019 年《中国统计年鉴》。

从中国出口产品结构在年际间排序变化更能看出产业结构转型升级的轨迹。1990 年，中国出口结构中，初级产品出口占比还高达 25.6%，到 2018 年该比例降到 5.4%。相反，工业制成品出口占比由 74.4% 上升到 94.6%。在工业制成品出口结构中，机械及运输设备类出口占比由 12.1% 上升到 48.6%。[①] 表 6—13 列出了 1995 年、2000 年、2010 年和 2018 年四个年度中，中国出口总额排在前十位的产品。1995 年中国出口总额最高的产品依次是：服装及衣着附件、塑料制品、玩具、棉布、皮鞋、原油、钢材、水产品、医药品、家具、塑料、橡胶和球鞋。这些产品几乎都是劳动密集型的消费品制造业和能源原材料加工制造业产品。其中服装及衣着附件排在第一位，1995 年出口总额 199.55 亿美元，占当年全国出口总额的 15.1%。2000 年，前十大出口产品依次变为机电产品、服装及衣着附件、塑料制品、皮鞋、家具、棉布、收录机及组合音响、集装箱、水产品和钢

---

① 2010 年、2019 年《中国统计年鉴》。

材。其中属于装备制造业范畴的机电产品排位第一，当年出口总额为1054.13亿美元，占当年出口总额的42.3%。到2010年，中国前十大出口产品排序变为机电产品、高新技术产品、自动数据处理设备及部件和零件、服装及衣着附件、电话机、船舶、钢材、家具及零部件、二极管及半导体器件、汽车及零部件等，其中十大产品中仅有服装及衣着附件、家具及零部件属于消费品制造业，钢材属于能源原材料价格制造业，其余七项全部属于装备制造业。到了2018年，前十大出口产品排序进一步变化为机电产品、高新技术产品、服装及衣着附件、自动数据处理设备及部件和零件、钢材、家具及零部件、塑料制品、成品油、通断保护电路装置及零部件和二极管及类似半导体，当年尽管消费品制造业、能源原材料加工制造业占据了5项，但是，属于装备制造业的其余5项产品在前十位出口产品总额中仍占比高达85.7%。可以看出，在出口产品结构中，中国制造业已经由消费产品出口为主转变为装备制造产品出口为主。

第三节 社会结构的转换和深度变化

经济结构的深度转型既带来了社会就业结构的加速转换，也促进了城镇化的进程。

一 就业结构的转折性变化

中国就业结构有两个转折性变化，都发生在20世纪90年代以后。一个转折是农业部门的劳动力供给数量不再延续长久以来自然增加的局面，转为持续减少。这意味着传统部门的劳动力不再是无限供给，也预示着现代产业部门进行资本深化具备了起步的市场条件。另一个转折是农业就业人口最多的状况被彻底扭转，两大非农产业部门就业先后超过农业，成为社会就业的主导产业部门。

第一个转折发生在90年代初期。在城乡二元分割等诸多因素作用下，1991年以前，随着农村人口增长，中国农业的劳动力供给数量一直是不断增加的。从1952年到1978年农业部门的劳动力由17317万人增加到28318万人，净增加11001万人；到1991年农业劳动力数量进一步增加39098万人，比1978年又增加了10780万人。但是，从1992年开始，农业部门的劳动力数量开始下降，而且持续性下降。1992年农业部门劳动力数量由上年的39098万人下降到38699万人，2000年下降到36043万人，2010年进一步下降到27931万人，到2018年农业部门劳动力已经减少到20258万人，比1991年减少了18840万人。农业部门减少的劳动力全部被非农业部门吸收。图6—4是中国1952—2018年在农业部门就业的劳动力数量变动曲线。该曲线的峰值在1992年，即农业部门劳动力由供给提升转为不断下降的初始点发生在低收入阶段中。从该曲线降幅的陡峭程度还可以看出，变化幅度最激烈时期是在第二个小高峰之后，即在中国进入中等收入阶段，尤其是2001年加入WTO后。此阶段，以劳动密集型产业为主导的外向型经济迅猛发展，加快了农业部门剩余劳动力向外转移的速度，使得各个地区、各个层面、各个类别的农业劳动力都在大规模转移。从表6—14的数据看，20世纪90年代以来，推动国内就业结构转换的最大贡献产业当属第三产业，贡献作用最大的时期是进入中高收入阶段，即2011年以后。在中低收入阶段，第二产业对中国就业结构的转型作用为正，且有明显提升，但进入到中高收入阶段以来，

第二产业部门劳动就业数量增长也从正变负,以 2012 年为拐点。统计数据表明,2012 年第二产业容纳劳动力数量达到峰值,此后连续 6 年就业量都在减少,到 2018 年第二产业部门就业数量由 23241 万人下降到 21390 万人,六年间净减少了 1851 万人。这些减少的就业岗位基本都由服务业替代。随着农业部门劳动力数量的持续下降,农业部门也不再是劳动力的无限供给源,劳动力市场价格开始上扬。从理论上讲,当劳动力价格上升到某一临界点,即购买资本品设备和技术比雇佣劳动力更能节约成本,也能提高企业生产效率时,资本和技术替代劳动的进程便开始加快。

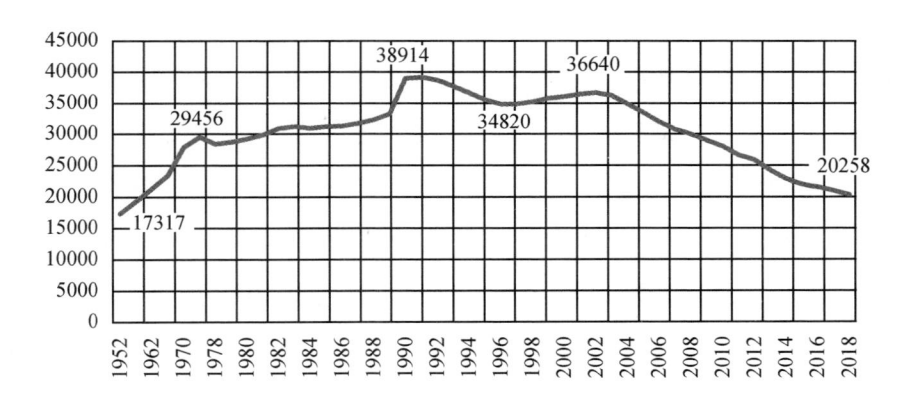

图 6—4　1952—2018 年中国农业劳动力变动曲线

资料来源:2020 年《中国统计摘要》。

表 6—14　　　　　　　　1990 年以来中国就业人数增量变化　　　　　　　单位:万人

时期	劳动力增加总量	第一产业劳动力增量	第二产业劳动力增量	第三产业劳动力增量
1991—2000	6594	-3055	2204	7445
2001—2010	4020	-8112	5623	6509

续表

时期	劳动力增加总量	第一产业劳动力增量	第二产业劳动力增量	第三产业劳动力增量
2011—2018	1481	-7673	-452	9606

资料来源：2019年《中国统计年鉴》。

另一个转折性变化是非农产业部门就业总量超过农业，先后成为社会就业的主导产业部门。非农产业成为就业主导部门是在中国进入中低收入阶段的临界时期。如表6—15所示，1996年农业部门就业量占社会就业总量的比重还是50.5%；当1998年中国迈入世界银行界定的中低收入阶段临界值时，农业就业占比下降到49.8%，此后连续4年农业就业占比又小幅回弹到50%及以上。非农产业就业持续稳定地超过农业是在2002年以后，此时中国恰好刚刚加入WTO，制造业和服务业的快速发展使得非农产业完全成为社会就业的主导部门。自此以后，农业的就业比重就一直在迅速下降。从2002—2010年，农业就业占全社会比重从50%下降到36.7%，到2018年又进一步下降到26.1%。换句话说，在中低收入阶段里，中国用了八年时间将农业就业比重降低了13.3个百分点，年均降低1.66个百分点。自2010年起，中国进入中高收入阶段后，又用了八年时间将农业就业比重再次降低了10.6个百分点，年均降低1.33个百分点。2011年，第三产业就业比重率先超越农业成为第一大就业部门，2014年，第二产业也开始超过农业成为第二大就业部门，此时农业部门成为社会就业占比最小的产业部门。

表 6—15　　　　　　　1990 年以来中国就业结构变化　　　　　单位:%

年份	合计	第一产业	第二产业	第三产业
1990	100	60.1	21.6	18.3
1996	100	50.5	23.5	26.0
1997	100	49.9	23.7	26.4
1998	100	49.8	23.5	26.7
2001	100	50.0	22.3	27.7
2002	100	50.0	21.4	28.6
2010	100	36.7	28.7	34.6
2011	100	34.8	29.5	35.7
2014	100	29.5	29.9	40.6
2018	100	26.1	27.6	46.3

资料来源：2019 年《中国统计年鉴》。

由上述分析可以得出这样的认识：中国经济发展中就业结构转换的最快时期在进入中等收入阶段后。发生就业结构的转折性变化始于中低收入阶段，即中等收入阶段的中前期；当经济发展跨入到中高收入阶段后，就业结构转化的趋势依旧，虽然速度放缓，就业结构转换最终得以实现，第三产业和第二产业分别成为中国的第一、第二就业部门。

二　城乡人口结构转型与大规模城镇化

产业结构转型不但引起了劳动力从农业部门转向非农产业部门，而且，制造业和服务业的产业特性还使得这些劳动力在向非农产业转移过程中，实现了人口在空间上的集聚，形成了大小规模不同的城镇。中国也不例外，其城镇化进程既与世界一般城市化演变规律存在共同特性，也有鲜明的自身特点。

在经历了长期实行重工业优先发展战略导致的超高工业化与超低城镇化之后，在经济发展还处于低收入阶段时，随着在体制上放松对人口流动的限制，中国的城镇化首先表现为对计划经济体制下的城乡二元人口结构进行纠偏，然后才是遵循城市化演变一般规律推进城镇化。

改革开放以前，中国工业化与城镇化长期分离，重工业超前发展曾导致城镇化率出现过非正常下降，1960年，中国的城镇化率曾达到19.75%，但此后，城镇化率不升反降，从1960年的19.75%下降到1970年的17.33%，直到1978年城镇化率始终徘徊在18%以下。改革开放以后，恢复高考、知青回城、老干部平反昭雪、落实知识分子政策等，都使城镇人口在短期内出现了较快增长，1978年全国城镇人口17246万人，到1985年城镇人口增长到25094万人，1990年又进一步增加到30195万人。这12年间城镇人口净增加12949万人，平均每年增加城镇人口1079.1万人，是1960年到1978年间城镇人口年均增长水平的4.66倍。随着城镇人口增长速度超过全国人口增长速度，中国城镇化率从1978年开始由下降转为不断上升，1980年城镇化率从1978年的17.92%提升到19.39%，1985年提升到23.71%，1990年又提到26.41%，改革开放初期的12年间，中国城镇化率提高了8.49个百分点，年均提高0.71个百分点。

进入20世纪90年代以后，中国的城镇化得到了深入推进。市场经济体制的确立与完善，非农产业的快速发展，民营经济的迅速崛起，都使得城镇化加快了进程。从1990—1998年中国跨进中低收入经济发展阶段之前，全国城镇人口从30195万人增长到41608万人，净增加11413万人，年均增加1426.63万人。到1998年，城镇化率提高到 33.35%。城镇化率提高了 6.94 个百分点，年均提高 0.87 个百分点。

通过横向比较分析还可以发现，在 20 世纪 70 年代，中国城镇化率一直低于世界同等收入类型国家的城市化平均水平，但自 1980 年以后，中国的城镇化率就一直超过世界同等收入类型国家的平均水平。从表 6—16 的数据可以看出，1975 年和 1978 年，世界低收入类型国家的城镇化率分别为 18.17% 和 19.19%，而同期内中国的城镇化率分别是 17.34%、17.92%，不及低收入国家。但是，自 1980 年以后中国与世界同等收入类型国家城镇化平均水平的偏差值便由负转正。如世界低收入类型国家城镇化率平均水平为 1981 年 21.13%，1985 年 21.49%，1990 年 23.27%，1998 年 24.78%，而这些年度相对应的中国城镇化率分别为 20.16%、23.71%、26.41% 和 33.35%，全部超过低收入国家平均水平，且差距逐步拉大。

表 6—16　1975—1998 年中国与低收入类型国家平均城市化率比较　　单位:%

年份	中国	世界低收入国家	偏差值
1975	17.34	18.17	-0.83
1978	17.92	19.19	-1.27
1980	19.39	19.78	-0.39
1985	23.71	21.49	2.22
1990	26.41	23.27	3.14
1995	29.04	24.78	4.26
1998	33.35	24.78	8.57

资料来源：2019 年《中国统计年鉴》、世界银行：World Bank Open Date。

进入中低收入阶段以后，中国的城镇化发展依然呈现出加快的趋势。在 1998—2010 年间，中国城镇人口由 41608 万人迅猛增加到

66978万人。12年中城镇人口净增加了25370万人，平均每年净增加2114.17万人。同期内，城镇化率也由33.35%提升到49.95%，城镇化率提高了16.6个百分点，年均提高1.38个百分点。表6—17是进入中低收入阶段后中国的城镇化数据，明显快于低收入阶段的城镇化进程。尽管该表的比较参照系已经变为中低收入国家，其城镇化平均水平比低收入国家高出很多，但是中国进入中低收入阶段后，城镇化进程始终维持在一个较高的水平上，仍然要快于同等收入类型国家。

表6—17　　　中国与中低收入类型国家平均城市化率比较　　　单位:%

年份	中国	世界中低收入国家	偏差值
1998	33.35	32.34	1.01
2000	36.22	32.98	3.24
2005	42.99	34.87	8.12
2010	49.95	36.94	13.01

资料来源：2019年《中国统计年鉴》、世界银行：World Bank Open Date。

2010年，是中国经济社会发展的重大转折点。这一年中国迈入中高收入国家行列。这一时期，中国城镇化进城虽然稍慢于中低收入阶段，但在城镇人口增长规模和速度上，还是处于相对快速增长时期。从2010年到2018年，中国城镇人口由66978万人迅猛增加到83137万人。八年中城镇人口净增加了16159万人，平均每年净增加2018.88万人，同期内，城镇化率也由49.95%提升到59.58%，城镇化率提高了9.63个百分点，年均提高1.2个百分点。需要指出的是，城镇人口结构发生转折性变化是在2011年，当年中国城镇人口69079万人，首次超过乡村人口，城镇化率由上年的49.95%提高到51.27%。这意味着，中国正开始形成一个庞大的市民化社会。

从 1978—2018 年，中国的城镇人口由 17246 万人增加到 83137 万人，40 年净增加 65891 万人，是世界上进行最大规模城市化的经济体。这一时期，由于城镇人口的快速增长，中国成为推进世界城市化的最大动力源。由表 6—18 整理数据可以看到，在世界城市化进城中，中国的贡献作用明显上升，从 1960—1970 年，世界城市人口增加了 32700 万人，其中来自中国 1351 万人，仅占世界城市净增加人口的 4.13%，此后特别是在 20 世纪 80 年代后，每十年世界城市人口增长中中国的比重不断提升，由 20 世纪 80 年代的 11.85% 提高到 2018 年的 30.96%。就是说，到了 21 世纪后世界城市人口增长总量中有近三分之一来自中国城镇化的发展。

表 6—18　　1960 年后中国城镇人口增长与世界的比较　　单位：万人、%

年份	世界城市人口		中国城镇人口		中国城镇增加人口占世界%
	城市人口	增加人口	城镇人口	增加人口	
1960	101900	—	13073	—	—
1970	134600	32700	14424	1351	4.13
1980	174400	39800	19140	4716	11.85
1990	227200	52800	30195	11055	20.94
2000	285400	58200	45906	15711	26.99
2010	357400	72000	66978	21072	29.27
2018	419600	52200	83137	16159	30.96

资料来源：2019 年《中国统计年鉴》、世界银行：World Bank Open Date。

三　中等收入群体的形成与成长

伴随改革开放和经济的快速发展，中国社会结构还发生了一个重大变化，就是一个庞大的中等收入群体或者说中产阶层不断成长起来。市场化趋向的改革，带来了所有制结构的多元化，也引起了就业方式的多样化，进而又推动了社会收入方式从单一的按劳分配转向按劳动、资本、技术、管理、信息等要素取酬，这些都使社会成长出了新的经济组织和新的社会阶层。比如，民营企业和外资企业的管理人员、技术人员，为市场服务的律师、会计师、投资分析师、信息数据分析师等，还有民办大学教师、民办科研人员，以及自谋职业和灵活就业人员，再加上体制内的机关事业单位的干部职工、高校教师、科研人员等，这些群体在新的社会阶层分化中，成长为中产阶层或中等收入群体的主体部分。

怎么看待中产阶层或中等收入群体？基于制度经济学和社会学视角观察，一国或一个地区能否取得稳定发展，除了经济发展因素外，还有一个重要因素就是社会阶层结构的变化。从世界各国的发展实践看，经济社会运行中存在着三种形态的社会结构，如图6—5所示。第一种是金字塔型社会结构。按照社会资源占有和社会财富分配从高到低，不同阶层的人口分布如同一个金字塔型。处于塔顶部分的人群是占有了社会多数财富的高收入阶层，他们在社会人口中只占一小部分；而处于金字塔型底部人群在占有社会资源和财富上不具有优势，属于低收入阶层，却占据了社会人口的绝大多数；收入中等的中产阶层位于二者中间。由于种种原因，低收入阶层很难随经济社会发展改变身份和生活水平，向上一阶层即中产群体转变。在金字塔型社会形态中，人群结构分布过于下沉，处于中间阶层的中等收入群体数量有限，整个社会缺乏对贫富两极分化和社会利益矛盾冲突的缓冲和调节功能。由庞大的低收入者或穷人阶层占据多数的社会，必定是一个极易出现动荡和冲突的社会。因为穷人和低收入者缺乏体面的工作和有质量的生活环境，整体消费能力低，对自然风险和社会风险的承受能力不高，对社会不公平和突发事件的耐受空间极为有限。因此，整个社会的容错空间及回旋余地都不高，人们往往将它归结为不稳定的社会结构。

第二种是哑铃型社会结构。它是指两头大中间小，贫富悬殊达到极端状态，几乎没有中间阶层生存空间的社会形态。位于上层的少数富人占据了社会资源和财富的大头；最底层是处在贫困状态中的穷人，财富量极少但人口数众多；处于中间地带、能够维持起码的生活质量的中等收入群体在社会中只是少数。这种社会结构是高度不稳定的社会。在战争、饥荒等大的灾难发生后，不发达国家，或者受严苛制度限制的国家中，有的会出现这种结构。

第三种是橄榄型社会结构。这种结构特点是人群结构中间大两头小，像个橄榄球。在社会阶层结构中，中等收入者占大多数，富人和穷人都占少数。对于社会发展来说，中产阶层是社会稳定的基础，也是消费和扩大市场需求的主要群体。从阶层特性分析，中产群体收入有保障，有良好的生活质量和教育背景，内心理性稳定感强，渴求安全，善于学习和追求创新，有能力带动需求结构升级，推动社会不断发展。更重要的是，一个庞大的中产群体会在社会财富分配和资源占有不均的贫富两大阶层之间形成一个缓冲地带，对社会稳定起到积极的调节作用。

一国或一个地区的社会结构并不是一成不变的。不同经济发展阶段会成长出不同的社会结构，不同的社会制度安排也会催生不同的社会结构。一般而言，在进入中高收入阶段以前，社会阶层结构是金字塔型或者是哑铃型的，进入到了中高收入阶段后期及高收入阶段，国家内部的中产阶层会足够壮大，社会阶层结构最终会演变成为橄榄型结构。譬如目前欧洲、美日韩等发达的高收入国家和地区，都属于这种类型的社会阶层结构。当然也有不太一样的,在高收入国家行列中,像中东地区一些石油资源丰富的国家,虽然早已属于高收入类型的经济体,但由于受到严苛体制的支配,既不是发达的现代化国家,也没有形成以中产阶层为主体的橄榄型社会结构。另外,在体制政策因素的作用下,社会阶层结构的演变是个更复杂的问题。比如,体制政策不当,中产阶层将难以成长,社会很可能形不成橄榄型结构。再如,即使形成了橄榄型社会结构,若体制政策变动巨大,或受到外部因素的强烈干扰,橄榄型社会结构也可能退回到金字塔型结构形态。

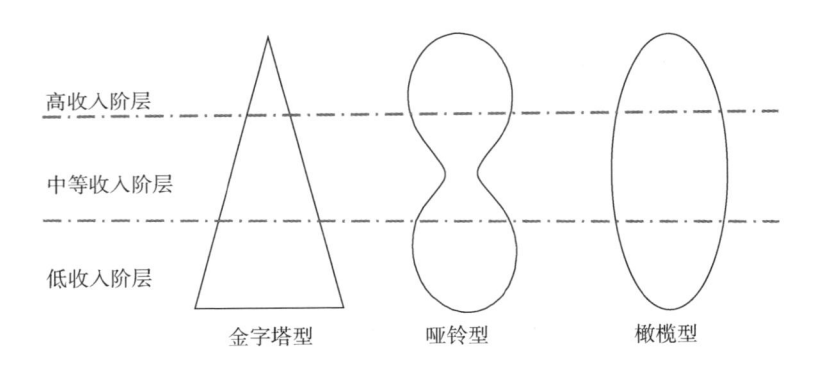

图6—5 三种社会结构类型

收入所得不公道、财富占有不均衡、受益机会不平等,都是推动社会阶层结构演化的重要因素。收入向顶层少数人过度集中,显然不利于中产阶层人群的成长。比如:基尼系数过高,中下层群体受教育机会不平等,阶层固化程度加深,排序靠前的人群占有财富的比重上升,都会抑制中产群体的扩大。法国经济学家托马斯·皮凯蒂(Thomas Piketty)非常深入地分析了社会人群中前10%的人群占有财富比重下降和中产阶层成长之间的关系。他在《21世纪资本论》中指出,1910—1920年,法国社会人群中,前10%人群占有财富总量高达 90%，而 1950—1970 年下降到 60%—70%；前 1% 人群占有财富总量比重下降更快，从 1910—1920 年的 60% 骤降到 1950—1970 年的 20%—30%。英国前 10% 人群占有财富总量的比重从"一战"时期的 90% 以上，下降到 20 世纪 70 年代的 60%—65%；前 1% 人群财富比重由 1910—1920 年接近 70% 降到 1970—1980 年的略高于 20%，现在又升至 25%—30%。这些富裕阶层失去的财富比重，基本上是由中产阶层替代了。①

四 社会对中等收入群体的识别

谈到社会阶层结构，往往会涉及两个概念：中等收入群体和中产阶层。国外的学者将中等收入者称为"middle class"，国内学者有的使用"中等收入者"概念，有的使用"中产阶层"概念。实际上它是同一对象的两种表达，含义并无差别。为了表述方便，本书交替使用了这两个概念。

前面刚刚分析过，中等收入群体在社会结构分析中的地位很重要，但是，该如何认识和识别这个群体，什么才算是"中等收入者"呢？目前国内外并没有统一的界定标准，也没有给出具体的识别方法。从概念上讲，本书所论述的中等收入群体，是指在一定时期内那些收入及生活水平处于社会人群中等区间范围内的阶层群体。实际应用中，可对中等收入群体进行衡量和识别的方法有以下几种。

一是设定中等收入者上下限来界定中等收入群体。比如，世界银行界定中等收入标准为成年人每天收入在 10 到 100 美元之间的人群，

---

① ［法］托马斯·皮凯蒂著：《21 世纪资本论》，巴曙松等译，中信出版社 2014 年版，第 355—356 页。

为中等收入群体。按照 2019 年美元与人民币 1：6.8985 的汇率计算，中等收入者标准为 25180—251800 万元人民币。再比如，瑞信以美国的个人净资产在 5 万—50 万美元为基准，再以 IMF 版本的购买力平价（PPP）进行汇率换算，个人净资产在 2.8 万—28 万美元的中国人，就是中等收入群体的一员。[①]

二是针对人群收入分布依照固定比例法界定中等收入群体。这种方法就是按照人群收入排序，测算出中值收入，以中值收入为基数分别确定中等收入的下限比例和上限比例。比如，李实课题组选择世界和地区，测算出中值收入后，将中等收入标准下限确定为中值收入的 67%，上限为 200% 作为测算我国 2025 年、2030 年、2035 年中等收入群体的标准。[②]

除了按收入认定中等收入群体或中产阶层之外，欧盟还列出了一些定性标准来界定中产阶层。具体参照的标准有：对家庭意外的支出能力、每年具有外出旅行一周的能力、无购买房产和租房的压力，生活中能够吃好、穿好和住好，家庭中常用的电器设备齐全，家庭成员有新衣服、新鞋，家庭拥有车辆，拥有互联网和设备，家庭能定期参与娱乐活动，家庭有能力每月和亲友举行一次聚会等。美国对中产阶层的认定标准有五个：1) 是否拥有住宅、汽车；2) 子女是否能接受良好的高等教育；3) 是否有医疗、养老等社会保障；4) 是否有医疗保险；5) 家庭是否有每年至少两周带薪度假旅游的能力。

在现实生活中，即使用上述客观标准识别出谁是中产阶层群体，

---

① 李春玲：《中等收入群体与中间阶层的概念定义》，《国家行政学院学报》2017 年 1 月 12 日。

② 杨修娜、万海远、李实：《我国中等收入群体比重及其特征》，《北京工商大学学报》（社会科学版）2018 年第 33 卷第 6 期。

但由于中产阶层受体制政策环境影响，其安全感和阶层归属感存在差异，也会导致中产阶层的客观存在与主观认同不一致的现象。中产阶层主观认同一般要通过访谈或问卷调查来取得。访谈或问卷内容主要包括教育水平、职业、收入、权利保障、消费等方面。

该怎么测算中国的中等收入群体或中产阶层，是一个值得继续研究的学术问题。这里，我们主要参照上述第一、二种方法来测算中国中等收入群体的变化。1998年，当中国进入中低收入阶段后，中国已经产生了中等收入者，但按世界银行标准衡量，此时中等收入者比例非常低，此后经过12年的发展，当中国跨进中高收入阶段后，中等收入群体才出现了快速增长。中国的中等收入群体（中产）成长有几个明显特点：一是从成长过程看，中等收入群体成长最快时期是从2010年后才开始的；二是从存量看，中国已经形成了世界上规模最大的中等收入群体；三是从增量看，中国的中等收入群体每年都以数以万计的规模增长着。

表6—19是2010年以来中国城乡实际收入分组数据，是按照国家统计局公布的五等份方法划分的，各等级人数分别占城乡人口的20%，分别称为：低收入组、中低收入组、中等收入组、中高收入组和高收入组。比照世界银行的标准（每人每天收入10到100美元），在2010年只有城镇高收组居民落入中等收入群体区域，2011年城镇中高收组开始进入中等收入群体区域，2014年中收组群体也进入该区域，此后到了2015年农村居民高收群体也落入中等收入群体区域。这里如果假定城乡高收组中有50%居民年人均收入超过世行标准高限251800元，其他所剩人口为世界银行界定的中等收入群体人口。如此计算下来，2010年中国的中等收入群体人口不足7000万人，2011年为20723万人。2014年中等收入群体人口规模增加到37458万人，

2015年为43489万人，2018年达到47208万人。由此可见，若按照世界银行10—100美元的标准计算，中国中等收入群体人口增长非常迅猛。2010年中等收入群体人口占全国总人口比重还不到5%，到了2018年中等收入群体人口已占当年全国总人口的33.8%。这样计算的问题是，相对于通货膨胀和生活成本变化，世界银行给出的中等收入群体标准下限似乎太低。目前，在中国的大中城市，家庭成员每月收入即使在3000元左右，也无法过上中产阶层的生活。

其实早在2017年，北京师范大学收入分配研究课题组发布了《我国中等收入者问题研究》成果，该研究报告使用了全球人均收入的60%—300%对中国中等收入群体进行了估算，结论是2016年中国中等收入者比重为32%，[1] 这与笔者测算的结果十分接近。

表6—19　　　　2010—2018年中国城乡居民五等份收入分组　　　单位：人民币元

	分组	2010	2011	2012	2013	2014	2015	2016	2017	2018
城市居民	低收入组	7605	8789	10354	9896	11219	12231	13004	12723	14387
	中低收入组	12702	14498	16761	17628	19651	21446	23055	24450	24857
	中等收入组	17224	19545	22419	24173	26651	29105	31522	33781	35196
	中高收入组	23189	26420	29814	32614	356341	38572	41806	45163	49174
	高收入组	41158	47021	51456	57762	61615	65082	70348	77097	84907
农村居民	低收入组	1869	2001	2316	2878	2768	3086	3007	3302	3666
	中低收入组	3621	4256	4808	5966	6604	7221	7828	8349	8509
	中等收入组	5222	6208	7041	8438	9504	10311	11159	11978	12530
	中高收入组	7441	8894	10142	11816	13449	14517	15727	16944	18052
	高收入组	14049	16783	19009	21324	23947	26014	28448	31299	34043

资料来源：2011—2019年《中国统计年鉴》。

---

[1] 《高质量发展需要更加公平的收入分配》，《中国经济时报》2018年1月24日。

再来用第二种方法测试，表6—20是2015年以来国家统计局公布的全国居民按五等份收入分组的年人均可支配收入数据。假定将中等收入群体标准下限确定为可支配收入中位数的70%、上限为300%，2015—2019年中国中等收入认定值范围分别是：2015年下限13497元，上限57843元；2016年下限14618元，上限62649元；2017年下限15686元，上限67224元；2018年下限17035元，上限73008元；2019年下限18566元，上限79569元。如此，从2015年到2019年中等收入组、中高收入组和高收入中组都分别落入中等收入群体区域。进一步假设，高收入组中有一半居民年人均收入超过上限，其他所剩人口为中等收入群体，这样测算的结果为，2015年到2019年中等收入群体规模分别为68731万人、69135万人、69503万人、69769万人、70002万人，中等收入群体人口规模占全国总人口比重都是50%。显然，按此种方法测算出的结果，中国当前有7亿中等收入者群体，与人们的直观感觉还存在很大差距。

表6—20　　2015—2018年全国居民可支配收入五等份分组　　单位：人民币元

年份	2015	2016	2017	2018	2019
低收入	5221.2	5528.7	5958.4	6440.5	7380
中低收入	11894.0	12898.9	13842.4	14360.5	15777
中等收入	19320.1	20924.4	22495.3	23188.9	25035
中高收入	29437.6	31990.4	34546.8	36471.4	39230
高收入	54543.5	59259.5	64934.0	70639.5	76401
可支配收入中位数	19281	20883	22408	24336	26523

资料来源：2019年《中国统计年鉴》。

中国社会科学院李培林用不同方法计算了中国中等收入群体的变

化，在1989—2015年间，先按照世界银行每人每天10—100美元标准计算，在1989—2015年间，中国中等收入群体的比例从0%上升到44%。就是说2015年，中国已有中等收入人口6亿多人。若按照中国国家统计局关于中等收入家庭年可支配收入9万至45万元的标准计算，中国中等收入群体的比例从0%上升到20%，意味着2015年中国有中等收入人口2.75亿人。再按照收入中位数75%—200%定义中等收入人群，中国中等收入人群比例一直在37%—50%徘徊。①

从主观身份认同角度也有不少研究成果。2015年，中国社会科学院的一份调查，针对达到世界银行中等收入标准的人群，从收入、职业、受教育程度等进行认知调查，发现已落入中等收入群体区域的人群中，只有40%认为自己是中等收入者。该项调查指出，当年人均收入高于城镇年收入平均值的人，只有1/3的人认同自己是中产阶层；年收入在10万元的人中，只有40%认为自己是中产阶层；年收入在20万元的，只有44%认为自己是中产阶层；而年收入在24万元的，有54%认为自己是中产阶层；年收入高于30万元的，也只有一半人认为自己属于中产阶层。从职业和教育程度看，从事白领工作的人群只有28%认同自己是中产，接受过高等教育的人也只有23%认可自己是中产。② 从该研究结果看出，按照特定数值得到的中产认定结果可能偏于乐观。

从上述测算和专家学者们的计算结果可知，不管用什么方法衡

---

① 李培林：《中国跨越"双重中等收入陷阱"的路径选择》，《劳动经济研究》2017年第1期。

② 李春玲：《为什么中国的"中产"不认为自己是中产》，2013年4月8日在《Vista看天下政商智库》举办的"中国中产新选择"论坛上的发言。

量，中国中等收入群体比例都在20%以上，这就意味目前中国拥有3亿以上的中等收入群体，这应该是可以接受的结果。中等收入群体的形成与成长，为未来中国培育以中等收入群体为主的橄榄型社会奠定了良好的社会基础。

第七章

中国是否面临"中等收入陷阱"

如前所述,中国经济发展已经进入中高收入阶段,距离高收入阶段临界点越来越近。图7—1是自2010年以来中国人均GNI同世界银行公布的中高收入国家上限变化曲线比较图。2010年,世行刚刚把中国列为中高收入国家时,中国的人均GNI刚刚越过低限,人均GNI只是世界银行公布的中高收入国家标准上限的34%,但到2018年已上升到距上限标准的76.4%,如果我们将中高收入阶段标准以50%为界线划分成两个区间,那么,中国用了八年时间将人均GNI从4340美元提高到9460美元,把经济发展区间从中高收入阶段的中前期推进到中后期,按照2018年标准衡量,中国若将人均GNI水平再增加2915美元以上,就会跨越中等收入阶段,迈向发达的高收入阶段。由此趋势看,中国正处在一个关键时期。在这一时期,中国经济发展出现了一些重要变化,遇到的一系列矛盾问题也与以前都有所不同。为此,国内外学者对中国经济的发展前景发生了争论,有人认为中国正面临"中等收入陷阱",有人认为中国不存在"中等收入陷阱"。本章讨论的问题就是,中国真的面临"中等收入陷阱"吗?

单位：美元

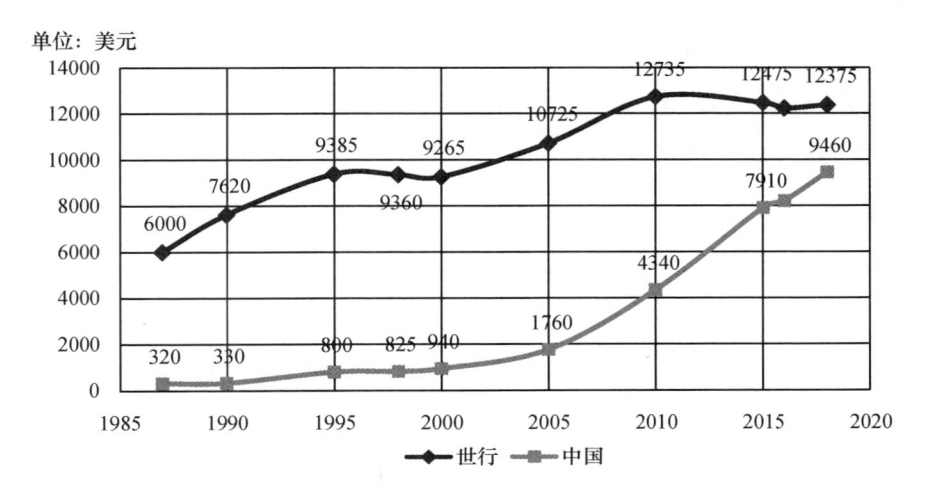

图7—1　2010年中国人均GNI与世行中高收入比标准上限

◇ 第一节　中国是否面临"中等收入陷阱"的争论

一　国外学者的观点

对于中国是否面临"中等收入陷阱"，美国哈佛大学教授、诺贝尔经济学奖获得者阿玛蒂亚·森指出，他不认为中国有"中等收入陷阱"。有人说，一国经济发展到一定阶段就会止步不前，必须要应对一些问题才能摆脱经济徘徊的困境。虽然中国经济发展速度非常快，但我们不能单纯从历史角度来说未来会有瓶颈。现在中国的发展比较温和，这只是相对的放缓，而增长还是相对快速的。单纯谈增长速度没有意义，更重要的是要看到实现经济增长的背后因素，也就是发展的能力建设。当然，经济增长可以提高发展的能力，发展也可以促进经济更快增长，但更重要的是用增加的收入改进教育、医疗、环境、社会不公平等，提高人民的福利水平。中国的发展趋势在其他国家是没有先例的，如果对经济进行调整，包括税收等等，他觉得中国经济未来的增长不是问题，消费率还可以进一步提升，在很多方面会引领全球的发展。①

另一位诺贝尔经济学奖获得者埃德蒙·菲尔普斯认为，中国可以跨越"中等收入陷阱"。他认为，中国经济仍会持续发展，财富增长和基础设施方面的大量投资，以及世界经济的缓慢复苏带来的贸易都会拉高中国的收入。

埃德蒙·菲尔普斯提出，问题的重点是发展出口产业不足以将中国的工资水平拉高到与西方发达国家同等的水平，如果想要达到发达国家同等水平，中国的技术水平也应达到同等水平，甚至需要达到更高的技术水平。他指出，中国国有企业不乏高技术人才，但这些人才缺乏商业判断力；在私营部门，拥有很多具有丰富企业管理经验和良好商业判断力的高层管理人员，这种技术和商业运营的人才不匹配，是中国在跨越中等收入陷阱过程中需要面对的问题。

他进一步提出，将来中国走引进和购买外国先进技术这条道路可能不再容易，中国集结自己的科技人才研发新技术可能更实惠。在谈到扩大内需、转变发展方式时，菲尔普斯指出减税会有利于家庭消费增长。中国在重视扩大内需的同时，还应继续做好对外贸易，作为发达国家的德国仍然在依靠出口获得经济增长。开发亚洲市场对中国很重要。② 从埃德蒙·菲尔普斯的叙述逻辑推理可以得出结论，虽然中

---

① 阿玛蒂亚·森：《我不认为中国面临中等收入陷阱》，《新华日报》2016年5月11日。

② 埃德蒙·菲尔普斯：《中国应如何跨越"中等收入陷阱"》，《中国工商时报》2013年3月26日。

国面临"中等收入陷阱",但中国可以跨越"中等收入陷阱"。

世界银行前行长罗伯特·佐利克在 2012 年就指出,中国要警惕中等收入陷阱。"世界银行 1960 年列出了 101 个中等收入国家,但 50 年后只有 13 个国家进入高收入国家行列,包括希腊在内的许多国家都没有逃出这个陷阱,现在中国也面临同样的难题。"① 他提出,经历了二三十年的高速增长之后,中国正面临着严峻的内部和外部经济环境变化。其中既有来自技术和改革方面先进国家(经济体)自上而下的压力,也有低收入经济体从下而上的挤压。在这种情况下,如果不针对性地改变目前的经济结构,就很可能滑入中等收入陷阱。

针对中国经济结构改革,佐利克提出了五条建议:减少对土地、劳动力和国有企业的依赖,发展民营经济,增加更多的国内市场;进一步加快创新速度,中国应与全球研发体系更紧密地联系在一起,增加创新尤其是自主创新的空间,提高教育质量,并给风险投资创造更好的法治环境;完善社会保障体系,将机遇公平地分配给每个人;改善环境现状,加大公共投资,制定更合理的政策组合;改革财政体系,建立公共财政体系,减少来自于土地的收入。

美国耶鲁大学高级研究员、摩根士丹利亚洲区前主席史蒂芬·罗奇发表文章称,中国没有掉入"中等收入陷阱"。② 他有五大理由:

第一,中等收入陷阱可能根本不存在。中等收入陷阱是兰特·普里切特和劳伦斯·萨默斯在 1950—2010 年对 125 个经济体进行广泛实证研究得出的结论。在最近的研究成果中,萨默斯进一步评估了快

---

① 罗伯特·佐利克:《中国要警惕中等收入陷阱》,《北京日报》2012 年 12 月 15 日。

② 史蒂芬·罗奇:《中国不会掉入"中等收入陷阱"》,《参考消息》2019 年 4 月 2 日。

速增长的发展中经济体可能出现的结果,他将经济放缓的任何逆转都称为仅仅是缩小"后奇迹时代差距"的一种趋势。不用说,这种周期性增长差距的统计规律性与增长陷阱的永久泥潭有很大不同。

第二,中等收入陷阱的门槛被设定为人均收入达到1.6万美元至1.7万美元。但在一个充满活力的全球经济中,这没什么实际意义。自2012年有关中等收入陷阱的早期研究发表以来,世界经济增长了约25%,估计在此期间,中等收入门槛的界定也相应提高了。很大程度上正是出于这个原因,最近的研究表明,这个陷阱不是用绝对门槛来衡量的,而是相对于高收入国家的趋同程度。从这个角度看,当发展中经济体的人均收入接近高收入经济体水平的20%—30%时,危险可能才会显现出来。

第三,并非所有的增长放缓都是相同的。一个国家的国内生产总值是多个行业、企业和产品活动的广泛集合。从一个行业向另一个行业的结构性转变,可能会造成增长不连续的现象,而这可能只不过是经过深思熟虑的再平衡战略的结果。如今的中国就是如此——中国正从高增长的制造业以及其他第二产业转向增长较慢的服务业或第三产业。从某种程度上讲,这种转变是中国战略再平衡的预期结果,增长放缓远没有那么令人担忧。

第四,当前中国经济发展面临的严峻挑战,远比经济放缓会陷入中等收入陷阱更为重要。这也是中国为什么选择从进口技术转向自主创新。对于寻求在这一领域开展业务的发展中经济体来说,中等收入与高收入地位是一种相对比较。尽管周期性的外部干扰,如去杠杆化、全球经济放缓、甚至经贸摩擦会产生暂时影响,但赶上前沿国家,加入这些国家的行列,并努力超越它们,才是经济发展的最终回报。

第五，在决定一个国家的发展前景时，生产率增长远比国内生产总值增长更为重要。因此，罗奇更担心中国陷入生产率陷阱，而不是国内生产总值增长陷阱。一组中国研究人员对全要素生产率的新研究提供了一些安慰。与普里切特和萨默斯的工作一样，这份对中国全要素生产率增长的最新评估也揭示了过去40年的一些增长不连续现象。但过去5年的基本趋势令人鼓舞：全要素生产率年均增长3%左右，第三产业增长尤为强劲。因此，尽管最近总体国内生产总值增长放缓，但以服务业为主导的中国经济再平衡，正给整体经济带来有意义的生产率杠杆效应。

文章称，现在的问题是，中国能否维持最近的全要素生产率增长轨迹，并从持续提升资本存量中获益。鉴于越来越多受过良好教育的知识工作者向自主创新和可持续服务主导的生产力的强有力转变，这种可能性十分明显。如果可以的话，加之中国最新研究得出的结论，即未来五年中国潜在国内生产总值增长率可能会保持在6%左右，这样的结果将非常符合中国的长期抱负。

二 国内学者的认识

对中国是否面临中等收入陷阱，国内学术界也有不同论述。厉以宁认为，中等收入陷阱是一个伪命题，它是没有普遍性的。2007年世界银行报告中提出，有些国家到了中等收入阶段，经济就停滞了。拉丁美洲、东南亚都有几个国家，均陷入了中等收入陷阱。

厉以宁提出，中等收入陷阱实际包含三个陷阱：第一个是发展的制度陷阱。很多国家没有及时进行改革，没有进行土地重分，最后变成制度性问题。

第二个是社会危机陷阱。既然土地制度没改，传统统治方式也没改，内战就发生了，形成了长期的社会不和。

第三个陷阱是技术陷阱。所有发展中国家，没有资本市场，国内没有人才。大部分出国留学的人毕业后不愿回去，非洲、拉美那些地方技术怎么能突破？必须有技术的创新才能走向成功。

他认为，中国不会发生这种情况。党的十一届三中全会带来的最大好处就是提出了改革开放。没有改革开放就不可能有后来的发展局面。改革开放带来了几个突破，第一个突破是农村家庭联产承包责任制；第二个突破是劳动力多了，就开始创办乡镇企业；第三个突破是经济特区的建设。中国经济再也不可能倒退回去，中国各方面的改革都在进行，所以中国卷入中等收入陷阱是不可能的，中国正在变化，而且变化会越来越多。①

何伟指出中国并不存在"中等收入陷阱"。中国进入高收入国家是2022年，从2010年算起将花费12年。如果一个国家经过20年以上，甚至30年，仍然处于高中等收入阶段，达不到高收入国家门槛，足可称为陷入中等收入陷阱。但对中国来说，如果要花20年时间，即2030年进入高收入国家，则今后16年经济名义年增长率最高不能超过3.5%，或实际增长率不超过2.7%，这显然是无稽之谈。②

曹和平认为中国已经超越（脱离）了"中等收入陷阱"。如果将讨论的重点向结构变化方向延伸，寻找反映结构变化的先行数据，则可以得出相当肯定的结论，即中国已经超越"中等收入陷阱"。③ 他

---

① 厉以宁：《中等收入陷阱是个伪命题》，2017年5月23日，新华网，http://sike.news.cn/statics/sike/posts/2017/05/219518837.html。
② 何伟：《中国并不存在"中等收入陷阱"危险》，《新京报》2015年6月23日。
③ 曹和平：《中国与"中低收入陷阱"渐行渐远》，《经济导刊》2017年第6期。

用经济运行的短期数据以结构视角讨论问题，他指出，2017年第一季度，全国新登记市场主体359.8万户，同比增长19.5%，这是一组结构变迁的美妙数据。联系到近年来服务业经理人采购指数持续高企，印证了不仅是生产性服务业，而且是中间品市场类中介服务业的崛起。在三次产业结构中，自2012年服务业和制造业大体持平后，服务业快速发展，第三产业占GDP的比重已经超过56%，几乎每年增长一个百分点左右。中国经济在服务业一维的结构变化是超高速的。在同一季度，中国最终消费对GDP的贡献已经超过65%，这是一个从中高收入迈向高收入阶段，以消费为主导的经济特征。还有，中国经济增长还碰到一个改变结构的难得窗口期，政府职能转变和商事制度改革，再加上新技术革命，都使结构变化更有可持续的内在基础。可以说，中国一季度经济增速向好，背后还有更为喜人的结构优化。在新一轨经济和老一轨经济共同贡献增长的过程中，老一轨经济守住了基本盘，新一轨经济正在优化老一轨经济的比较优势成分；而且，在拉动就业市场变化的同时，"大众创业""万众创新"根本改变了收入分配格局，劳动者工资性收入比例提高，资本性收入比例低。中国经济增长多年，我们看到了从中高收入向高收入增长的结构优化的先行数据。中国经济不仅在外观增长变量数据上，而且在里边结构变革的观察上，都已经与中等收入陷阱渐行渐远。

许小年则明确提出，中国已经掉入"中等收入陷阱"，人均收入停留在1万美元左右的魔障中。① 近几年，中国经济增长出现了一个现象，不管再投入什么，GDP增长都不动了。这个时候这个国家就陷入了中等收入陷阱。中等收入陷阱的背后是，一个国家工业化到了一

---

① 许小年：《转折点上的中国经济》，2017年5月5日，在深圳创新发展研究院的演讲。

定程度以后，由工业化所带来的增长动力消失了，经济增长缺乏新的动力，于是就停留在人均一万美元左右。在过去几年里，尽管中国政府增加投入并没有减少，可是 GDP 增长还在下降。原因是资本的边际收益率发生了递减。他提出，中国的数量型增长已经没有多大空间，应通过广义创新转向效率型增长。

2015 年 4 月 25 日，原财政部部长楼继伟在"清华中国经济高层讲坛"上表示，中国未来 5 年或 10 年有 50% 以上的可能会滑入"中等收入陷阱"，这是由中国太快进入老龄化社会引起的。现在关键的任务是要跨过"中等收入陷阱"，实现 6.5%—7% 的经济增长速度，在未来 5 年至 7 年时间里，做好全方位改革，解决市场中仍然存在扭曲。对于跨过"中等收入陷阱"的措施，他提出五个方面的建议：一是农业改革，减少对粮食的全方位补贴，鼓励农产品进口。二是户籍改革，要从法律角度打破迁移户口的障碍，让各地允许租房落户。三是在劳动关系上，不能像欧美国家，员工以区域或者行业为单位进行联合，与雇主强势谈判。四是土地改革，农村建设用地交一笔钱以后，就能像城镇土地那样流转。五是在社会保险的问题上，要划拨国有资本充实社保基金，以适当降低社保费率，真正建立"多交多得机制"。

刘世锦认为，中国已不可能落入拉美式"中等收入陷阱"。改革开放以来经历了 30 多年的高速增长，近年来增长速度有所放缓。2014 年我国人均国民总收入大体上相当于 11000 国际元，增长模式和轨迹与东亚经济体显示的增长规律较为相似。从长期增长框架看，我国已经成功利用了工业化时期高速增长的潜力；当前经济增长条件出现一系列重要变化，构成经济发展的新困难，经济合乎规律地由高速增长转为中高速增长。应该认识到，我国现在达到的发展水平远高于当年拉美国家落入"中等收入陷阱"时的发展水平，已经不可能落入拉美式"中等收入陷阱"。只要经济能够实现由数量追赶向质量追赶的平稳转型，就能够成功跨越中等收入阶段，进入高收入社会。① 显然，他是把中等收入阶段与"中等收入陷阱"区分开来，同时还隐含着"中等收入陷阱"有多个类型，强调中国不可能落入拉美式"中等收入陷阱"。但是，他对其他类型的"中等收入陷阱"，并没有具体讨论。

贾康认为，"不接受'否定论'，不赞成完全的'乐观论'"，中国正面临上中等收入陷阱考验。② 他指出，"中等收入陷阱"指的是一个统计现象，具体可以按照世界银行对全球各个经济体收入组别的划分，可分为"下中等收入陷阱"和"上中等收入陷阱"两个组别。对于要完成现代化"中国梦"的中国而言，这是一个顶级真问题。通过对大半个世纪世界上成功跨越"中等收入陷阱"的经济体进行研究分析发现，成功者跨越"下中等收入陷阱"的 GDP 增长率均值为 8.5%，而跨越"上中等收入陷阱"的 GDP 增长率均值为 5.08%。并且，就全球范围内的成功者来看，跨越"上中等收入陷阱"的持续时间平均为 15.9 年。

经过研究测算，他认为中国晋级中等收入组的年度大约在 1997 年，而晋级上中等收入阶段的年度为 2010 年，所以中国跨越"下中等收入陷阱"的持续时间为 14 年。中国在跨越"下中等收入陷阱"的过程中，GDP 增长率均值为 9.87%，高于 8.5% 的世界均值，与以前的成功者相比，仅次于新加坡 10.02% 的增速均值。

---

① 刘世锦：《拨开"中等收入陷阱"的迷雾》，《人民日报》2016 年 6 月 12 日。
② 贾康：《中国正面临"上中等收入陷阱"的考验，需持行百里者半九十》，《每日经济新闻》2017 年 5 月 9 日。

按照平均时间 15.9 年和年增长 5.08% 的平均值计算，以中国 2013 年人均国民总收入（GNI）6560 美元为基数，达到目前世界范围内的高收入下限值 12814 美元所需时间为 13 年，但考虑到高收入下限值仍在逐年增长，故从总量方面来看，中国跨越"上中等收入陷阱"之路将不会特别平坦。

一方面，中国经济增长率在未来 15 年左右应至少不低于 5.08% 这一平均值；另一方面，即使 GDP 增长率不低于平均值，考虑到高收入下限值的上浮，中国也有可能在 15.9 年这一平均年限中不能顺利晋级，而且可能面临更长时期的考验。譬如，波多黎各跨越这一阶段持续了 29 年。

通过将中国和成功经济体进行对比，分析那些经济体步入上中等收入阶段时间节点的城镇化水平，来观察中国在上中等收入阶段可能面临的挑战。如第二章中的案例所示，按常住人口计算城镇化率来看，日本和韩国在步入上中等收入阶段时，其城镇化率已经达到了一个较为合理的水平。相比之下，中国在城镇化率的起点上水平比较低，这意味着客观上需要更高的城镇化提升速率。可以推测，如果想成功跨越"上中等收入陷阱"，中国应当在经济增长新常态下努力争取制度红利，实现技术赶超，从而焕发经济活力，这样才可能在城镇化水平与其他因素相结合的综合表现上，逐步缩小与成功者的差距。

在全球化背景下，先进者对后进者有制约影响。后发赶超者势必承受先行发达者的压力和排挤。作为全球经济"老二"的这把交椅不好坐。美国特朗普新政中的减税政策，对中国就形成了很大的冲击和压力。

中国经济发展存在一些十分关键的时代元素与基本国情，使得"中等收入陷阱"这一问题难以回避，对此必须引起高度重视。中国经济发展受到产业革命加速与自身技术水平落后和技术战略储备不足带来的压力，面临着资源环境与生态环境的制约，人口、人才、科技创新能力与多种结构性问题的挑战，趋于消失的后发优势等挑战。

跨越"中等收入陷阱"之路，需要供给侧结构性改革。制度供给是中国经济社会现代化最可能选择的"关键一招"和"后来居上"的龙头支撑因素，而具有公共品性质的"制度"需要政府发挥强有力的作用，来加强其有效供给，达到有效市场和有为、有限政府的良性结合。

制度与行为联通机制的优化再造，经济发展中整个动力体系的转型，决定着我国国家治理的现代化与潜力、活力释放。在优化制度供给的过程中，应当特别注意在以和平发展、全球"命运共同体"理念来寻求共赢、摒弃"你输我赢"旧思维的取向下，通过中国自身攻坚克难制度变革的成功，来保障科学技术第一生产力的潜力释放、实体经济升级版的实现，从而真正以"追赶—赶超"进程，跨越横亘于前的"中等收入陷阱"这道坎。我们只要坚定地落实党的十八大以来尤其是三中、四中、五中、六中全会的大政方针，我们将有望以6.5%左右的年均增长、匹配"四个全面"战略布局下的经济社会进步，于2020年实现全面小康，再于其后不到10年的时间，在2030年前成功"过坎"。

第二节 中国正处于"中等收入陷阱"风险区域

实际上，"中等收入陷阱"是描述一个经济体进入中等收入阶段后出现的一系列矛盾特征变化，这些特征变化带有客观性、共同性特点，只有少数国家能够有效应对，并实现了阶段跨越。按照世界银行统计资料，按现价计算的中国人均国民收入（GNI）1978 年为 200 美元，是典型的低收入国家。此后经过 20 年的高速经济增长，人均国民收入从 200 美元提高到 1998 年的 800 美元，此时恰好跨进中下等收入国家行列；当年世界银行中低等收入标准值是人均 GNI761—3030 美元。1998 年之后的 12 年，中国经济还在持续快速增长。到 2010 年中国人均国民收入提高到 4340 美元，又成功地迈入到中高等收入国家行列；当年世界银行中高等收入标准值是人均 GNI3976—12275 美元。到 2019 年，按照世界银行公布的资料，中国人均国民收入已达到 10410 美元，[①] 已经走到临近高收入门槛值的 20%—30% 的风险区内。[②] 在这最后跨越时期，中国经济发展出现了一些与低收入阶段和中低收入阶段十分不同的现象特征，而这些现象特征与世界银行所描述的"中等收入陷阱"恰好吻合。

一 经济增长受到边际效益递减率的全面影响

2010 年以前中国经济是持续高速增长，2010 年后经济增长持续下降，这种持续下降的背后是投入的总效益和边际效益出现了递减趋势。具体来看，从 1978—1997 年，中国经济年均增长率为 9.9%；1998—2010 年经济增长率年均 9.96%。2010—2019 年年均增长率降为 7.2%，2019 年又降到 6.1%。从人均 GDP 增长分析，1978—1997 年，中国人均 GDP 年增长率为 8.5%；1998—2010 年，年均增长率

[①] 世界银行资料库。按现价美元计算的人均国民总收入（GNI），以前称为人均 GNP。

[②] 史蒂芬·罗奇：《中国不会掉入"中等收入陷阱"》，《参考消息》2019 年 4 月 2 日。

9.5%。2010—2019年人均GDP年均增长率降为6.7%，2019年降到5.7%。在经历了30多年的经济持续高速增长之后，以2010年为转折点，中国经济增长转入下行通道。①

图7—2是2003年以来按季度中国GDP的增长率变动曲线。从图中所表现出的经济走势看，中国经济增长率在2010年第1季度达到12.2%之后，就一直向下滑落，在经过10个季度的快速下降后，于2012年第3季度经济增长率落到7.4%。此后，在国家连续采取了一系列稳增长的宏观经济措施条件下，经济增长率开始由快速下降转为缓慢下降。在经过了29个季度持续缓慢下行后，到2019年第4季度中国经济增长率降到6%。2020年第1季度受新冠肺炎疫情的影响，经济增长率进一步下滑到-6.8%。如果此后经济增长率不能有效回升，势必会延迟中国跨越中等收入阶段的时间。

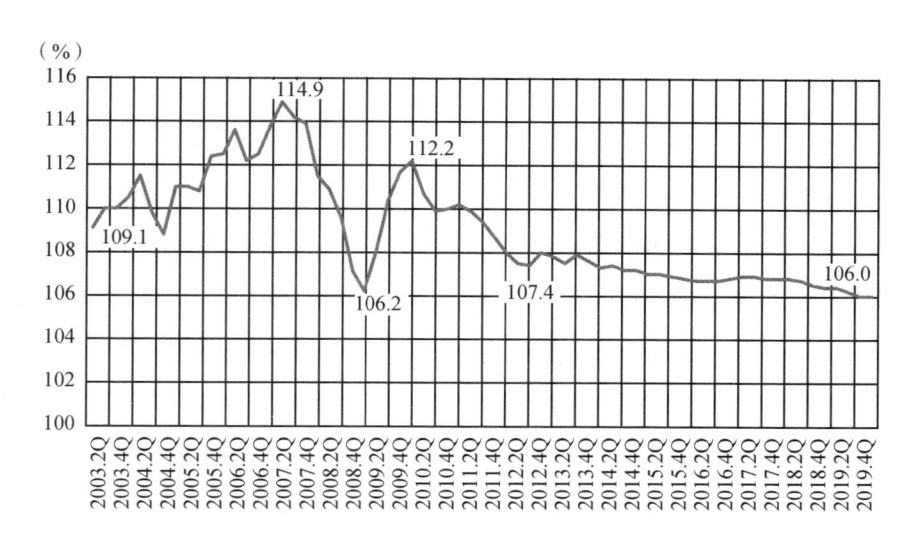

图7—2　2003年以来中国GDP按季度增长率曲线

资料来源：2003—2019年《中国统计月报》。

---

① 2003—2019年《中国统计月报》。

从经济增长的长周期看，在人均收入进入中高等收入阶段后，经济增速从高位下降是一个经济体需要经历的必然过程。值得关注的问题是，经济增速下降是属于哪一类型下降。如果是因经济结构成熟稳定、变革空间不多所致，应该说这种下降是正常的，不必大惊小怪。因为此时尽管增长率会下降，但经济效率不会下降甚至还会上升。如果下降时经济结构并未成熟，甚至还处在调整震荡中，在经济增长率不断下降的同时，还伴随着边际效益的下滑，这就需要给予高度重视了。

显然，同日本、韩国等成功跨越中等收入陷阱国家的经验比较，中国无论是从需求结构看还是从供给结构看，都远未达到成熟阶段。在经济结构不成熟的情况下，经济增长率连续十年下降，不可避免地会伴随着投入效益的不断递减。以下两组数据反映出，在过去十年里，中国的投入产出效益确实发生了递减和下降。这里先暂不考虑影响经济增长的其他条件，仅观察货币供给与 GDP 增长之间的关系。表 7—1 是中国货币 M2 供给量与 GDP 增长的变化情况，从中可以看出，1995 年每单位 M2 供给可产生 1.01 个单位 GDP。在中国进入中低等收入阶段的 1998 年，每单位 M2 供给只可产生 0.815 个单位 GDP。此后该单位效益指数便直线下滑，2000 年降至 0.745，到 2018 年跌到 0.493。再看货币供给的边际效益，即 M2 增量和 GDP 增量的比。1995 年时 M2 增投的边际效益是 0.919，2000 年为 0.66。此后虽有年度性波动起伏，但基本趋势是下滑，到 2018 年下滑到 0.583。

表 7—1　　1995—2019 年中国 M2 与 GDP 增长比例关系变化　　单位：亿元

年份	GDP	M2	GDP/M2	GDP 增量	M2 增量	ΔGDP/ΔM2
1995	61339.9	60750.3	1∶1.010	12702.4	13827	1∶0.919

续表

年份	GDP	M2	GDP/M2	GDP 增量	M2 增量	ΔGDP/ΔM2
1998	85195.5	104499.0	1 : 0.815	5481	13504	1 : 0.406
2000	100280.1	134610.3	1 : 0.745	9715.7	14712.4	1 : 0.660
2005	187318.9	298756.0	1 : 0.627	25478.7	44649	1 : 0.571
2010	412229.3	725851.8	1 : 0.568	63601.6	115627.3	1 : 0.550
2015	685992.9	1392278.1	1 : 0.493	44712.3	163903.3	1 : 0.273
2016	740060.8	1550067	1 : 0.477	54067.9	157789	1 : 0.343
2017	820754.3	1690235	1 : 0.486	80693.5	140168	1 : 0.576
2018	900309.3	1826744.2	1 : 0.493	79555.2	136508.9	1 : 0.583

资料来源：2019 年《中国统计年鉴》。

投资与 GDP 的变动关系也一样，随着全社会固定资产投资的增长，由此带来的增长效益同样出现了下降趋势。表 7—2 是中国固定资产投资与资本形成额比例变化，可以看出，1998 年每单位固定资产投资带来的 GDP 是 1.01，2010 年变为 0.74，2018 年又下降到 0.59。就是说，2018 年的投资效益与 1998 年和 2010 年相比，分别下降了 41.6% 和 20.3%。再看投资的边际效益。我们把 20 世纪 90 年代以来的中国固定资产投资分成三个增长时段，即 1990—1998 年、1998—2010 年和 2010—2018 年，分别计算资产投资额的变动和资产形成额的变动，通过两个增量间的比较计算，得出这三个阶段全社会固定资产投资的边际效益依次是 1.01、0.74、0.49，也是一种递减趋势。

观察货币投放效益和固定资产投资效益的变化，可以说明中国经济增长的总效益和边际效益，在中高收入阶段都发生了明显的递减性下降。面对如此变化，中国经济增长的效果无论哪种情况出现都将大打折扣。一种情况是今后经济增长率保持不变，每单位经济增长给社会带来的国民福利也会不如前期;另一种情况是今后中国经济增长率继续下行,这种增长给社会带来的国民福利将会进一步减少。只要经济增长的效益提不上去,中国要走出中等收入阶段的时间势必会向后延迟,这将给中国向发达的高收入国家攀升带来困难。

表7—2　　　　中国固定资产投资与资本形成额比例变化　　　　单位:亿元

年份	全社会固定资产投资额	固定资产形成额	固定资产投资效益*
1990	4517.0	4636.0	1∶1.03
1998	28406.2	28751.0	1∶1.01
2000	32917.7	33528.0	1∶1.02
2005	88773.6	75810.0	1∶0.85
2010	251683.8	185827.0	1∶0.74
2011	311485.1	219671.0	1∶0.71
2012	374694.1	244601.0	1∶0.65
2013	446297.1	270924.0	1∶0.61
2014	512020.7	290053.0	1∶0.57
2015	561999.8	301503.3	1∶0.54
2016	606465.7	318084.0	1∶0.52
2017	641238.4	349368.8	1∶0.54
2018	645675.0	380771.8	1∶0.59

注:固定资产投资效益用固定资产投资额与固定资产形成额之比进行计算。固定资产形成额不包括存货变动。

资料来源:2019年《中国统计年鉴》。

二　推动经济增长的动力结构正待换新

中国处在低收入和中低收入阶段时,主要用投资打头、出口导向、劳动密集型产业为主导的发展方式支撑经济高速发展。但在中高收入阶段，这些旧有的发展方式开始失灵，而新的发展方式尚在萌芽、尝试和艰难的探索中，对经济增长未形成足够的支撑力。

对于一个经济体而言，经济增长是由一定的动力结构组成的，这种动力结构组成既包括了需求结构，也包括了供给结构。投资打头、出口导向、劳动密集型产业为主导的发展方式，支撑了中国经济高速增长40多年。进入2010年后，这种发展方式对经济增长的推动力明显下降。在需求结构方面，投资和出口对经济增长的带动作用在不断减弱，而消费对经济增长的潜在拉动在短期内难以释放表现。在供给结构方面，2010年以前，中国尚处于低收入和中低收入阶段，能充分利用劳动力富裕、工资成本低的比较优势，积极吸引外资，大力发展劳动密集型产业，并向国际市场大量出口这些优势产品。但是进入到中高收入阶段后，中国劳动力先是由无限供给转变为有限供给，进而又由有限供给转变为绝对供给量持续减少。雪上加霜的是中国人口的老龄化提前到来，各行各业的劳动工资都不断上升，产业发展成本被持续推高，最终导致我国的劳动密集型产品在国际市场无法与印度、越南、柬埔寨、墨西哥等国家竞争。此时，许多传统型及劳动密集型制造业都出现了衰退，产能大量过剩，产品出口在国际市场份额缩减，企业面临生存困境，甚至难以为继。与此同时，新兴的、技术密集型的中高端制造业尚未养成，在技术创新、产品创新、工艺创新等方面都受到发达国家的挤压，真正有市场潜力、有竞争力的产品数量有限。这些都使得中国的增长动力转换发生了困难。如果支持经济高速增长的传统产业不断衰退，而新兴产业受技术创新等制约难以对经济进一步增长形成新支撑，中国经济有可能会陷入一个增长徘徊期。

三 矛盾长期积累后阻力会加大

多年来中国经济发展的速度很高，很多问题没有来得及妥善处理，矛盾累积下来到了爆发窗口期，社会进一步向前发展所产生的新矛盾又在叠加，加大了中国跨越中等收入阶段的阻力。在改革开放初期，中国通过推行产权制度改革、人事制度改革和实行全面对外开放，与中低收入群体和公众的改善需求紧密相联，既较好地解决中低收入人群的吃饭问题，又打通了精英阶层的上升通道，从而使社会大多数人群都能从制度变迁和经济发展中获益。

但是，进入20世纪90年代以后，特别是在1993年财税体制改革后，各地政府都把做大做强经济作为第一任务，急于求成并好大喜功，都试图靠加快经济发展来培育地方财源和解决社会问题。于是，各级地方政府偏好那些容易抓到手、见效快、又能拉动经济的大项目和短平快项目。在当时这些项目多表现为路水电气网房公共基础设施投资、园区开发投资和劳动密集型产业招商引资项目。为了加快发展，各级政府心思用尽，大项目遍地开花，似乎举着"以改革促发展""以改革保发展"的旗号便可遮挡一切。在一切都为发展让路的氛围下，土地征占、房屋拆迁、劳动纠纷、环境治理和生态搬迁、水库及矿区移民、企业负担、社会保障、民生法治、社会救助等方面的问题屡被忽视，矛盾越积越多，偏差也越来越大，甚至积重难返。

另外，在宏观层面，改革也在走向深入。随着改革从生产领域到流通领域、从经济范围到社会范围、从一般部门到垄断部门的推进，改革的获益群体开始发生阶层差异性变化。掌握着较多发展资源和公权力的少数人或精英群体在"双轨制"转型中获益越来越多，而缺乏资源、靠双手谋生的普通劳动者的获益相对越来越少，部分处于社会底层的农民、工人和不稳定就业者、贫困人群等在改革发展中甚至出现了被边缘化的倾向。改革开放获益群体的分化，表现为城乡、地区和阶层在生存和发展方面的差距不断扩大，被人们看做是"因改革开放和经济发展带来的不平等"，即机会和结果的不公平。一方面经济发展的"蛋糕"越做越大，另一方面不同群体间的生存差距越拉越大，得与失的分量越来越重了，矛盾也就越积越深。失势的中低收入阶层会要求再次改革开放公平分享发展成果，而获益的既得利益群体往往会从原来支持改革转向不愿改革，甚至阻碍改革。

在目前这一发展阶段，改革进入了徘徊状态，社会矛盾的产生和积累给改革开放带来极大的阻力。从时序上分析，当前中国面临的诸多矛盾，既有过去经济高速发展中遗留积累起来的矛盾，也有新时期产生的新矛盾，新旧交织在一起，解决难度进一步加大。从矛盾产生的源头分析，这些矛盾发生的领域点多面宽，既有经济领域，也有社会领域；既有城镇，也有农村；既有经济体制领域，也有政治体制领域。从矛盾的积累程度分析，经济社会发展累积叠加的矛盾已经到了高发期、频发期、易发期。从矛盾的演变发展趋势看，这些矛盾已经或正在由个体性、单向性向群体性、关联性演变，从基本生存性需求矛盾向公平发展性矛盾转变。还有，从涉及利害关系群体的诉求愿望分析，他们的诉求目标往往要高于现有体制下政府解决矛盾问题的能力，导致利益关联群体与政府之间的信任关系彼此背离。

四 体制机制性风险在逐步逼近

从上面的分析可见，原有体制和政策安排对此前的经济社会发展有效，但在进入中高收入阶段后，既有的体制和政策安排，面对纷繁复杂的矛盾和由此可能带来的系统性风险，显得力所不及。经济社会进一步向前发展需要基础性制度供给，在经济、政治、社会等方面需要结构性改革。

进入 2020 年以后，当中国进一步临近高收入门槛值时，经济社会发展所面临的矛盾和风险似乎更加突出。其一，世界新冠肺炎疫情大暴发引起的全球经济大衰退，加剧了中国经济增长率深度下降。受新冠肺炎疫情影响，2020 年第一季度中国经济增长率同比下降 6.8%，第二季度同比仅 3.2%。新冠肺炎疫情短期内不会结束，对经济增长影响时间可能较长，由此中国经济增长进一步减速的风险大大增加了。其二，经济增长率之所以进一步下降，关键是在国际环境发生巨大变化和国内诸多不确定性因素增加情况下，经济发展中缺乏新动能支撑。原有有比较优势的劳动密集型产业与越南、印度、柬埔寨等发展中国家相比，市场竞争力已经明显地下降了，而在发展中高端产业方面，在缺乏技术储备的条件下，发达国家对中国采取企业"回迁"、资本"回撤"，尤其是来自于美国的压力和排挤，在产业链、供应链上对中国进行的断"芯"，使中国发展中高端产业的道路更为曲折。其三，当经济增长进一步减速后，在高增长时期积累起来的矛盾和风险，似乎开始"显山露水"，不稳定、不安全因素呈现点状频繁突发。但原有体制和政策安排在应对上颇感乏力，而新的体制框架形成似乎还在路上，中国经济实现中等跨越严重缺乏基础性制度支持。

因此，可以得出结论，中国目前正处在"中等收入陷阱"的风险区域。

第八章

影响中国实现跨越和攀升的
国际环境变化

仅仅从中等收入阶段分析中国当前遇到的发展特征变化，去判断中国现在何处，并未解决中国能否实现"中等收入陷阱"的跨越，能否顺利向发达的高收入经济攀升的问题。要实现跨越和攀升，还需深入分析影响中国继续向前的阻力，判断主要问题在哪里。需要关注的是，进入21世纪后，世界格局正在发生深度变化，国际游戏规则面临大的变革，过去那种有利于中国高速发展的外部环境或许一去不复返了，而新的有利环境还需要培育。

◇ 第一节　世界格局正在发生新变化

新兴大国崛起改变了世界格局，引起了国际游戏规则的变化。在世界格局变动和国际游戏规则变革中，作为世界第二大经济体的中国在这大变局中，正面临着博弈成本上升、发展阻力增大的风险。

一 新兴大国实力提升改变了世界格局

20世纪80年代末期和90年代初期，东欧剧变、苏联解体，标志着以苏联为代表的一极与以美国为代表的一极争霸世界的冷战结束，美国成为世界唯一的超级大国。此后，美国凭借超强的经济实力、强大的军事力量和最先进的科技水平，利用现有世界游戏规则，充分分享冷战后红利，一方面将其政治势力向苏联解体后留下的空间地带渗透延伸；另一方面作为"世界警察"，维护有利于自身的全球秩序，加强干预并主导地区性和全球性事务。

与此同时，世界各种力量在"一超多强"格局下重新分化组合，多强并举发展局势逐渐形成。一方面是在一些地区，民族主义和宗教势力抬头，局部冲突有所增加；另一方面是中国、俄罗斯、欧盟、东盟、日韩等大国区域一体化组织之间纷纷抛弃冷战思维，围绕各自利益，改善关系，开展单边或多边合作，不断发展提升自身的综合实力。

进入21世纪，世界发生的最大事件或许是新兴大国崛起，崛起的主要标志是经济发展。在世界格局中，决定一国（或集团）地位的首先是经济实力的变化。表8—1是2000年和2018年不同经济体经济发展数据的比较，主要列示了不同收入类型国家、美国和金砖国家的GDP数据。先看不同收入类型国家的情况：从2000—2018年，按照2010年美元价格计算，世界经济的GDP总量年均增长2.86%，其中高收入国家年均增长1.81%，中等收入国家年均增长5.45%，低收入国家年均增长4.94%。显然，发展中国家的经济发展速度远远快于发达的高收入国家。这种经济增长速度的不平衡，使得GDP在不同类型国家间的分布情况发生了结构性变化。2000年发达的高收入国家创造的GDP占世界比重高达76.88%，到2018年则下降到63.98%，减少了12.9个百分点。与此同时，中等收入国家创造的GDP占世界比重由2000年的22.66%上升到35.44%，提升了12.78个百分点。低收入国家的GDP占比变化较小，仅由0.44%上升到0.63%。这也就是说，过去20年世界经济格局的变化主要是在发达的高收入国家和中等收入国家之间进行的。

再看美国和几个新兴大国的情况。从2000—2018年，美国经济年均增长率1.96%，低于世界平均水平，也远远低于中国、印度等新兴经济体的增长水平。于是美国的国内生产总值占世界比重从2000年的25.27%，下降到2018年的21.58%，减少了3.69个百分点。相反，中国的GDP占比则从4.47%增加到13.11%，提升了8.64个百分点。印度的GDP占比从1.76%增加到3.4%，俄罗斯的GDP份额从1.91%升到2.1%。也就是说，2000年以来，发达国家的经济份额下降中有81.16%是被中国、印度、俄罗斯替代的，其中中国替代占了66.98%。中国、印度、俄罗斯等新兴经济体实力的上升，正在替代原有大国的经济地位。到目前为止，只有中国的经济规模与美国最为接近，给美国的竞争压力最大。更重要的是，在当今世界舞台上，只有中国和美国的经济体量都分别超过了十万亿美元以上。

表8—1　　2000—2018年世界不同经济体国内生产总值变化

经济体	年均增长%（按不变价）	绝对值（亿美元）		占比（%）		占比变动（百分点）
		2000年	2018年	2000年	2018年	
高收入国家	1.81	383960	530660	76.88	63.98	−12.90
中等收入国家	5.45	113150	293960	22.66	35.44	12.78
低收入国家	4.94	2203.8	5245.5	0.44	0.63	0.19

续表

经济体	年均增长%（按不变价）	绝对值（亿美元）		占比（%）		占比变动（百分点）
		2000 年	2018 年	2000 年	2018 年	
美国	1.96	126200	179010	25.27	21.58	-3.69
中国	9.20	22320	108730	4.47	13.11	8.64
印度	6.71	8773.6	28220	1.76	3.40	1.64
巴西	2.31	15390	23210	3.08	2.80	-0.28
俄罗斯	3.41	9515.7	17390	1.91	2.10	0.19
南非	2.68	2670.0	4295.1	0.53	0.52	-0.01
世界	2.86	499410	829380	100.0	100.0	—

注：增长率是按照世界银行公布的 2010 年美元价格计算，国内生产总值绝对值也是 2010 年美元价格。

资料来源：笔者根据世界银行网站 World Bank Open Data 的数据编制。

新兴大国的群体性崛起，增加了这些经济体的世界话语权，也改变了国际事务的协商机制。世界金融危机之后，长期讨论并提出世界经济增长和国际事务政策的七国集团作用越来越弱，反而由新兴大国参加的二十国集团在处理世界经济发展和国际事务中的作用不断上升。原因很简单，新兴大国已经崛起，应对世界危机、处理重大国际事务离不开这些国家的参与。尤其令人关注的是，新兴大国参与国际事务，对现有国际游戏规则带来了冲击。比如，2001 年 6 月，由中国、俄罗斯、哈萨克斯坦、吉尔吉斯斯坦、乌兹别克斯坦和塔吉克斯坦发起的上海合作组织（上合组织）宣布成立，截至 2020 年，上合组织有 8 个成员国、4 个观察员国，还有 6 个对话伙伴国，这个在世界上占人口最多、地域最广、发展潜力巨大的跨区域多边综合性组织，在地区安全稳定、谋求共同发展、参与国际事务方面，其作用不可忽视。又如，2014 年 7 月，由金砖国家发起的金砖国家新开发银行宣布成立。接着，2014年10月亚洲基础设施投资银行（亚投行）在北京宣布成立，到2019年已有100个成员国。

这些组织的成立与运行露出的端倪耐人寻味。第一，美国作为世界唯一的超级大国，既不是发起国，也不是成员国。第二，中国元素渗入其中，排名第二的中国是所有这些新组织、新机构的主要倡导者和发起国。这些变化或多或少传递出这样一种信号：在没有美国参与的条件下，重要的国际性组织可以成立与运营，国际重大事务的处理也可以正常进行。在国际事务中，一边是越来越离不开中国、印度等新兴国家的参与，另一边是居然可以没有美国的参加，这在以前是无法想象的。

无论是从经济增长规模、科技工程建设、人口规模看，还是正在成长的软实力分析，中国已经是世界大国。中国正在走向世界中心，并不断向美国靠近。在中美周围的是日本、英国、德国、法国、意大利、加拿大、俄国、巴西、南非等国家。与这些大国形成利益关联的是各种一体化机制，比如，欧盟、东盟、北美自贸区、上合组织、南方共同市场等等。值得注意的是，在新兴大国实力提升、国际地位此消彼长过程中，由于原有利益均衡关系被打破，大国（集团）间出现利益关系重组，交叉博弈，频繁摩擦，世界均衡关系将呈现出阶段性不稳定状态。

二 国际游戏规则正在发生新变化

世界政治经济格局发生的另一个变化是国际规则。所谓国际规则，就是各国或集团在处理国际事务时必须遵循的准则和秩序，包括国际性行为规范、职责和道义、限制性行动，等等，其中既有大量的明文规定，也有各种暗中默契。无需赘述，现有很多的国际规则和秩序，其形成都有"先入为主"的特征，大多都是在美国主导下主要由西方国家制定的。但是，进入 21 世纪以来，各国或集团利益出现了分化，发达国家之间、发达国家与发展中国家之间、发展中国家之间，都出现了大的利益分歧，甚至分道扬镳。比如，美国与欧洲、英国与欧盟、中国与美国、拉美国家与美国等关系都发生了显著变化。为了寻求新的利益均衡，各大国以及集团推出了一系列举措，试图在新的世界格局中保护自己的既有利益，或者获取最大利益。于是，当今世界同时出现了两个极端，一端是全球化和贸易自由化，另一端是区域一体化和贸易保护主义，各种话语权争议连绵不断。

比如，2017 以来，美国大力推行"美国优先"的外交政策，先后退出一些"不利于美国"的国际性协定、协议或组织，① 同时，掀起中美经贸摩擦，还分别对欧盟、日本、加拿大、墨西哥加征关税。相应地，中国、欧盟等经济体也进行了报复性加征关税。而在贸易保护主义大旗掩护下，美国政府又在布局一盘大棋，就是在共同价值观和共同市场基础上，打造关税与经济同盟。2018 年 6 月，特朗普在 G7 会议上首次提出 G7 国家经济一体化，其中重要的政策目标是建立区域内货物贸易零关税、零补贴、零壁垒。2018 年 8 月美国与欧洲达成了美欧自贸协议的谈判共识，2018 年 9 月美韩签署新自贸协议。9 月 25 日，美国、日本、欧盟还签署了"美日欧联合声明"，就下一步 WTO 改革和贸易新秩序达成协议，三方就解决第三方非市场化政策、国企补贴、有害技术转让等问题达成共识。2018 年 10 月美国、墨西哥、加拿大三方对北美自由贸易协定（NAFTA）重新修订，用美国、

---

① 包括退出跨太平洋伙伴关系协定（TPP）、巴黎气候变化协定、联合国教科文组织、全球移民协议、伊朗核协议、联合国人权组织、维也纳外交关系公约等。

墨西哥、加拿大贸易协定（USMCA）取代原有协定，实施"三零"贸易规则①。2019年9月，美日签署阶段性自贸协议，日本承诺降低部分农产品、工业品和电子产品关税，美国则答应不加征汽车产品关税。

2000年以来，为了寻求新的利益，全球涌现出了不同形式和内容的多边或双边自贸协定（协议）。比如在亚太地区，最早由新西兰、新加坡、智利和文莱四国发起后来有12国成员国的《跨太平洋伙伴关系协定（TPP）》，内容包括相互取消关税，货物贸易、服务贸易、投资、知识产权、劳工、环境、金融、国有企业、政府采购、反腐败等。还有由东盟十国发起并邀请中国、日本、韩国、澳大利亚、新西兰、印度参加的《全面经济伙伴关系协定（RCEP）》，通过削减关税及非关税壁垒，建立16国统一市场的自由贸易协定。在大西洋区域，美国与欧盟就《跨大西洋贸易和投资伙伴关系协定》（TTIP)》展开多轮谈判，议题涉及市场准入、政府采购、投资、服务、能源和原材料、监管议题、知识产权、中小企业、国有企业等等20项。在东亚地区，中日韩启动了自贸区谈判。在南美洲，欧盟和南方共同市场达成自贸协定，双方就削减关税、工业和高科技产品市场准入等议题达成协议。此外，美国、中国、日本、韩国等各个经济体还分别签署了双边自贸协定或协议。比如《中国政府和澳大利亚政府自由贸易协定》《中华人民共和国政府与大韩民国政府自由贸易协定》《东盟与日本全面经济伙伴关系协定（AJCIP）》《日本—欧盟经济伙伴关系协定》等。

由上述变化可以看出，当前世界区域一体化、区域贸易自由化势

---

① "三零"贸易规则是指零关税、零补贴、零壁垒。

头更加强劲，世界贸易规则面临着改革调整的巨大压力。同时，区域自贸协定或协议包括的内容越来越丰富，已经远远超过WTO原来的关税壁垒和非关税壁垒范畴。例如，上述协定或协议，明确加入了知识产权、政府采购、劳工、人权、国有企业、环保条款等。如果这些协定协议得以实行，必将形成多个多边、双边"经济圈"；在经济圈内，货物贸易、服务贸易更加自由化，投资也更加便利化，而经济圈或经济体之间的贸易保护或有加强，全球贸易投资的互补性、合作性以及产业供应链可获性在削弱，有可能被不同经济圈中的替代性、竞争性、难以获得性覆盖。简言之，国际贸易和投资规则在"赛场、赛道、赛规"方面都将发生深刻变化。

国际格局在变，大国地位在转换，国际规则也在跟着变化。在这些变化中，目前中国、印度、巴西、俄罗斯、南非等国家是经济实力、国际地位上升的一方，是变动的一方；美国等发达的高收入国家是经济地位下降的一方，是对原有利益均衡关系的守成一方。如果新兴经济体的变和动对守成方有利，守成方会乐见其成，双方博弈成本就会减小，摩擦阻力也不大。如果变和动一方损害了守成方在全球的主导地位，不利于它们维护在世界原有格局下的既得利益，双方博弈成本必然上升，新兴大国崛起的摩擦阻力就会加大。

另外，当今世界上还有两种制度体系，一种是以美国为代表的资本主义制度体系，一种是以中国为代表的社会主义制度体系。客观讲，社会主义制度国家并不占多数，当中国走向世界中心时，它的价值观念、制度、提出的世界治理方案、以及规则，不免会与很多国家发生制度结构冲突。可以想见，世界既要适应中国的变和动，中国也要适应世界的变和动，积极了解或参考多数国家的价值观念、制度和规则。若双方都秉持强硬态度，难以接受或适应对方，交易成本便会迅速增加，摩擦阻力也会增大很多。毋庸置疑，中国难以强制守成国接受中国的变动，需要面向世界新变局进行必要的适应性改革。

◈ 第二节　中美关系是中国实现跨越和攀升的最大影响因素

表8—2是1978年和2018年中美主要经济数据的变化比较。透过这张表，我们可以清晰地看出过去40年间中美之间的经济贸易关系到底发生了什么样的变化。1978年，中国的国内生产总值还不到1500亿美元，只是美国的6.4%，进出口额分别只有美国的5.1%、5.2%，人均国内生产总值更是仅为美国的1.5%。40年后，中国成为紧随美国之后的第二大经济体，国内生产总值超过13.89万亿美元，已相当于美国国内生产总值的68%；对外贸易额由206亿美元迅猛增长到4.6万亿美元，其中出口额已超过美国，是美国的1.5倍；人均国内生产总值相当于美国的16%，差距比40年前缩小了9.7倍。面对中美两国经济权重的惊人变化，美国人感到历来由他们控制的地球"跷跷板"开始失衡，必须做出改变。于是他们着手调整对中国的战略，由过去的战略合作伙伴关系转向战略竞争对手关系，这种变化给中国实现跨越和攀升带来了很大风险和阻力。

表8—2　　　　1978年和2018年中美主要经济数据的变化比较

	1978年			2018年		
	中国	美国	中/美	中国	美国	中/美
国内生产总值（亿美元）	1495.4	23520	0.064	138950	205800	0.68

续表

	1978 年			2018 年		
	中国	美国	中/美	中国	美国	中/美
进口（亿美元）	108.9	2122.5	0.051	21359	26143	0.82
出口（亿美元）	97.5	1868.83	0.052	24870	16641	1.50
人均 GDP（美元）	156.4	10566.7	0.015	9977	62795	0.16

注：国内生产总值是按当年价格（美元）。

资料来源：世界银行网站 World Bank Open Data，2019 年《中国统计年鉴》。

一 中美经贸关系的演变

如前所述，中国从低收入阶段连续跨越两个台阶迈入中高收入阶段，主要得益于体制改革和对外开放。而对外开放首先是对美开放。20 世纪 70 年代初，毛泽东主席和周恩来总理从中、美、苏三角矛盾关系出发，发出愿意打破中美关系僵局的信息。1972 年尼克松访华，标志着中美关系从对立走向正常化。1979 年邓小平访美，开启了中美关系快速发展的蜜月期。当时美国是世界最大的经济体，正处于鼎盛时期，而苏联正在走向衰落。面对矛盾重重的中美苏三角关系，中国做出了有利于人民的选择，改善同美国的关系。中美关系的改善对中国意义重大，使中国摆脱了用"两个拳头"同时针对美苏两个超级大国的局面，更重要的是中美关系改善，还使中国与世界主要发达国家的联系加强，为日后的改革开放创造了良好的外部环境。此后，美国把中国拉入到它所主导塑造的全球经济体系里，中国同美国及其伙伴的贸易往来越来越接近。

到了 1992 年，邓小平南方谈话和中国共产党召开的第十四次全国代表大会，确立了建立和完善社会主义市场经济，支持发展非公有经济、民营经济，让市场主体企业有更大的选择自由权。众所周知，市场经济有两个特点：经济自主和交换自由。特别是自由市场经济，这两个特征更加明显。于是，随着中国市场化改革和扩大对外开放，美国的优势资源、技术和产品如同找到了金矿，中国就自然而然地成了美国越来越紧密的贸易伙伴。

2001年，中国加入世界贸易组织（WTO），美国起到了主要推动作用。时任美国总统克林顿曾说过，随着中国向市场经济靠拢，中国人民不但有权利拥有梦想，而且有机会和方法去实现自己的梦想，这一变化必将带来经济的繁荣，他们对政治也必将要求和拥有更大的发言权，这点也是美国政府坚定不移推行的目标。至此，美国跟中国的经济关系达到了一个新高度。

2001—2018年是中国经济加快发展时期，或者说是走向世界经济中心最快的时期。18年里，中国年进出口贸易量从5000亿美元跃升到46224亿美元，翻了9.07倍；年GDP总量从11.09万亿人民币增长到91.93万亿人民币，翻了8.3倍（名义增长）。可以这么说，中国经济规模迅速扩张是从加入WTO之后，搭上了世界自由贸易的快车开始的。

但是在这18年快速发展的后期，中美关系开始有了一些新的变化，一些不和谐的声音出现了。在2015年以前，美国大多数精英对中国抱有一致好感，期待也比较强烈。2015年以后，美国国内精英的认识和态度开始分化，一些声音不断公开提出，中国正在朝他们不希望看到的方向发展。

进入2017年以后，情况变得越来越严峻，中美关系发生了明显转折。特别是特朗普上台后，第一份国家安全战略报告就将中国定义为战略对手，这意味着两国之间的合作伙伴关系将难以为继。2018

年2月28日，以参众两院全票通过"与台湾交往法案"为标志，中美关系开始跌入冰点。

事实上，美国政府眼看着中国体量越来越大，实力不断增强，很快会超过自己，危机感陡增。美国的精英们越来越焦虑和担忧，渐渐失去耐心。能看到的结果就是，美国开始迅速改变战略，从对华友好转为对华强硬，从彼此合作转为彼此"脱钩"；从过去拉中国"入群"，转向了举起大棒赶中国"出群"。

这里不妨回顾一下中美贸易关系演变中的一些标志性事件。2017年以后，美国认为中美贸易顺差创历史纪录，按照美国统计2017年达到3750亿美元，按照中国统计为2757亿美元。美国公开提出，中美贸易不公平、不对等，中国赚了便宜。美国秉持的贸易理念是所谓"公平对等贸易"，中国秉持的理念是"按照WTO原则自由贸易"。2018年3月8日，美国政府开始对中国出口钢铁、铝材加征关税25%。随后，中国也开始对美国输入中国的产品进行报复性加征关税。① 由此开始，美国掀起了一场经贸摩擦。

2018年3月23日，美国政府宣布将针对《中国制造2025》中的关键产品，航天航空、信息、通信技术、机械、机器人等输美商品500亿美元加征25%的关税。② 4月6日美国考虑对额外1000亿美元源自中国的进口商品加征10%关税。③ 4月16日，又宣布禁止美国高

---

① 《重磅：中国对美国进口废铝碎料加征25%关税》，2018年4月2日，搜狐网，https：//www.sohu.com/a/227071915_745358。

② 《白宫：将对500亿美元中国进口商品加征关税》，《人民日报》（海外版）2018年3月23日。

③ 特朗普要求额外对1000亿美元中国商品加征关税，《21世纪经济报道》，2018年4月6日。

通等公司向中兴销售电子技术、通信软件和元器件。① 从 5 月初开始，尽管中美双方就经贸问题进行了多轮磋商，但贸易摩擦不但没有平息，反而在不断升级。

从 2018 年 9 月开始，美国对中国的制裁规模不断扩大。9 月 17 日美国又一次宣布，对中国出口美国商品额外加征 10% 关税的对象，将从原先的 1000 亿美元提高到 2000 亿美元，并于 9 月 24 日开始实施。②

与此同时，美国实施一些新措施，圈定和维护美国的势力范围。例如，先是与欧盟达成新的自由贸易框架协议；接着在北美与加拿大、墨西哥达成新的贸易协议，实行"三零"③ 贸易原则；后来，在东亚同日本、韩国分别谈判签署新的自贸协议。

2018 年 9 月 25 日，美日欧对改革 WTO 规则提出三方联合声明，联合声明有四个内容。第一，对不以市场导向的政策和做法带来的不公平要进行改革；第二，对工业补贴和国企扭曲的行为进行改革；第三，对第三国强制技术转让的政策和做法进行改革；第四，对数字贸易保护主义进行改革。这四条显然对中国不利。④

经过中美双方多轮博弈，2019 年 10 月 11 日中美第十三轮高级别经贸磋商结束，中美就多项经贸议题达成阶段性协议，内容包括美将

---

① 《中兴通讯为何被美国全面封杀？美国为何全面封杀制裁中兴通讯？》，2018 年 4 月 18 日，新浪网，https://tech.sina.com.cn/csj/2018-04-18/doc_ifzihnep3199145.shtml? utm_source = tuicool。

② 《美国再威胁对华 2000 亿美元商品加税 中方回应：将强有力反制》，《21 世纪经济报道》，2018 年 6 月 20 日。

③ "三零"指零关税、零补贴、零壁垒。

④ 《世界要变天了？美日欧就 WTO 改革和贸易新秩序达成协议》，2018 年 9 月 28 日，搜狐网，https://www.sohu.com/a/256638307_164026。

推迟原定于 10 月 15 日调涨中国输美商品关税；中国承诺 2020—2021 年扩大由美进口 2000 亿美元（以 2017 年基期）；双方就中国管控汇率的方式取得一致意见；双方就部分涉及知识产权保护的问题达成共识；双方就强制性技术转让问题"取得进展"；中国金融服务市场向美企扩大开放，同时美国考虑取消将中国定为汇率操纵国。① 2020 年 1 月 15 日，经过 23 个月、历经 13 轮的中美经贸磋商，"中美经济贸易协议"正式公布。② 根据该协议，美国对中国输入美国的商品加征关税调整为：2500 亿美元商品（340 亿 + 160 亿 + 2000 亿）加征的关税保持不变，仍为 25%；3000 亿美元中 A 清单商品 1200 亿美元加征的关税由 15% 降到 7.5%；3000 亿美元 B 清单商品暂停加征关税。③

二 中美关系发生转折性变化的根本分歧

综合来看，尽管中国与美国的贸易谈判达成了阶段性协议。但是，美国仍然保留了对中国商品 2500 亿美元加征 25% 的关税，另外还对 3000 亿美元 A 清单商品加征关税 7.5%。更为明确的信号是，由于中国的崛起和向高收入国家逼近，未来中美在贸易、政治、军事、科技、金融等领域的纷争很可能会增加。为什么？因为中美双方在体

---

① 马鑫：《中美第十三轮高级别经贸磋商结束中美达成初步协议》，第一财经研究院，2019 年 10 月 12 日，http：//www.cbnri.org/news/5441947.html。

② 《中美第一阶段经贸协议文本发布（附全文）》，2020 年 1 月 16 日，新浪网，https：//news.sina.cn/2020 - 01 - 16/detail - iihnzhha2770606.d.html？form = wap。《阿丽塔：中美经贸协议签署断想》，2020 年 1 月 17 日，亚汇网，https：//www.yahui.cc/invest/exchange/1693376 - 1.htm。

③ 《美国贸易代表：对 2500 亿美元和 1200 亿美元的中国输美商品加征关税保持不变》，俄罗斯卫星通讯社华盛顿 2019 年 12 月 14 日电。

制、制度、价值观等方面都存在根本性分歧。

第一是体制不同。中国和美国是两种体制。美国奉行自由市场经济体制，政府不直接干预市场，经济发展并不是政府的第一要务。企业有充分的经营自主权和交换权，大企业大财团的话语权甚至可以超过政府。美国虽有国有企业，但数量少、规模小，基本都集中在无利可图的公共服务领域。这些由联邦政府直接开设的国有企业，对美国经济增长贡献作用非常弱。中国的体制与美国有很大不同，中国政府从来都把发展经济作为第一要务。中国拥有从县到中央多层级的国有企业，这些企业受到各级政府的保护与支持，分布在各个行业，其数量之多、规模之大，对国民经济起着举足轻重的作用。美国精英群体认为，中国与美国由于体制不对等引起了很大的贸易不公平。他们认为中国经济体制始终是一种"举国体制"，国有企业主导，各级政府都在干预经济，中国经济的发展是以牺牲美国利益获得的。

第二是价值观念和制度不同。中国和美国有着两种价值观念和两种制度。亨利·基辛格在《论中国》一书中指出，"中国和美国都认为自己代表独特的价值观。美国的例外主义是传统布道士的，认为美国有义务向世界的每个角落传播其价值观。中国的例外主义是文化性的，中国不试图改变他国的信仰，不对海外推行本国的现行体制"。[①]

美国实行资本主义制度，推行"西式民主"，崇尚个人主义和自由主义。中国实行社会主义制度，强调集体主义，奉行统一性的核心价值。美国认为，资本主义制度有明显优势，以西方"自由""民主""人权"为主旨的价值观念具有超越时代的普遍性，美国模式其实是人类普遍价值最美好的范式，美国的对外战略就是要努力推行资

[①] [美]亨利·基辛格：《论中国》，胡利平等译，中信出版社2012年版，"序"第Ⅵ页。

本主义制度。而中国则认为，价值共识源于主体的共同需要，世界是多元化和多样性的，并不存在一种超越时空、超越国别的普遍价值观，各国、各民族都有自己的选择。社会主义制度在中国有明显的优越性，"爱国、敬业、诚信、友善"是社会主义核心价值观在公民层面的要求，是中国公民必须恪守的基本道德准则。

一些美国精英过去曾单方面认为，随着改革开放和经济不断发展，中国会拥抱美国式的政治制度，信奉自由市场经济，实现资本主义。看到中国发展非国有经济、发展民营企业，他们觉得这对美国有利，在向他们的体制靠近。但最近几年他们的判断已是180度大转弯。他们认为，中国绝对不会走资本主义道路，所谓的"特色社会主义道路"，其实是选择了社会主义，在经济发展上，秉承的是重商主义，大范围实行了产业保护策略。重商主义是15—17世纪欧洲很多国家政府实行的经济政策。他们借助强大的殖民和贸易优势，纷纷通过对外贸易差额（少买多卖）获取财富，并对国内市场实行关税保护。由于中国进出口贸易实现了长期顺差，加之国有企业比较强大，并且作为发展中国家，遵循WTO规则有原则地保护国内一些幼稚产业，于是美国便认为中国是在推崇重商主义，奉行国家资本主义和新扩张主义。并且令美国倍感焦虑的是，他们无法容忍一个与自己价值理念和制度完全不同的大国力量正在崛起，还要在不久的将来超过自己。

第三是对中国发展地位的认识不同。关于中国还是否为发展中国家，中美之间存在严重分歧。中国认为自己还是发展中国家，应该享受最惠国待遇，有理由实行比发达国家高一些的进口关税，对国内一些幼稚产业实施适度保护。但从美国角度看，近几年来，从中国一直对外宣传的中国成绩和取得的建设成就看，中国已经是发达国家了。

既然是发达国家，就不应该再继续享受发展中国家的最惠国待遇，也不应再对国内产业实施保护政策，而应当承担发达国家的责任，实现真正的公平贸易。这其实是美方的错觉。中国人自己的感受并不是这样。作为第二大经济体的中国拥有 14 亿人口，在经济亮点的背后有太多的基础性问题没有解决，中国的民生和国力都与发达国家水平有巨大差距，在人均国民收入水平、人均寿命、识字率、医疗水平、边远地区发展状况、农业农村发展等方面，依然属于发展中范畴，继续享受发展中国家最惠国待遇是合情合理的。于是，在中美贸易中，双方对中国经济地位的认识迥然不同，就带来了政策执行方面的分歧。

第四是世界治理观不同。中美存在着两种不同的世界治理观。世界是共治还是独霸？中国认为世界足够大，可以容纳美国、中国以及所有国家，不应由一两个国家说了算。因为世界是多元化、多样性的，应允许不同文化、文明、经济体制、政治制度以及不同价值观共存，世界需要开放、包容，世界需要共治，应该建立一个互信互利的"命运共同体"。美国则认为，现有国际治理体系，包括贸易体系、金融体系、政治体系（联合国）等都是由美国主导建立起来的，无法忍受中国这样一个后来者话语权不断扩大，并试图与美国"平起平坐"。美国认为中国崛起就是要改变世界格局，最终取代自己。在世界治理上由于世界观不同，形成了各自不同的核心利益，且互不相让。两种文化文明的差异也加大了双方冲突的强度。中国是东方文明，美国是西方文明，许多美国精英认为西方文明优越于东方，中国崛起是对西方文明的挑战。类似的文明冲突也强化了美国要遏制中国崛起的意识。

实际恰如一些美国精英所言，由于中美在体制、制度、文化及核心价值观等存在着根本不同，两国之间的矛盾不可避免，"修昔底德陷阱"风险发生具有一定的可能性。所谓"修昔底德陷阱"指的是，一个崛起的大国在崛起的过程中必然会对原有的统治霸主提出一系列挑战，这个挑战大多会通过战争来解决。哈佛大学肯尼迪政府学院创始院长格雷厄姆·艾利森研究了500年来的世界历史，发现有16起新生大国挑战守成大国的案例，都是新兴大国的崛起撼动了原有守成大国的世界主导地位，其中12起以战争告终，4起得以幸免。① 比如16世纪上半叶，法国与哈布斯堡王朝；16世纪至17世纪哈布斯堡王朝与奥斯曼帝国；17世纪中后期荷兰与英国；17世纪后期到19世纪中期英国与法国；19世纪中叶法国与德国；19世纪后期中国和俄罗斯、日本，20世纪第一次世界大战期间的英国与德国；第二次世界大战期间的苏法英与德国，美国与日本等，都是以战争结束竞争的。也有4起没有发生战争，如15世纪后期葡萄牙与西班牙，20世纪早期英国与美国，20世纪40—80年代美国与苏联，20世纪90年代英法与德国。艾利森的研究表明，原有世界守成大国与新崛起大国避免战争解决竞争冲突是完全可能的。因为，当今世界，追求和平实现共同发展是人类的共同理想。

三 美国开始采用阻止中国的策略

就当前的中美关系演变状况看，中国同美国的矛盾并不是简单的经济问题，其背后有着复杂的政治、体制、经济、军事、外交之间的矛盾。归根结底是老牌强国与新崛起大国之间的矛盾。

---

① ［美］格雷厄姆·艾利森：《注定一战：中美能避免修昔底德陷阱吗?》，陈定定、傅强译，上海人民出版社2019年版，第68—70页。

为了防止中国崛起对美国形成挑战，美国采取了诸多措施对中国实施围堵。

第一，对盟友进一步推行贸易自由化，对中国实行严厉的贸易保护措施。一方面美国对中国实行大规模关税制裁措施，另一方面正在通过双边、多边谈判签署降低甚至取消关税、壁垒、补贴的贸易协定，搞更长远的、更新的贸易自由化。美国联合发达国家、拉拢新兴经济体和发展中国家，建立自由贸易"新群"，企图把中国排斥在群外。

第二，在科技领域围剿中国。美国在对美投资、科技交流、高端科技企业技术产品购买、5G应用、赴美就学、专家学术交流等方面都收紧了口子。

第三，在金融领域制裁中国，给中国扣上汇率操纵国的帽子，在对中国输美产品加征关税的同时，阻挠人民币走向国际化。随着中国成为世界最大贸易经济体，中国加快了推进人民币国际化的步伐。包括在双边、多边贸易中扩大使用人民币结算范围，与40多个国家进行货币互换，与20多个国家进行货币直兑，在全球设立十几个人民币清算或结算中心；还有中国倡导建立的亚投行已经发展到93个成员国，再加上丝路基金、金砖国家银行、上合组织银行等。另外，中国还在上海建立了石油人民币期货交易所，实行人民币和石油黄金挂钩。目前在IMF特别提款权货币篮子里，人民币是五种货币之一，当前在国际贸易结算货币结构中，用人民币进行结算的比重，已经超过中国贸易额的30%。显然，这对美元的垄断地位构成了很大威胁，直接刺激了美国精英。因此，美国开始行动，向中国举起"汇率操纵国"大棒，接着美国与韩国、澳大利亚、巴西、墨西哥、新加坡、瑞典、丹麦、挪威、新西兰等央行都签订了货币互换协议，① 其中不包括中国。2020年4月16日，Facebook主导的数字货币Libra 2.0 "一篮子货币"，也没有人民币。②

另外，在军事方面，美国采取重返亚太和印太战略，对中国实现军事封锁，用岛链或区域链围困中国。在西太平洋增强军事力量，干涉中国内政等。

值得注意的是，美国对中国加征关税，禁止投资行为，逮捕华为企业高管，阻止技术转让，限制科技交流，阻挠汇率波动等，明显是要切断美国同中国的经济技术联系。如果这种趋势发展下去，可能会导致中美产业链和供应链发生断离，科技关系"脱钩"，人民币国际化被阻断。这给双方都会带来极大的伤害，也将是世界性的悲剧。

在美国发起中美贸易战之前的2017年，美国是中国的第二大贸易伙伴，中美贸易额占中国进出口总额的14.2%，其中对美出口额占比达19%，就是说中国对国际市场的出口美国占了近1/5。如果美国对中国2500亿美元输美商品加征25%关税，对另外3000亿美元商品（A类）加征7.5%关税，势必会对中国输美产品产生较大的挤出效应。再考虑投资、科技等方面的制裁，中国来自美国的增长因素会变得越来越弱，甚至会由过去的正效应转化为负效应。因此，由于美国对华战略的调整，中国跨越"中等收入陷阱"的风险大大增加了。

---

① 《美联储与韩国、澳洲、巴西等9国签署货币互换协议》，中华人民共和国商务部网站，2020年3月20日，http://www.mofcom.gov.cn/article/i/jyjl/j/202003/20200302947125.shtml。

② 《Facebook主导的Libra发布2.0版本白皮书 宣布四大变化》，新浪财经，2020年4月17日，www.finance.sina.com.cn。

当今世界，中国的经济、科技、金融、军事等实力都大大超过了20世纪五六十年代，但为什么在应对美国的关系上倍感吃力呢？这是因为，在那个年代，面对美、苏、中三角关系，尽管中国力量最弱，但毛泽东主席巧妙地利用了美苏两个核大国之间彼此的戒惧，实现了以弱抗强的战略目标。现如今，中国必须单独直面美国，我们必须要审时度势，深入挖掘中国智慧，更加巧妙地运用自己的战略眼光和综合实力。

当前，中美关系就像在跑道上进行马拉松赛跑的两名争冠运动员，第一名想要保持领先，第二名在设法追赶，可能会有三种情景发生。第一种情况是，一直处于领先地位的第一名速度降低了，处在后面的第二名只要速度保持不变，最终也会超过去。第二种情况是，处于领先的第一名速度保持不变，处于第二的运动员只有加快速度才能超过第一名。第三种情况是，处于领先地位的第一名发现自己的速度优势无法维持了，便提前运用领先地位和技巧在赛道上设置障碍，阻碍第二名的超越。此时第二名要想超越，除了速度之外，还需有更好的技巧才行。其实现实已经告诉我们，中美竞争正在发生第三种情况。

◇ 第三节　国际经济结构调整给中国带来挑战

当前，世界经济结构正在深度调整，一场新兴起的产业技术革命给中国带来机遇，但更多的是挑战和压力。

一 新一轮产业技术革命的特点

进入21世纪,面对能源和资源危机、全球生态和环境恶化、气候变暖,以及各种高新技术的广泛交叉应用,一场新的产业技术革命悄无声息地形成了。本次产业技术革命以信息、生物、新材料、新能源技术为代表,带来的是智能化与信息化,引发了人类生产和生活模式的巨大变革。《工业4.0:即将来袭的第四次工业革命》的作者乌尔里希·森德勒将这次产业技术革命称为第四次工业革命。他指出,世界发生或正在发生的工业革命,用产业技术革命称谓或更为合适,因为每次工业革命核心是技术创新,而技术创新带来的革命性变化不仅仅发生在工业领域,农业、服务业也都发生了革命性变革。① 与前三次产业技术革命相比,第四次产业技术革命有以下特点。

第一,本次产业技术革命涉及的技术领域多,是全方位的创新。前三次产业技术革命的科技创新内容相对比较单一。第一次产业技术革命以蒸汽机的发明为标志,由英国引领,表现为以机械动力替代人力、畜力,带来了大规模的工厂化生产,引发了纺织业的机械化和冶金工业的变革。第二次产业技术革命以内燃机和电力技术的发明和应用为主要标志,由美国和德国引领,以电力为动力实现了生产生活的电气化,催生出汽车制造业和石化工业,推动了铁路运输业、造船工业等的创新发展。第三次产业技术革命是信息技术革命,以电子计算机技术的发展和应用为代表,继续由美国引领,实现了生产生活的自动化、信息化和管理的现代化。而第四次产业技术革命是智能化革

---

① [德]乌尔里希·森德勒主编:《工业4.0:即将来袭的第四次工业革命》,邓敏、李现民译,机械工业出版社2015年版,第7—16页。

命,以基因技术、量子信息技术、生物技术、新材料技术、新能源技术、虚拟现实等为代表,实现生产生活系统的全面智能化,使经济社会的发展方式出现大的变革。

第二,本次产业技术革命所采纳的多种新技术对人类的影响具有系统性、整体性。当前,世界产业技术革命中,信息技术、生物技术、新材料技术、新能源技术的应用广泛,各新兴技术间高度融合、相互渗透,形成了一个完整的技术系统,对人类社会改造带有同步性、系统性和整体性的特点。

第三,本次产业技术革命带来的技术创新,对人类生产、生活方式的改造影响具有全面渗透、跨界应用的特点。如前所述,新兴技术间高度融合、不断渗透,创造出了具有跨越传统产业边界的新产品、新业态、新模式,给我们的生产和生活带来了颠覆性变化。比如,无人飞行器、智能机器人、无人驾驶汽车、智能机器驮驴、机器人厨师、可穿戴设备、智能手机、智能家居、3D 打印、记忆眼镜、DNA 生物芯片、纳米机器人、量子计算机等前所未有的产品,正先后走入人们的生活;原有的制造业正在发生根本性变革,向"智造业"目标前行;互联网在逐步走向物联网,企业也纷纷演变成数字企业。

第四,本次产业技术革命发生在世界大国之间具有同步性。这次产业技术革命不再是从单一领域或某一国家率先发生,而是在不同领域或不同国家和地区之间同步进行的一场技术变革。[①] 也可以这样说,尽管各个大国的技术创新能力仍有明显差异,但是大国对新技术的敏感度和对创新机遇的关注度空前提升。颠覆性的技术革命在一国出现后,其它国家会立即跟进,引领者和追随者之间的时间差就变小了。

---

① 孙乐强:《后金融危机时代的工业革命与国家发展战略的转型》,《天津社会科学》2017 年第 1 期。

二 各国如何利用新技术革命的机遇

新一轮产业技术革命为世界各国带来了难得的发展机遇。为了在本次产业技术革命浪潮中获得先机，世界各大经济体纷纷调整发展战略，推动经济结构深度调整。在2011年的汉诺威博览会上，德国首次提出"工业4.0"，两年后德国政府将其纳入到"高科技战略"的框架下，当年成立"工业4.0"合作平台。2015年，德国联邦教育与研究部发起了工业4.0从教育到企业的落实计划。到2017年底投入实际应用的"工业4.0"研究项目有317个，涉及领域包括嵌入式系统、CPS、物联网、虚拟现实和增强技术、智能制造等。①

2008年金融危机后，美国启动了再工业化战略。2012年奥巴马政府推出《美国先进制造业国家战略计划》。2018年特朗普政府发布了《美国先进制造业领导力战略》，提出先进制造（指通过创新推出的新制造方法和新产品）是美国经济实力的引擎和国家安全的支柱，制定了开发和推广先进制造技术、培训高技术劳动力、建立可控的弹性产业供应链三大目标，该战略计划涉及15个重点技术方向，包括智能与数字制造、先进工业机器人、人工智能基础设施、制造业的网络安全；高性能材料、增材制造、关键材料、低成本的分布式制造、连续制造（CM）、生物组织与器官制造；半导体设计工具和制造、新材料、器件和构架；食品安全与加工、检测和可追溯性、粮食安全生

---

① 《德国"工业4.0"战略的进展与挑战（上）》，2018年7月11日，澎湃新闻，https://www.thepaper.cn/news Derail_fovward_2252542。

产和供应链、改善生物基产品等。①

2013年英国政府科技办公室推出《英国工业2050战略》，分析英国制造业的机遇和挑战，认为未来制造业的主要趋势是个性化的低成本产品需求增大、生产重新分配和制造价值链的数字化。因此英国的政策重点是鼓励制造业回流，保证制造业发展质量，为制造业创造良好的基础。英国提出的战略，包括将高价值制造业作为未来发展的方向，通过"再工业化"，为经济增长打造一个新引擎等。②

就在2013年德国正式提出工业4.0战略时，法国也于2013年提出了"新工业法国"计划。该计划跨时10年，包含34项优先发展项目。可再生能源、新一代卫星、大数据、云计算、物联网、机器人、新型飞机、新一代高铁、无人驾驶汽车等都赫然在列。该计划旨在通过创新推动法国回到工业化道路上，让法国工业更加强大。③

2015年6月，日本公布了"新成长战略"一揽子计划，"新成长战略"是在原有经济成长战略基础上进行修订提出的，旨在通过促进产业振兴、增强人才培养、设立战略区域、推动科技创新、拓展国际市场等举措，振兴日本产业和企业，带领日本走出20年的萎靡不振。④

2014年6月，韩国推出了《制造业创新3.0战略》，2015年3月颁布了《制造业创新3.0战略实施方案》，实施方案提出推进方向包

---

① 韩芳：《美国〈先进制造业美国领导力战略〉深度解读》，2018年11月1日，搜狐网，https://www.sohu.com/a/272790617_585300。
② 张蓓：《英国工业2050战略重点》，《学习时报》2016年2月15日。
③ 《打造新工业法国 法国民众愿意买"法国制造"》，《光明日报》2015年12月26日。
④ 张晓兰：《日本"新成长战略"前景及对中国的影响分析》，《发展研究》2015年第1期。

括四个方面：智能化生产方式；打造新产业实现创造经济；地域制造业的智能革新；促进企业整改，做好革新基础。针对韩国制造业在工程工艺、设计、软件服务、关键材料、零部件开发、人员储备等领域的薄弱环节，取得重大突破。①

2014年5月印度总理莫迪上台后不久，便提出"印度制造"战略，希望将印度变成全球设计和制造中心。其主要举措包括促进投资、促进创新、保护知识产权、建立一流制造业基础设施等。2015年7月，莫迪政府又提出"数字印度"构想，重点是电子政务、远程医疗和移动医疗服务、加强网络基础设施建设、将互联网延伸到村一级等。为吸引海外大公司、大企业和好技术，莫迪先后访问了谷歌、微软、Adobe、特拉斯、苹果、脸书等高科技公司，表示将"用政策和诚意"吸引世界500强去印度投资。②

中国政府也在行动，2015年5月国务院颁布了《中国制造2025》，提出了实施制造强国战略第一个十年的行动纲领，重点支持发展10大领域，包括新一代信息技术、高档数控机床和机器人、航空航天装备、海洋工程装备及高技术船舶、先进轨道交通装备、节能与新能源汽车、电力装备、农机装备、新材料、生物医药及高性能医疗器材等。③

从上述大国间推出的战略或计划可以看出，在第四次产业技术革命到来之时，各大经济体试图借助新技术，要么实行再工业化，要么

---

① 《韩国"制造业创新3.0"》，2015年11月3日，中华人民共和国商务部网，http://cys.mofcom.gov.cn/article/cyaq/201511/20151101115/4852.shtml。
② 《印度：用"印度制造"和"数字印度"引领国家未来》，《中国青年报》2016年10月21日。
③ 马晓河：《转型与发展——如何迈向高收入国家》，人民出版社2017年版，第287页。

振兴本国制造业，为经济增长培育新的优势。

三 中国被夹在发达国家和发展中国家之间

对发达国家进行分析。多年以来，发达国家一直实施"去工业化"战略，一方面将大量劳动密集型产业转移到发展中国家，另一方面大力发展虚拟经济和服务业，这不仅带来了其国内产业结构"空心化"，而且又造成大量劳动力岗位流失。国际金融危机爆发后，各国经济增长速度减缓，产业结构"空心化"还使失业率进一步提高。为了促进本国经济增长，降低失业率，发达国家纷纷实行"再工业化"战略，各国相继出台了税收减免政策，改善营商环境，积极吸引海外企业回流。比如，2018年，特朗普政府推行税改方案，将企业所得税从35%下降到21%，个人所得税也相应调减。在特朗普进行税改的前后，发达国家也都先后实施降税政策，英国将企业所得税率由30%下调到19%；法国将公司税率从33.3%降至28%；日本也对加薪、增加投资、科技创新的企业减少法人税。① 世界主要发达国家出台的减税、改善营商环境以及科技创新条件等举措，不但吸引了大量海外企业回流，而且还吸引了新兴经济体国家的一些企业去发达国家进行投资。

发达国家的"再工业化"，吸引大量企业回流，给中国带来了不可低估的影响。我们都知道，2001年中国加入WTO后，发达国家是中国制造业的主要出口市场，现在这些国家推行"再工业化"，给中国带来的直接影响至少有两个方面。一方面，原本由中国生产并出口

---

① 任泽平：《特朗普税改：主要内容、影响、全球减税竞争与中国税改》，2018年2月12日，搜狐网，https://www.sohu.com/a/222375723_117959。

到发达国家市场的产品，现在变成由发达国家自己生产和供给，由此减少了对中国的需求，中国制造业的订单被抢走了；另一方面，在第四次产业技术革命浪潮下，"再工业化"还使发达国家更充分地利用技术创新的先发优势，集中发展中高端制造业，并将这些优势产品出口国际市场，从而在国际市场上对中国发展中高端产业形成了"挤压效应"。

  再来分析发展中国家。国际金融危机发生以后，东南亚、拉美、非洲等一些发展中国家在发展劳动密集型产业方面的比较优势开始显现。这些国家利用劳动工资低、资源价格不高、土地供给方便等条件，把税收优惠政策做到极致，大力兴办各种形式的开发园区，以此吸引国际资本到该国发展劳动密集型产业。比如，2019年上半年，越南劳动力平均月收入288美元，折合人民币2021元，普通劳动者206美元，折合人民币1442元，高级技术专家395美元，折合人民币2765元。① 而2018年中国工人的人均月工资6007.3元人民币，折合为908美元。② 越南的企业所得税税率是20%，在由中央政府批准的越南工业园区开办企业，税收政策实行"两免四减半"，即头两年所得税全免，接下来4年所得税减半征收。还有一些特别经济区的政策更优惠，企业所得税头4年全免，接下来9年减半征收，土地使用年限可以超过50年，延长至70年。③ 再比如印度，普通工人的月薪只有1200元人民币，熟练工人月薪2200元人民币，都普

---

① 驻越南经商参处：《2019年上半年越南劳动力平均月收入上涨 劳动力结构转型》，2019年8月12日，中华人民共和国商务部网，http://www.mofcom.gov.cn。
② 根据2019年《中国统计年鉴》，2018年中国国有、集体和其他单位制造业年平均工资72088元，当年人民币兑美元汇率为6.6174，折合每月为908美元。
③ 施展：《越南制造，要趁机取代中国？》，2020年3月26日，和讯网，http://news.hexun.com/2020-03-26/200772553.html。

遍低于中国。① 2019年9月18日，柬埔寨工人就基本薪资召开三方谈判会议，劳方要求工人月薪195美元，资方答应185美元，政府建议187美元。如果按照政府建议，柬埔寨工人月薪也不足1300元人民币。像老挝、孟加拉、斯里兰卡、巴基斯坦、印度尼西亚、墨西哥、埃塞俄比亚等国家同样都有低成本竞争优势。②

正是这些发展中国家，利用自身比较优势，在中低端产业领域，发展跟中国一样的产业，生产跟中国一样的产品，也同中国一样接受发达国家订单，并向发达国家出口产品。虽然这些国家生产出来的服装、鞋帽、电子玩具、家具、家电产品等，跟中国制造的质量几乎在一个水平上，但价格更加便宜，出口到发达国家更具竞争优势，对中国形成了明显的市场替代。目前美国等一些发达国家正在按照市场比较优势原则，选择增加从印度、越南、印度尼西亚、菲律宾、孟加拉、柬埔寨等国家进口产品，梯级减少对中国的进口，慢慢从中国撤资。因此，当前中国在国际市场上正面临双重挑战，既来自需求，也来自供给。发达国家的采购需求在下降，从高端挤压中国；发展中国家正在替代中国供给，从低端抢夺中国市场。中国的国际市场面临的变化使得从供求两侧去支持国内经济高速增长更为不易。

---

① 《一张图了解中国印度制造业的成本》，2017年9月10日，搜狐网，https://www.sohu.com/a/191133864_99933260。

② 《2020年柬埔寨工人最低工资：政府建议月薪187美元》，2019年9月24日，中国工资网，https://www.cnwage.com/hot/447.html。

第九章

跨越与攀升：经济结构面临的转型困境

当国际环境发生巨大变化后，面对美欧发达国家中高端产业"挤压"和发展中国家中低端产业"供给替代"，中国的出口导向增长模式遇到了空前挑战。有两条战略途径可供选择，一是调整国内需求结构，培育有潜在活力的国内消费市场，实现从外需导向型向内需导向型转换。二是调整产业结构，推进产业结构从中低端迈向中高端，实现产业发展高端化，以此提高中国的国际市场竞争力。但无论选择哪条途径，中国都面临着转型困境。

◇ 第一节 需求结构偏差及其分析

一 增长贡献度变化及对消费需求的解析

从需求侧分析，一国的经济增长是由"三驾马车"构成：投资、消费、净出口。从三大要素对国民经济的贡献看，有四种需求变动组合方式都可带来经济增长：第一种是投资、消费、净出口在国内生产总值结构中的既定比例保持稳定，三大需求的增长率以相同或相近的速度均衡提升，最终推动国内生产总值实现了规模性增长。第二种是三大需求都在增长，但增长率提升有快有慢，彼此之间速度差异明显，增长率高的需求对国内生产总值贡献大，其他需求的贡献小，此时经济增长就是由结构变动带来的。第三种是三大需求的增长率都出现了下降，但下降的速度有快有慢，增长速度下降最慢的需求对国内生产总值的贡献较大，其他需求贡献相对较小，此时的经济增长仍然属于结构性增长。第四种是在国内生产总值变动中，有的类型需求增长率在提升，而另一些类型需求增长率在下降，这样国内生产总值实现的增长，就主要是由增长率提升的那个需求拉动带来的。

现在，我们再来看中国经济增长的实际情况。从 2010 年到 2018 年，国内生产总值增长幅度约为 78.6%。[①] 表 9—1 是 2010 年以来中国需求结构变动情况。从中可以清楚地看到，中国的最终消费占国内生产总值比重由 2010 年的 48.5% 一直上升到 54.3%，提高了 5.8 个百分点；而资本形成额、货物和服务净出口占国内生产总值比重分别由 47.9% 和 3.7% 下降到 44.8% 和 0.9%，分别下降 3.1 个和 2.8 个百分点。那么是不是可以这样说：问题主要出在投资和进出口的下降上面，而消费对 GDP 的贡献度已经走入了上升通道，形势已经好转呢？是不是可以推断，很多学者呼吁的消费不足问题其实是个伪命题呢？这需要做进一步的结构分析。

图 9—1 是 2010 年以来中国投资、消费、出口的增长率变动情况。从中可以发现，过去十年中国三大需求的增长率都出现了显著下降，尽管出口增长率有较大波动，但仍然表现出趋势性下降。在各大需求增长率都出现下降的趋势中，下降最快的当属出口增长，其次

[①] 通过 GDP 总值指数推算，2010—2018 年按不变价计算的 GDP 增长幅度为 178.29%。

是投资增长,增长率下降最缓慢的是消费。因此,2010年以来,中国经济增长属于第三种需求结构组合方式,即三大需求增长率出现全面下降,但是速度有快有慢,需求结构变化的表现就是:下降最慢的最终消费在国内生产总值的占比持续上升,投资和净出口的占比明显下降,即表9—1所展现的结果。

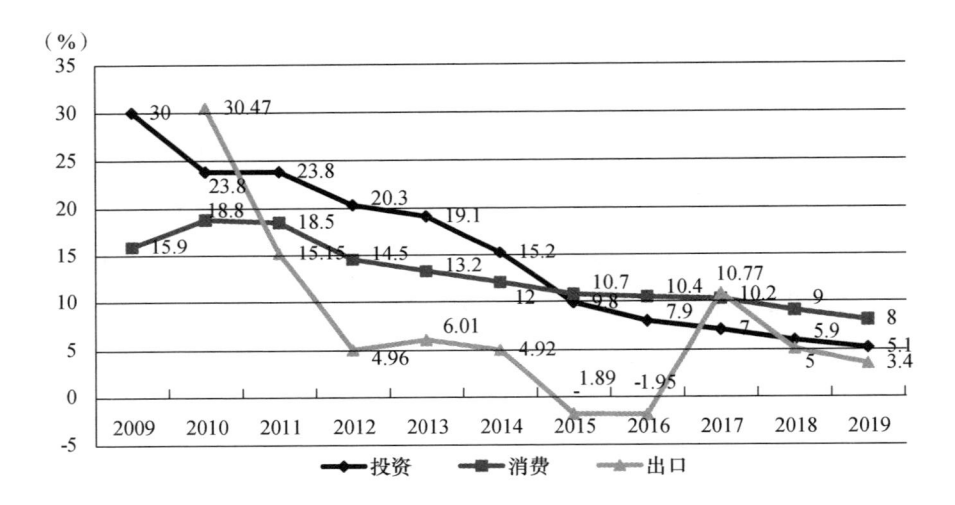

图9—1 2009—2019年中国三大需求增长率变动曲线

资料来源:根据2009—2019年间历年《国民经济和社会发展统计公报》和2019年《中国统计年鉴》提供的数据绘制。

从上述结构分析可以看出,自2010年中国进入中高收入阶段以来GDP增长了78.6%。在这个增长中消费率的贡献度倒是提高了,但是,消费对经济增长贡献度的提高,并不是由消费增长的改善带来的,而是因为投资和出口增长率的放慢引起的。三大需求增长普遍乏力,消费也并未加快增长,其长期存在的消费不足、发展动力弱、潜力释放不够等问题也并没有得到妥善解决。

表 9—1　　2010 年以来中国需求结构变动情况　　单位:%

	最终消费总额	资本形成总额	货物和服务净出口
2010	48.5	47.9	3.7
2011	49.6	48.0	2.4
2012	50.1	47.2	2.7
2013	50.3	47.3	2.4
2014	50.7	46.8	2.5
2015	51.8	44.7	3.4
2016	53.6	44.2	2.2
2017	53.6	44.7	1.7
2018	54.3	44.9	0.8
2019	54.3	44.8	0.9

资料来源:2019 年《中国统计年鉴》,《2019 年国民经济和社会发展统计公报》。

二　比较分析及结构性偏差的表现

尽管中国的需求结构演进方向符合经济发展的一般经验,但是,经过深入比较分析就会发现,中国的需求结构演变与同等发展水平国家相比、用高收入国家经验值衡量,还存在着很大的结构性偏差。这里我们利用比较分析的方法,将中国的需求水平与同等收入类型国家相比,进一步讨论和观察中国的需求结构,对偏差做出具体描述。

当中国经济处在中低收入阶段时,需求结构的变动方向与中低收入水平的国家是一致的:消费率不断下降,投资率持续上升。但是,同中低收入国家平均水平相比,中国的消费率明显偏低,投资率明显偏高。这里,我们将 1998—2010 年中国处于中低收入阶段的消费率和投资率变动,与中低收入国家做了比较(见表 9—2),可以看出几个明显的特点。首先,同世界中低收入国家相比,中国的平均消费率明显偏低，且偏差值比较大，几乎都在20%以上。第二，这种偏差值一直呈不断扩大的趋势。1998年中国的消费率比中低收入类型国家水平低了20.8%，到2010年该偏差扩大到26.5%。这12年间，中国消费率的下降速度快于中低收入国家的均值。消费率低且快速下降，必然引起投资率高且迅速上升。因此就有了第三点，投资率有偏差而且偏差在扩大。以2010年同1998年数据作比较，中低收入国家投资率上升了7.92个百分点，而中国投资率上升了12.3个百分点，中国的投资率与中低收入类型国家的偏差由1998年的44.6%扩大到47.2%。

2010年中国进入了中高收入阶段，我们便将中国的投资率、消费率与中高收入国家的水平进行了对比，比较数据见表9—3，也发现有明显的偏差。中国的消费率过低而投资率过高，与中高收入类型国家相比结构偏差非常明显。如中国消费率的最高值位于2018年，但仅为54.3%，比中高收入类型国家平均水平还是低了14.2%；而2018年中国的投资率为44.9%，中高收入国家仅为34.7%，中国要高出29.3%。按道理，中国人均GDP已经超过一万美元，经济发展水平已跨过中高收入阶段的中位值，处于靠近高收入阶段临界值的那一端。此时中国消费率应该比同等收入类型国家平均值高一些，投资率适当低一些才符合常规发展趋势，可惜数据表现的结果与此完全相反。令人欣慰的一点是，从发展动态看此阶段结构偏差在逐步缩小。消费率偏差从-24.1%缩减到-14.2%，投资率偏差从44.5%缩减到29.3%。

通过上述分析可以得出这样的结论，与同等收入类型的国家相比，中国的需求结构一直存在偏差，偏差的集中表现是中国的需求结构带有明显的投资偏好型特征。在中低收入阶段，结构性偏差在不断扩大,进入到中高收入阶段后,偏差出现了缩小的趋势。

表9—2　　　　中国与中低收入国家消费率、投资率比较　　　　单位:%

	中低收入国家		中国		消费率偏差	投资率偏差
	消费率	投资率	消费率	投资率		
1998	76.0	24.6	60.2	35.6	-20.8	44.6
1999	75.6	24.1	62.3	34.9	-17.6	44.8
2000	74.2	24.4	63.3	34.3	-14.7	40.8
2001	74.3	24.9	61.6	36.3	-17.1	45.6
2002	73.3	25.4	60.6	36.9	-17.4	45.2
2003	72.1	27.0	57.5	40.4	-20.3	49.9
2004	70.0	28.6	54.7	42.7	-21.8	49.2
2005	69.3	28.4	53.6	41.0	-22.6	44.5
2006	67.7	28.9	51.9	40.6	-23.4	40.7
2007	67.3	30.2	50.1	41.2	-25.5	36.7
2008	66.3	31.1	49.2	43.2	-25.8	38.7
2009	67.9	31.6	49.4	46.3	-27.2	46.5
2010	66.0	32.5	48.5	47.9	-26.5	47.2

注:消费率偏差、投资率偏差均以中低收入国家为100。
资料来源:世界银行 World Bank Open Data、2019年《中国统计年鉴》。

表9—3　　　　中国与中高收入国家消费率、投资率比较　　　　单位:%

	中高收入国家		中国		消费率偏差	投资率偏差
	消费率	投资率	消费率	投资率		
2010	63.9	33.1	48.5	47.9	-24.1	44.5
2011	63.5	33.9	49.6	48.0	-21.9	41.4
2012	63.8	34.3	50.1	47.2	-21.4	37.5
2013	64.3	34.9	50.3	47.3	-21.7	35.6
2014	64.5	35.0	50.7	46.8	-21.4	33.8

续表

	中高收入国家		中国		消费率偏差	投资率偏差
	消费率	投资率	消费率	投资率		
2015	64.6	35.2	51.8	44.7	-19.8	27.0
2016	65.2	34.5	53.6	44.2	-17.8	28.1
2017	64.6	34.3	53.6	44.7	-17.0	30.2
2018	63.3	34.7	54.3	44.9	-14.2	29.3

注：消费率偏差、投资率偏差均以中高收入国家为100。

资料来源：世界银行 World Bank Open Data、2019年《中国统计年鉴》。

第二节 需求结构转型难题与影响

从结构转型的一般趋势和发达国家的实践经验看，一个经济体在靠近高收入阶段前，需求结构转型速度一般会加快，消费率将从60%向70%上升，投资率也由30%区间回到20%区间。如此，经济体实现跨越和攀升才会有持续性和稳定性。因为消费主导型经济是高收入阶段的主要特征，也是当今所有发达国家经济结构转型的终极结果。

跨越中等收入陷阱，向高收入阶段迈进，无论是从应对短期冲击还是建立长期增长机制，都需要调整需求结构，建立消费主导型的经济发展方式。但是，纵观国内实践，中国的国民收入分配结构以及资源配置机制并没有很好地向这个方向转型，多年来一直呈现出有利于投资和储蓄增长的趋势，消费增长不断遭到系统性抑制，甚至遭遇过体制冻结现象。

一 国民收入在向投资主体倾斜

首先，在政府、企业和居民三大需求主体结构中，国民收入在不断向政府及企业倾斜，而居民在收入结构中仅处于末端地位，由此形成了宏观国民收入分配结构有利于资本积累，居民消费空间被长期挤压的现状。

这还要从国民收入分配制度说起。经济学常识告诉我们，在国民收入分配中，一个经济体有三大主体：政府、企业和居民。国民收入这个"蛋糕"就在这三大主体之间进行分配。第一个是主体是政府，它通过税费等渠道从国民收入中切取一块，用于两个方面的支出：一方面是国家日常稳定运行支出，包括国防、教育、卫生医疗、社会保障，以及政府服务和管理社会需要的一般支出；另一方面是用于社会基本运行和发展需要的公共基础设施建设投资。因此，政府的支出有一部分表现为消费，有一部分表现为公共投资。从这个角度讲，政府是公共投资主体。由于即期预算收入往往满足不了政府上述两方面的需要，政府一般还要向社会借债，即发行一些政府债券。

第二个主体是企业，它通过资本经营从国民收入中切得一块"资本收益"，也用于两个方面：一方面要维持企业的日常经营活动，另一方面进行再投资。从投资性质看，企业是市场投资主体。在市场经营活动中，由于时间空间的差异性、供求的继起性和企业经营收益的不确定性等，都决定了大多数企业要从市场融资，这包括直接融资和间接融资两种途径，直接融资表现为股票、债券、商业信用以及企业间、个人间直接借贷，间接融资表现为短期贷款和长期贷款。

第三个主体是居民。居民可通过劳动、产权等手段获取的国民收入，也用于两个方面：一个是短期消费，另一个是长期消费。居民的长期消费是在未来实现的，在国民账户一般会表现为储蓄。因此，居民是消费主体。

在了解了三大主体在投资、消费中的地位与作用之后，再来分析政府、企业和居民的实际投资和消费行为。收入是需求的决定性影响因素，收入增长的快慢、多少，直接决定了三大主体谁有多大的潜在需求。表9—4是从2000—2017年政府和企业在国民收入初次分配中所占份额变化。考虑到基金性收入，政府的收入占国内生产总值比重由2000年13.9%提高到2017年28.6%，企业所占比重也由19.3%上升到25.2%，两大主体所占收入比重超过了50%。这就是说，同期内，在国民收入初次分配中，居民收入所占比重由60%以上下降到50%以下。显然，这种分配结构对公共投资主体和生产投资主体有利。其实，从另一组数据也可以说明国民收入分配是在向政府和企业倾斜，从2000—2018年，各级财政预算收入增长了13.21倍（名义增长率），工业企业利润名义增长13.11倍。而同期内全国居民人均可支配收入名义增长7.26倍，[①] 如果将同期内当年居民人均可支配收入同总人口相乘，全国居民可支配收入总额名义增长率也只是8.12倍，远远低于政府和企业的收入增长率。

表9—4　　　　　中国国民收入初次分配结构变化　　　　　单位：亿元，%

年份	GDP	政府预算收入和其他收入					企业	
		预算收入	基金	国企	合计	占比	绝对数	占比
2000	100280	13395.2	514.3	59	13968.5	13.9	19324.3	19.3

---

① 2020年《中国统计摘要》。

续表

年份	GDP	政府预算收入和其他收入					企业	
		预算收入	基金	国企	合计	占比	绝对数	占比
2005	187319	31649.3	5883.8	49	37582.1	20.1	39076.5	20.9
2010	431030	83101.5	35782	558	119411.5	27.7	97968.3	22.7
2015	685506	152269.2	42330	2561	197160.2	28.8	165840.0	24.2
2016	744127	159604.9	46619	2602	208825.9	28.1	179431.5	24.1
2017	827100	172592.8	61462	2579	236363.8	28.6	208355.6	25.2
2018	900300	183351.8	75405	2900	261656.8	29.1		

注：基金栏包括各种基金、教育费附加、城市基础设施配套费、土地出让金等，其中2000年和2005年的数据仅为土地出让收入。国企栏是指国企上缴利润，企业收入为统计年鉴资金流量表中初次分配收入非金融机构和金融机构收入，这里政府收入没有包括社会保险缴费收入。

资料来源：2000—2019年《中国统计年鉴》《国土资料统计年鉴》和2000年以来中国政府工作报告。

各级政府在获得国民收入资源后，会在两种选择中权衡，要么向消费领域增加支出，要么增加公共投资领域支出。众所周知，消费和投资对经济增长的作用方式不同。投资是由少数人集中决策，用项目做抓手，短期即可见效，对经济增长是快变量；消费是分散性决策，不易找到抓手，不易短期见效，对经济增长是慢变量。鉴于投资和消费的上述特点，各级政府偏好用投资拉动经济增长，是可以理解的。确实，自1998年中国进入中低收入阶段以来，各级政府用于投资的支出增长要快于政府消费支出增长。从1998—2019年，政府消费支出年均名义增长率为11.48%，而政府预算收入中固定资产投资的年均名义增长率为17.96%。[①]

中国各级政府在利用投资促进经济发展方面有着得天独厚的制度

---

① 2014年、2018年《中国统计年鉴》和2020年《中国统计摘要》。

优势，也积累了几十年的经验。党的十一届三中全会以后，党中央始终把发展经济作为执政的第一要务，历届政府凭借从上到下的纵向管理体制，集聚一切资源从两方面推动经济增长。一是放手大搞公共基础设施建设。尤其是亚洲金融危机发生之后，中央政府持续采取扩张性财政政策，增加财政预算中的基础设施建设投资，发行长期国债，各级政府、政府各部门投入配套资金，银行安排专项贷款，集中力量系统地建设了路、水、电、气、网、讯、房和港口、码头、车站、机场、粮食仓储设施、生态环境工程，还有科教文卫基础设施等。经过多年持续大规模投资建设，中国的公共基础设施建设连续上升了多个台阶，其供给能力甚至跨越了发展阶段，达到更高一级的供给水平。二是各级政府还投资举办了不同规模、各种形式的开发园区，并制定优惠政策，吸引世界500强、国内500强企业入驻园区。这些企业入驻园区后，借助政府给予的优惠条件，利用廉价劳动力成本优势，优先发展见效快的产业项目，这些产业项目几乎都集中在劳动密集型产业领域和资源产业领域。即使发展了一些高科技产业项目，也大多都集中在具有劳动密集优势的加工制造环节。

但不容小觑的问题是，持续多年的、巨量的公共基础设施建设和多层次的园区开发建设，从投资上拉动的几乎都是钢铁、水泥、电解铝、工程设备等中低端制造业，导致能源电力、钢铁、水泥、电解铝、机械工程等资本密集度高、技术密集度低的产业迅猛发展起来。同时，在投资优惠政策和劳动成本比较优势条件吸引下，外资、民营企业、国有企业三股资本纷纷涌向服装、玩具、鞋帽、家居、家电等劳动密集型产业领域，形成了劳动密集型产业领域过度投资和过度发展，导致此类产业的产能快速积累并迅速过剩，明显超越了国内市场需求。在对外全面开放特别是加入WTO的条件下，产能自然要向国际市场大量出口，中国经济增长对国际市场的依赖度也越来越高。随着国际市场对中国需求的增长，国内中低端产业规模在充足的资本支持下也不断扩张。当国际市场对中国的需求增长出现下降、供给环节出现投资替代时，中国真正的产能过剩就开始了。

在中低端产能不断积累过剩时，中国的国民收入分配机制仍然没有大的改观。政府和企业作为公共投资主体和产业投资主体，仍然在国民收入分配中继续获得有利于进行资本积累的资金。他们用这些资金开始在中高端产业领域寻求投资机会。起初由于技术门槛的限制，大量资金都投向了容易进入的领域或环节，随着产业资本的不断进入，这些产业领域和环节也相继出现了过剩，比如汽车、电脑、手机、家电、办公设备等，在国内市场很快就出现了供大于求的局面。最后，这些产业或产品也走向了国际市场。

从支出角度讲，收入等于投资加消费。一个经济体投资越多，消费必然越少，反之亦然。公共投资和生产投资的不断膨胀，直接挤压了居民消费的增长空间，一些消费被抑制，另一些消费被冻结。抑制的时间越久，复苏和恢复的难度越大，经济增长要想转向依靠消费带动就会变得越来越困难。比如，当政府收入增加的部分，如果直接用来改善教育、公共医疗条件，补充居民支出，就可降低居民在这方面的支出成本，使得他们将更多的收入用于其他消费。但是，如果政府把这些收入用于投资，特别是无关紧要的投资项目，居民生活基础得不到改善，支出负担加重，其他社会消费就会受到抑制或侵蚀。还有，如果政府将增加的公共收入通过转移支付转变成对穷人的补贴救助，让他们能够像正常人一样有所收入，穷人长期被冻结的消费潜力也会释放出来。总之，要想提高消费水平，就要极力避免为数不少的人口被锁定在极端低下的消费能力上。

投资增长挤压消费空间是一个不争的事实。我们用两组数据来说明，一组数据是全国固定资产投资数据与社会消费品零售总额增长的比较，从1998年中国迈进中低收入阶段到2018年，全社会固定资产投资总额由28406.2亿元人民币增长到645675亿元人民币，增长了21.73倍（名义增长率）；同期内社会消费品零售总额由33387.1亿元人民币增长到380986.9亿元人民币，只增长了10.41倍。① 就是说在中低收入阶段和中高收入阶段，全社会消费品零售总额增长水平只相当于全社会固定资产投资增长水平的一半。

再看另一组数据，1998年全国有23个省市区投资率都超过50%，其中有14个省市区投资率超过60%，例如贵州省当年投资率达到78.3%。2010年，全国有27个省市区投资率都超过50%，其中有13个省市区投资率超过60%，当年西藏投资率达到111.4%，广西82.4%。到2017年，有23个省市区投资率都超过50%，其中有12个省市区投资率超过60%，如当年青海、宁夏、西藏、新疆、云南投资率分别达到148%、110.6%、105%、99.7%、94.6%。② 显然，在如此之高的投资率之下，要想让消费获得正常增长是不可能的。

二　收入差距拉大波及消费和储蓄

在居民群体之间，国民收入分配还在向高收入群体偏斜，中低收入人群处于不利地位。这种群体间收入分化的分配格局有利于储蓄增长，而不利于消费的增长。从某种角度考察，收入等于消费加储蓄，

---

① 2019年《中国统计年鉴》。
② 根据1999年、2011年、2018年《中国统计年鉴》提供的数据整理计算。

储蓄是收入与消费的差额。消费越多储蓄就越少，储蓄越多消费就越少。在一个经济体中，不同收入阶层群体的消费和储蓄行为是不同的；即使是同一收入阶层，若收入增长了，其消费和储蓄行为也会有所变化。一般而言，对于同一收入阶层来说，随着收入的不断增长，他们的边际消费倾向是下降的，而边际储蓄倾向是上升的。对于不同收入阶层群体来说，中低收入阶层边际消费倾向要高于其他收入阶层，而高收入阶层的边际储蓄倾向要高于中低收入阶层。

为了更清晰地了解收入分配在群体间如何影响消费和储蓄，我们根据中国国家统计局提供的资料，来考察和分析中国城镇居民与农村居民之间，以及城镇内部和农村内部不同收入阶层之间收入、消费和储蓄的变动关系，也进一步解释消费在阶层之间是如何被抑制甚至被冻结的。

表9—5和图9—2是1995年以来城镇居民和农村居民人均收入的变化对比情况。表中数据和图中曲线都显示出，城乡居民收入差距自1997年后基本呈扩大趋势，其中2002—2012年十年间一直维持在3倍差距以上，在2007—2009年达到最高峰。2009年后城乡居民收入比开始缓慢缩小，到2019年仍维持在2.64的水平上。再看看城乡居民收入差额的绝对数，自1995年以来城乡居民间收入差距一直在持续扩大，没有过任何停顿。1995年城镇居民人均可支配收入比农村居民人均纯收入高出2705.3元，到了2019年该差额扩大到26338元。直观地看，城乡居民收入的绝对差额扩大了8.7倍。

表9—5　　　　1995年来城乡居民人均可支配收入差距变化

年份	城镇居民收入（元）	农村居民收入（元）	城镇/农村	收入差额（元）
1995	4283.0	1577.7	2.7	2705.3

续表

年份	城镇居民收入（元）	农村居民收入（元）	城镇/农村	收入差额（元）
1996	4838.9	1926.1	2.51	2912.8
1997	5160.3	2090.1	2.47	3070.2
1998	5425.1	2162.0	2.51	3263.1
1999	5854.0	2210.3	2.65	3643.7
2000	6280.0	2253.4	2.79	4026.6
2001	6859.6	2366.4	2.90	4493.2
2002	7702.8	2475.6	3.11	5227.2
2003	8472.2	2622.2	3.23	5850.0
2004	9421.6	2936.4	3.21	6485.2
2005	10493.0	3254.9	3.22	7238.1
2006	11759.5	3587.0	3.28	8172.5
2007	13785.8	4140.4	3.33	9645.4
2008	15780.8	4760.6	3.31	11020.2
2009	17174.7	5153.2	3.33	12021.5
2010	19109.4	5919.0	3.23	13190.4
2011	21809.8	6977.3	3.13	14832.5
2012	24564.7	7916.6	3.10	16648.1
2013	26467.0	9429.6	2.81	17037.4
2014	28843.9	10488.9	2.75	18355.0
2015	31194.8	11421.7	2.73	19773.1
2016	33616.2	12363.4	2.72	21252.8
2017	36396.2	13432.4	2.71	22963.8
2018	39250.8	14617.0	2.69	24633.8
2019	42359.0	16021.0	2.64	26338.0

注：2000年后，城乡居民收入比一直在扩大，2007年达到最大。

资料来源：2019年《中国统计年鉴》，2016年《中国统计年鉴》，2010年以前农村居民收入数据为人均纯收入。

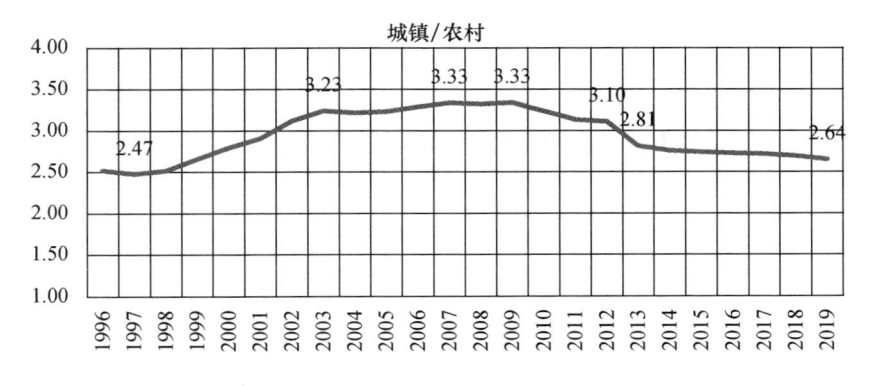

图 9—2 1995 年以来城镇与农村居民收入比的变动

城乡居民人均收入的长期差距，特别是绝对差额水平的持续扩大，直接影响了人们的消费能力和实际消费水平。这里，我们计算了 2012 年到 2018 年间的城乡居民消费倾向和边际消费倾向。消费倾向是指当年居民人均消费支出额与人均可支配收入额之比；边际消费倾向是指当年居民人均消费支出增加额与人均可支配收入增加额之比。从表 9—6 的计算结果看，无论是消费倾向还是边际消费倾向，农村居民都要比城镇居民高出很多。从 2012—2018 年，城镇居民的消费平均值是 68.27%，而农村居民的消费平均值是 80.16%，比城市居民高出 17%；城镇居民的边际消费平均值是 64.33%，而农村居民的边际消费平均值是 89.2%，农村居民的边际消费率比城市居民高出 39%。不言而喻，当前如果让农村居民较快地增加收入，更能带动消费增长。以 2018 年城乡居民的边际消费倾向比较，如果农村居民可支配收入总额增加 100 亿元，能带来的消费增加额就可达到 98.75 亿元，而城镇居民只带来 58.41 亿元的消费增加额。另外，如果用收入等于消费加储蓄的标尺衡量，城镇居民与农村居民人均可支配收入的差距拉大，无疑会抑制消费增长中潜力最大的部分，只会助推社会储蓄额的提升，这对拉动总体消费是不利的。

表9—6　　　　城乡居民消费倾向变化情况　　　　单位:%

年份	城镇居民		农村居民	
	消费倾向	边际消费倾向	消费倾向	边际消费倾向
2012	67.88	54.92	74.63	73.14
2013	69.85	95.33	79.38	104.24
2014	69.23	62.29	79.92	84.73
2015	68.58	60.59	80.75	90.05
2016	68.65	69.65	81.93	96.34
2017	67.16	49.14	81.55	77.15
2018	66.53	58.41	82.95	98.75
2012—2018平均	68.27	64.33	80.16	89.20

注：消费倾向是指当年居民人均消费支出额与人均可支配收入额之比；边际消费倾向是指当年居民人均消费支出增加额与人均可支配收入增加额之比。2012年前城镇居民为现金消费数据，之后为消费支出数据。

资料来源：根据2019年、2016年、2013年《中国统计年鉴》资料计算。

下面是对城乡内部收入分层情况的分析，可以看出，在城镇和农村内部不同群体之间，收入分配的分化和差距也在拉大，也在刺激着储蓄增加，抑制消费的增长。

表9—7是2018年与2000年两个时间点上按照五等份法城镇和农村内部不同收入群体的可支配收入变化情况。从表中可以看出，无论是城镇还是农村，不同收入群体之间的收入差距都拉大了。仔细分析还发现，不同收入群体之间差距拉大的速度不同。无论是城镇还是农村，越是低收入群体其收入增长的速度越慢，而越是高收入群体其收入增长的速度越快。和2000年相比，2018年城镇和农村20%的低收入户人均收入名义增长率分别是3.6倍和3.6倍，而20%的高收入

户人均收入名义增长率分别高达6.5倍和5.6倍,城镇高收入户是收入增长最快的群体。还有,群体之间收入差距最大且扩大幅度最高的是农村。2000年农村居民中高收入户是低收户人均收入的6.5倍,到2018年高低收入户之间差距为9.3倍,高收入与低收入两个群体间差距扩大了2.81倍。而2010年和2018年城镇高收入户和低收户的人均收入比分别为3.6倍和5.9倍,高收入与低收入两个群体间差距扩大了2.3倍。

我们进一步分析不同收入群体的边际消费倾向和边际储蓄倾向。表9—8是2011年按五等份法的城乡居民边际消费倾向数据,相对来讲,低收入、中低收入、中等收入群体的边际消费倾向要高于中高收入群体和高收入群体,无论城乡都一样。边际消费率最低的是乡村高收入户,其次为城市高收入户。边际消费率最高的是乡村低收入户和中等偏下户,然后是城市低收入户。这也就告诉政策制定者,要想扩大内需,增加社会总消费,设法让中低收入群体较快地增加收入才是比较理想的政策选择。

表9—7　　按五等份(20%)城乡居民人均可支配收入变动　　单位:元

项目	城镇居民			农村居民		
	2000	2018	2018/2000	2000	2018	2018/2000
低收入户	3132.0	14386.9	4.6	802	3666.2	4.6
中等偏下户	4623.5	24856.5	5.4	1440.0	8508.5	5.9
中等收入户	5897.9	35196.1	6.0	2004.0	12530.2	6.3
中等偏上户	7487.4	49173.5	6.6	2767.0	18051.5	6.5
高收入户	11299.0	84907.1	7.5	5190	34042.6	6.6
高/低比	3.6	5.9	—	6.5	9.3	—

资料来源:2014年、2019年《中国统计年鉴》。

表9—8　　　　　2011年按五等份法城乡居民边际消费倾向

	城镇居民			农村居民		
	收入增加额（元）	消费增加额（元）	边际倾向（%）	收入增加额（元）	消费增加额（元）	边际倾向（%）
低收入户	1154.92	1053.60	91.20	130.71	777.24	594.63
中等偏下户	1796.18	1223.62	68.12	635.52	742.85	116.88
中等收入户	2320.93	1418.74	61.62	986.02	854.11	86.62
中等偏上户	3231.09	2020.55	62.53	1453.03	977.3	67.26
高收入户	5952.17	3160.18	53.10	2733.37	959.19	35.09

注：边际消费倾向是指消费增加额与收入增加额之比。

资料来源：根据2010年和2011年《中国统计年鉴》提供的资料计算。

三　国民收入在向高收入群体偏斜

但实际情况与此相反，我国的国民收入分配结果一直是在向高收入群体倾斜。如图9—3和图9—4所示，从2013—2018年农村和城镇居民人均可支配收入的变动看，越是收入偏高的群体，收入提升幅度越大；越是收入偏低的群体，收入提升幅度越小，城市和乡村趋势相同，城市群体差距变动快于农村。总体趋势是高收入群体获得的收入越来越高于低收入群体。但是高收入者的消费倾向较低，于是就会将越来越多的收入转化为储蓄。

对于低收入和中低收入群体来说，他们面临的问题是"无钱消费"；对于中等收入和中等偏上收入群体，他们面临的问题是"有钱不敢消费"。对于中等或中等偏上收入者，他们是否愿意增加消费，不仅仅取决于收入水平，还与社会提供的社会保障制度有极大的关系。如果社会保障能使他们消除后顾之忧，他们就会放心消费，愿意消费。但是，自从我们建立起医疗、养老保险制度、住房保障制度以来，虽然为人们解决了社会保障从无到"有"的问题，但并没有解决"优"和"好"的问题。由于还是普遍存在着养老、看病、子女教育、住房等重大难题，中等收入及中高收入人群实际上"不敢消费"。他们千方百计地将一部分收入转化为储蓄，以自我解决后顾之忧。于是，就出现"穷人无钱消费，中等收入者有钱不敢消费，富人有钱不愿消费"的现象，最终使整个社会消费水平被生生地压低了层次。

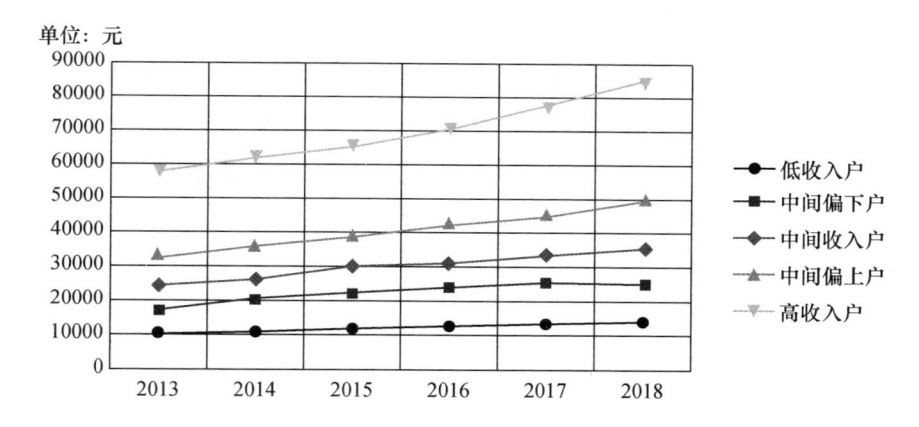

图9—3 2013—2018年城镇居民按收入五等份的人均可支配收入变动

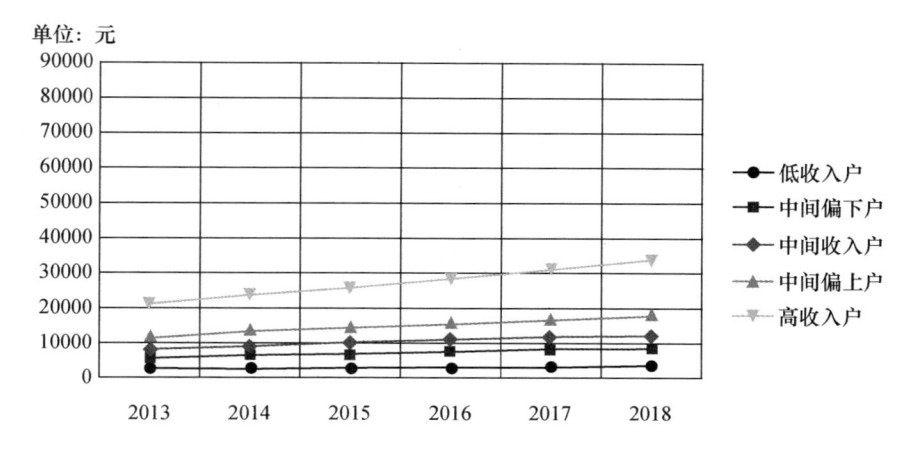

图9—4 2013—2018年农村居民按收入五等份的人均可支配收入变动

与之相反的是,社会储蓄水平被人为抬高了。图9—5清楚地告诉我们,从2000—2018年,全社会储蓄存款由123804.4亿元迅猛增加到1775226亿元,增长了13.34倍,而同期内社会消费由39105.7亿元增加到380987亿元,只增长了8.74倍。储蓄增长快于消费增长4.6倍。

这里的储蓄是社会储蓄,既包括了政府储蓄(指预算盈余),也包括了家庭储蓄和企业储蓄。经济学原理告诉我们,储蓄与投资是一个恒等关系,无论经济处于稳定期还是萧条或者景气时期,[①] 储蓄就意味着投资,当储蓄持续超过消费时,由储蓄进而投资形成的实际产出能力就大于这个经济体的社会消费能力,此时产能过剩也就在所难免。

图9—5 社会消费和储蓄增长变化曲线

资料来源:2019年《中国统计年鉴》。

---

① [美]保罗·萨缪尔森、威廉·诺德豪斯:《经济学》第十六版,萧琛译,华夏出版社1999年版,第325页。

由以上分析不难看出，收入在宏观层次向公共投资、企业生产投资倾斜，结果大量投资不断转化成产业资本；与此同时，收入差距在阶层群体之间不断拉大，并向高收入群体倾斜，结果形成了大量社会储蓄，而储蓄最终也转化为投资，进而形成产业资本。因此，国民收入在宏观层次和微观层次分配上的偏差，最终将会导致产业资本的无限制积累。

◇ 第三节　产业结构转型升级遇到的难题

超过消费增长的投资进入产业领域，必然会引起产业结构的超常变化。当投资进入生产领域，便会形成产出。而产出是具体的，有第一产业——农业部门的产出，也有第二产业——工业部门的产出，还有第三产业或服务业部门的产出。更进一步，各产业内部又分成不同的行业。产出的结构性既给我们的研究工作带来了较大的工作量，同时又提供了多层次、宽领域的研究视角。对产出结构的分析，也使我们能得到更为深入可靠的研究结果。

一　以工业为主导的产业结构导致产能过剩

以工业为主导的生产型产业结构造成了劳动密集型制造业产能过剩。这里，我们选择中国处在低收入阶段（1995年）、中低收入阶段（2004年）和中高收入阶段（2017年）三个时点，与同时期的相同收入类型国家的产业结构进行比较。表9—9是笔者根据世界银行的数据资料计算获得，是中国在农业、工业和服务业领域的增加值比重与同类型国家的比较情况。从表中数据可以看出，无论是低收入阶段，还是在中低或中高收入阶段后，中国第二产业，即工业的增加值比重都明显偏高，以中低收入阶段偏高最大。工业和建筑业在国内生产总值中比重一直保持在40%以上。而农业增加值的比重在低收入阶段和中低收入阶段偏低，服务业增加值在中低或中高收入阶段的比重也偏低。

再看中国在2010年进入中高收入阶段后产业结构的变动情况，如表9—10所示。中国与同类型国家平均偏差值虽有所缩小，但调整的动态很小；农业比重偏高，工业比重过高，服务业比重过低的问题依然存在。之所存在"偏高、过高、过低"的现象，根本原因还是在资源配置中存在着工业优先发展，进而劳动密集型制造业优先发展的战略导向。工业优先、劳动密集型制造业优先发展的结果是，工业产能的积累和劳动密集型产品的过剩，这些过剩产品在市场上最终表现为无效供给。无效供给占去了过多的资本、技术等资源，还导致有效供给和中高端供给不足。

表9—9　　中国在不同收入阶段与同类型国家产业结构的比较　　单位:%

年份	经济体	农业	工业	服务业
1995	低收入国家	34.3	26.9	40.4
1995	中国	21.9	40.2	40.0
2004	中低收入国家	19.2	30.3	44.4
2004	中国	13.7	44.3	42.6
2017	中高收入国家	6.6	37.7	51.0
2017	中国	7.3	45.9	46.6
2017	高收入国家	1.3	23.5	69.0

注：各国产业比重均是按照2010年美元不变价格计算，为产业增加值占当年GDP的比重，工业比重包括了建筑业。

资料来源：世界银行网站。

表9—10　　中国在中高收入阶段与同类型国家产业结构的比较　　单位:%

年份	农业		工业		服务业	
	中高收入国家	中国	中高收入国家	中国	中高收入国家	中国
2010	7.2	9.3	37.3	46.5	49.7	44.2
2011	7.1	8.9	37.8	47	49.7	44.2
2012	6.9	8.6	37.7	47.2	50.1	44.2
2013	6.8	8.3	37.7	47.3	50.2	44.4
2014	6.8	8.0	37.7	47.2	50.4	44.8
2015	6.8	7.8	37.7	46.7	50.7	45.5
2016	6.8	7.5	37.9	46.31	50.8	46.1
2017	6.6	7.3	37.7	45.9	51.0	46.6
2018	6.5	7.1	37.5	45.5	51.3	47.2
2019	6.4	6.9	37.5	45.3	51.6	47.5

注：所有产业比重是按照2010年美元不变价格计算，为产业增加值占当年GDP的比重，工业比重包括了建筑业。

资料来源：世界银行网站。

二　资源要素大量投入引致市场竞争力下降

在技术进步对经济增长贡献作用不变或出现下降的情况下，经济增长必然是依靠资本以及劳动等要素大量投入获得。但中国长期以来依靠资本、劳动、土地、环境等大量资源要素投入推进产业发展，已经引起产业成本大幅度上升，市场竞争力持续下降。这里以中国的统计数据测算。从2003—2018年，按照当年价格，第一产业固定资产投资由535亿元增加到2018年的22413亿元，名义增长率为40.89倍，同期内第一产业增加值从16970.2亿元增加到64734亿元，名义增长率为2.82倍。第二产业固定资产投资由16628亿元增加到2018年的237899亿元，名义增长率为13.31倍；同期内第二产业增加值由62697.4亿元增加到366000.9亿元，名义增长率为4.84倍。第三产业固定资产投资由28649亿元增加到2018年的375324亿元，名义增长率为12.1倍；同期内第三产业增加值由57754.4亿元增加到469574.6亿元，名义增长率为7.13倍。① 也就是说，在过去15年间，三大产业固定资产投资增长比增加值增长都分别快了38.07倍、8.47倍和4.97倍。可以说，过去15年，不断增加的资本投入有力地支持了产业产出的增长。

不断增加的资本投入会带来产业成本的持续上升，如果技术进步条件有限，市场竞争的优势会不断下降。这里我们以工业总成本和农业成本变动来分析。先从工业成本变动分析，从统计资料的时序可获性考虑，这里引入工业成本指标。工业总成本＝（规模以上工业企业营业收入－利润总额）/规模以上工业企业营业收入，② 计算结果如图9—6显示：中国在中低收入阶段，工业总成本是下降的；然而自2010年进入中高收入阶段以来，工业总成本出现了转折性变化，由持续性下降变为持续性上升。如2010年工业成本率为92.4%，2018年为93.68%。

以国际视角比较一下中国和美国工业成本的变化，结果发现美国工业总成本水平既比中国低，而且总成本率还在不断降低。世界金融危机爆发以前，2005年美国工业总成本率为81.94%；金融危机后，2010年为79.36%；2015年为78.58%。③

---

① 根据2019年《中国统计摘要》提供的数据测算。
② 吴晓华等著：《降低实体经济企业成本研究》，中国社会科学出版社2018年版，第10页。
③ 吴晓华等著：《降低实体经济企业成本研究》，中国社会科学出版社2018年版，第11—12页。

单位：%　　　　　　　　　　　工业成本率

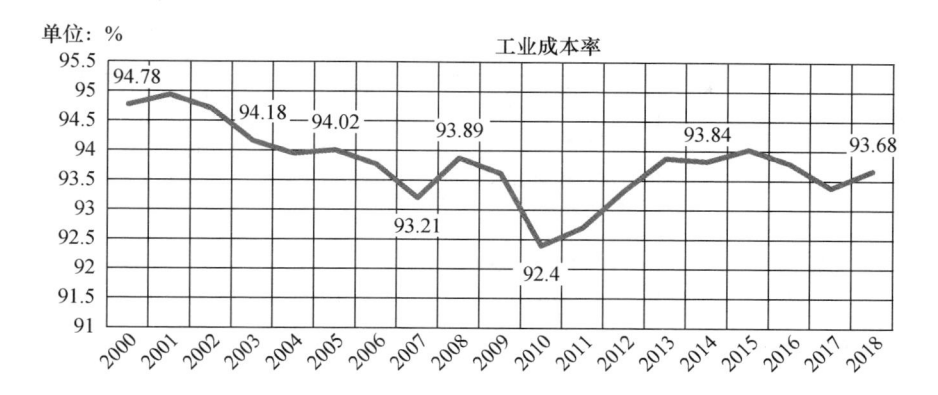

图9—6　中国工业总成本率的变化曲线

注：根据2001—2019年《中国统计年鉴》提供的资料计算，2000—2004年的规模以上工业企业营业收入是指规模以上工业企业产品销售收入，2005—2018年是指规模以上工业企业营业收入。

从成本结构分析，同美国相比，中国工业成本除了劳动力成本、天然气价格还存在比较优势之外，其他成本均高于美国。表9—11是盛朝迅、黄汉权在2016年做的中美制造业成本比较分析，[①] 该项研究显示，2016年中国制造业劳动成本是美国的1/12，天然气价格是美国的1/3，而土地成本是美国的9.7倍，电价、综合税率、物流费、企业养老保险缴费等分别是美国的1.06倍、1.3－1.6倍、1.98倍和3.2倍。另外，企业还要承担住房公积金缴纳支出，而美国企业无此项支出。面对工业成本的上升和比较优势的下降，中国制造业既会向发达国家高端制造"回流"，又会向周边低成本国家转移，这是中国工业结构转型必须面对的双重压力。

---

① 盛朝迅、黄汉权：《怎么看？怎么办？——中美制造业成本比较及应对方略》，《形势要报》2016年第104期。

表9—11　　　　　　　　中美制造业成本分项比较

	中国成本	美国成本	中国/美国
劳动力成本	3美元/小时	36美元/小时	1/12
土地成本	776元/平方米	80元/平方米	9.7倍
电价	0.53元/度	0.5元/度	1.06倍
天然气价格	0.7元/立方米	2.2元/立方米	0.318
综合税率	近40%	25%—30%	1.3—1.6倍
物流费占GDP比重	15.8%	8%左右	1.98倍
企业养老保险缴费率	20%以内	6.2%	3.2倍
企业公积金缴费率	12%以内	无	

再看农业成本变动。我国人多地少，要想在有限的土地空间上获得更多的产出，在技术条件没有突破的情况下，只有依靠增加投入实现预期目标，于是农业成本便出现了刚性上升。表9—12是2010年以来的主要农产品成本变化情况。其结果显示，过去8年间里，粮食、油料、棉花、生猪等农产品生产成本都上升了50%以上，其中稻谷、小麦、玉米、大豆、油料、棉花、生猪总成本平均年增长率分别为6.05%、6.38%、6.46%、5.63%、7.7%、7.01%和5.2%。生产成本上升快于农产品市场销售价格，导致农业收益出现了明显下滑。图9—7是2018年与2010年七类农产品亩成本利润率比较，可以看出，稻谷的成本利润率由40.41%下降到5.38%，此外其他六类产品的成本利润率全部由正值变为负值，比如2018年小麦的成本利润率为-15.74%，玉米-15.63%，大豆-28.82%，棉花-20.26%。[1]

---

[1] 有人会问，既然农产品生产成本利润率已经变为负值为什么农民还会继续种植（养殖）？因为农民的劳动在农业成本核算中作为成本支出，但对农民来说只要农业劳动有所收入，在劳动力向非农领域转移受限情况下，他们依然会利用整块时间和零散时间去进行农业耕作。

农业收益下降有多种原因，既有投入的物质费用上升，又有土地成本增加，还有劳动成本提高等。笔者以为，其中一个重要原因是农业部门的劳动力转移不充分，拥挤在农业部门的劳动者无法获得适度规模经营，他们为了获得劳动报酬和农业收益，只能在有限的土地空间上想方设法增加投入，最终导致农业收益随着投入的增加而不断下降。

表9—12　　　　　2010年以来我国重要农产品总成本变化　　　　　单位：元/亩

年份	稻谷	小麦	玉米	大豆	两种油料	棉花	散养生猪
2010	766.63	618.63	632.59	431.20	644.55	1323.85	1250.20
2011	896.98	712.28	764.23	488.77	773.13	1577.45	1576.30
2012	1055.10	830.44	924.22	578.20	949.61	1939.73	1778.15
2013	1151.11	914.71	1012.04	625.90	1080.53	2177.50	1853.02
2014	1176.55	965.13	1063.89	667.34	1107.57	2278.56	1844.00
2015	1202.12	984.30	1083.72	674.41	1152.39	2288.44	1835.35
2016	1201.81	1012.51	1065.59	678.44	1167.57	2306.61	2050.61
2017	1210.19	1007.64	1026.48	668.80	1167.42	2330.80	2006.80
2018	1223.64	1012.94	1044.82	666.33	1164.66	2275.21	1872.97
2018/2010	1.60	1.64	1.65	1.55	1.81	1.72	1.50

注：总成本包括物质与服务费用、人工成本、土地成本等。

资料来源：2014—2019年《全国农产品成本收益资料汇编》。

从产业结构演变角度看，农业劳动力转移不充分，与中国的产业结构直接相关。与世界同等收入类型经济体相比，中国的增加值产出结构与就业结构不对称，农业部门的比较劳动生产率被压抑，同时工业部门扩张太快，阻碍了产业结构转换对劳动力正常吸纳能力。在产业结构变动过程中，不同产业增长带来的就业增长是不同的，这就是

单位：%

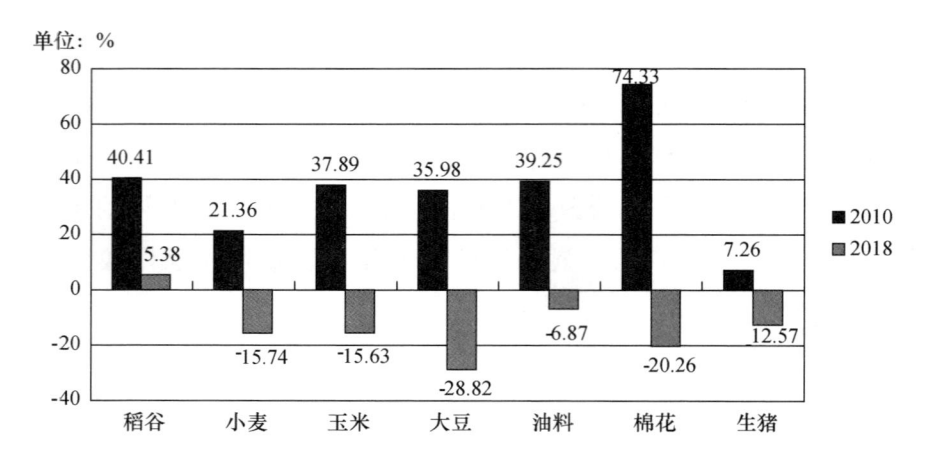

图 9—7　2010 年与 2018 年中国主要农产品成本利润率比较

资料来源：2014 年、2019 年《全国农产品成本收益资料汇编》。

就业弹性。① 以 2010—2018 年间数据为例，2018 年中国第二产业就业弹性为 -0.0004，即第二产业增加值每增长一个百分点带来就业增长为 -0.0004 个百分点，而同期内第三产业就业弹性 0.488，即第三产业增加值每增长一个百分点可带来就业 0.488 个百分点的增长。如表 9—10 所示，中国的产业结构与同等收入类型国家间存在偏差，2019 年工业偏高 6 个百分点，服务业偏低 4.1 个百分点。如果该结构得以矫正，中国的服务业将会吸引更多的农业劳动力进入，农业部门中劳动与土地之间的关系也会得到有效改善。

三　"模仿跟踪"延迟了产业高端化

改革开放以来，中国在技术创新方面的优势，就是大胆引进外

---

① 就业弹性是指某一产业增加值年增长率与该产业就业数量增长率之比。

国技术并尽快实现本土化应用和规模化推广。在低收入和中低收入阶段，中国依靠劳动比较优势，积极引进外来资本和技术，在国际产业分工中大力发展具有劳动密集特征的加工制造业。那时中国产业发展"两头在外"，即技术开发、品牌设计、标准制定、关键基础零部件获取和市场销售、售后服务等依赖于发达国家，中国主要集中在价值链的低端——加工组装环节，赚取加工费。依靠这种发展方式，中国制造业规模迅速实现了由小变大，成为世界制造业第一大国。但是，自从进入中高收入阶段后，继续依靠原有发展方式，引进外国技术实现本土化、规模化推进经济发展，就会遇到国际市场需求的强烈约束，此时就提出了改变原有发展方式，走产业高端化道路的要求。

但是，依靠技术引进和跟踪模仿是难以实现产业高端化的。产业高端化需要高端技术，高端技术只能通过自主创新才能获得。因为任何国家和个人都不会把实现产业、产品高端化的核心技术拱手相让，即使有钱也买不到。尤其是作为一个存在体制差异的崛起中大国，面对竞争对手的围追堵截，进行自主创新的压力更大。

中国与发达国家在技术创新方面的差距到底有多大？有不少学者做过分析。如眭依凡提出，目前全球科技实力分五个层级，美国处于核心层，有全球最顶尖的实验室，全球十大顶尖科技公司中有八个在美国，在军工、航空航天、医学技术、信息技术等多个领域技术优势雄踞世界之首。英国、德国、法国、日本处于发达层，比如英国在新材料、新能源、大数据、汽车发动机、飞机发动机、金融科技等领域世界领先。处在第三层级的国家有芬兰、俄罗斯、意大利、以色列、加拿大、澳大利亚、挪威、韩国等国家，处于第四层级的国家有中国、印度、墨西哥、南非等国家。处于落后层级的多为低收入国家。

由此可见，中国总体科技实力距离核心层级还有三大台阶的巨大差距。① 虽然近年来中国在航天航空、信息技术、新能源、生物技术、人工智能和高端装备制造等方面取得了长足的进步，与发达国家的差距也在缩小，但是原创性、前沿性的科技创新还是太少。

当今世界，美国、日本、德国等发达国家在自主创新方面具有突出的竞争优势，科技进步对经济增长的贡献率多在70%以上，对外技术依赖度大多在30%以下，科技转化率达到40%；而中国的科技进步贡献率2017年为57.5%，② 对外技术依赖度高达50%以上，③ 很多核心技术、关键技术、基础性技术都依赖于发达国家。

以华为手机和苹果手机为例进行比较。2019年6月27日《日本经济新闻》发表了一篇名为《解剖华为P30Pro》的报道，称华为公司智能手机在全球销量中排名第二，P30 Pro智能手机由1631个零部件构成（见表9—13），来自美国的零部件只占0.9%，价值成本却占了手机成本的16%。手机的零部件分别来自于芯片制造商科尔沃、科技材料集团康宁等，来自于日本韩国的零部件1431个，占手机零部件总量的87.6%，价值成本占30.7%。相比之下，苹果手机XsMax有1756个零部件（见表9—14），按价值成本计算，来自美国本土的零部件占30.7%，来自中国大陆的占0.3%，来自日本韩国的占46.4%，来自中国台湾的占2.1%。这就是说，从零部件数量上看，华为P30 Pro智能手机对日本、韩国、美国的依赖度高达88.5%。在

---

① 眭依凡：《关于"双一流建设"的理性思考》，《高等教育研究》2017年第38卷第9期。
② 《2017年我国科技进步贡献率达57.5%》，《光明日报》2018年1月10日。
③ 《中国技术对外依存度高达50%　科技转化率仅10%》，2015年9月23日，南方网，http://tech.southern.com/t/2015-09/23/content_l 33392810.htm。

第九章　跨越与攀升：经济结构面临的转型困境 | **271**

制造业全球化背景下，从价值成本和零部件数量比上看，华为 P30 Pro 智能手机对美国的依赖度很高，而苹果手机 XsMax 对中国的依赖度非常低。一旦全球产业链发生断裂，中国将处于十分被动的不利地位。

表 9—13　　　　　　　　华为 P30 Pro 零部件构成情况

	总成本 363.83 美元中		1631 个零部件中	
	成本额（美元）	构成（%）	数量（件）	构成（%）
美国	59.36	16.3	15	0.9
中国	138.61	38.1	80	4.9
日本	83.71	23.0	869	53.2
韩国	28.00	7.7	562	34.4
中国台湾	28.85	7.9	83	5.0

资料来源：根据《日本经济新闻》2019 年 6 月 27 日发表的一篇名为《解剖华为 P30Pro》报道整理。

表 9—14　　　　　　　　苹果 XsMax 零部件成本构成

	成本金额（美元）	成本构成（%）
美国	134.5	30.7
中国	1.3	0.3
日本	59.2	13.5
韩国	144.1	32.9
中国台湾	9.2	2.1

资料来源：根据《日本经济新闻》2019 年 6 月 27 日发表的一篇名为《解剖华为 P30Pro》报道整理。

其实华为不仅仅在手机这一类产品上依赖发达国家的技术和关键

零件供应。2018年华为首次公布了当年核心供应商名单92家，其中属于美国的供应商有33家（包括英特尔、恩智浦、高通、博通等），中国大陆25家，日本11家，中国台湾10家，德国4家，瑞士、韩国和中国香港各有2家，荷兰、法国、新加坡各有1家。[①] 华为属于自主创新能力很强的中国高科技企业，但对发达国家的依赖尚且如此，国内其他企业便可想而知了。2019年《科技日报》推出的系列报道指出制约我国工业发展的35项"卡脖子"技术，它们是光刻机、芯片、操作系统、航空发动机短舱、触觉传感器、真空蒸镀机、手机射频器件、iCLIP技术、重型燃气轮机、激光雷达、适航标准、高端电容电阻、核心工业软件、ITO靶材、核心算法、航空钢材、铣刀、高端轴承钢、高压柱塞泵、航空设计软件、光刻胶、高压共轨系统、透射式电镜、掘进机主轴承、微球、水下连接器、燃料电池关键材料、高端焊接电源、锂电池隔膜、医学影像设备元器件、超精密抛光工艺、环氧树脂、高强度不锈钢、数据库管理系统、扫描电镜等。[②] 这些"卡脖子"技术涉及到基础材料、核心基础零部件（元器件）、先进基础工艺、基础技术研究等领域，处在产业链的关键与核心环节。如果这些关键与核心环节造成的瓶颈不能突破，那么中国产业整体高端化的步伐将受到极大的限制。尽管在全球贸易自由化条件下，中国可以获得部分关键原材料、零部件、基础工艺设备等，但是，一旦供应链发生断供，国内产业或产品生产就有马上"休克"的风险。

---

① 《华为92家核心供应商曝光》，电子工程世界，2019年12月15日，http://news.eeworld.com.cn/mp/s/a78046.jspx。

② 从2019年4月19日开始到2019年7月3日，《科技日报》连续35天专门报道了35项关键技术制约中国创新发展问题。

发展阶段变了,但是支持模仿跟踪创新的体制和政策却没有大的变化。用原有体制和政策推进产业高端化,显然已经时过境迁。与在低收入和中低收入阶段不同,中高收入阶段的产业转型升级,需要更多的原创、新型和前沿性技术,而要获得这些技术还需要新的思路和相应的体制、政策安排。

什么样的体制和政策阻碍了原始创新和前沿性技术的产生呢?中国的绝大多数科技人员都集中在国有企事业单位,首先这些单位产权虚置,创新收益分配不由科研人员决定,创新者获得的收入与原始创新付出的成本严重失衡。同时,在关键重大科研项目选择、研究方向的决定上,往往缺少科研人员发声的机会,难以避免决策失误和时间效率损失;另外,不科学的用人机制,急功近利、不容试错的创新评价机制等,都使科研人员缺乏原始创新的动力。

再者,企业是技术创新的主体,特别是中小企业。在德国约有三分之二的专利技术是由中小企业研发出来并注册的,在日本约有一半企业的技术创新由中小企业完成。在美国,进入20世纪80年代后,大约70%的技术创新也是中小企业贡献的。[①] 对于中国来讲,中小企业却难当此任,因为绝大多数中小企业属于民营企业,大量中小企业在原始创新方面能力缺失,缺乏技术储备的动力和长远眼光。

此外,在现有体制下企业的自主创新交易成本过高,也导致企业不敢创新,害怕创新。比如,各种繁琐的审批、检验、检测、流程评估、额外规定,加大了企业创新的时间成本,各种名目繁多的收税收费项目(土地使用税、增值税、所得税、残疾人就业保障、社保基

---

① 吴志鹏、杨国峰:《我国企业技术创新滞后的原因及对策》,《上海改革》2004年第4期。

金、城市建设费等）加大了企业创新的支出成本，各种限制（网络限制、融资限制、维权限制以及中介服务）加大了企业创新的信息成本。在这些绳索的捆绑之下，企业的感觉就是"创新找死，不创新等死"。

第 十 章

跨越与攀升：社会结构面临的转型困境

进入中高收入阶段后，社会结构演变与经济结构转型关系更加紧密，城市化进程的快与慢，直接决定了以城市人口为主的市民化社会结构的形成。社会结构的演变会通过人口的空间集聚，加快和促进需求结构由投资导向向消费导向转变；还会通过资本、技术、土地等要素的空间集聚推动产业结构的转型升级；甚至科技创新也会得益于人口和资本等要素的集聚，催生出更强的动力环境。在这个阶段，中产阶层的成长进入关键期，以中等收入阶层群体为主的橄榄型社会结构形成的快与慢，也会对经济体能否实现中等跨越带来决定性影响。比如，橄榄型社会结构的形成，对社会稳定、科技创新、消费增长、社会治理结构变革而言都是不容忽视的环境条件。当前，中国已经进入中高收入阶段的后半期，临近高收入阶段区域。按道理城镇化进程、阶层结构演变等，是可以对经济结构形成强大支撑的。但是，由于受多种因素制约，中国的城镇化进程却放慢了脚步，中产阶层成长迟缓，"未富先老"的人口结构变化不期而至，导致了"刘易斯拐点"和人口红利消失，这些障碍因素给中国实现跨越"中等收入陷阱"，以及向发达经济体攀升带来了极大的困扰。

第一节 发展滞后的城镇化

我们在第三章的分析中已有初步认识，城市化水平上升最快的时期是在中高收入阶段，其次分别是中低收入阶段、低收入阶段，在高收入阶段上升最慢。对此，我们将做出具体的讨论和分析。

一 中国的城镇化进程开始放慢

考察一些发达经济的城市化历程也可以印证上述结论。处于东亚地区的韩国是在20世纪90年代跨入发达的高收入国家行列的，我们把从世界银行数据库获得的韩国城市化数据进行分段整理，如图10—1所示。韩国在20世纪60年代初城市化的起点不高，在30%以下，到90年代以前城市化进程一直处于加快趋势，1960—1970年城市化率年均提高1.299个百分点，1970—1980年城市化率年均提高1.602个百分点，1980—1990年年均提高为1.712个百分点。而在20世纪90年代韩国进入高收入国家行列后，城市化率上升速度明显下降，1990—2000年城市化率年均上升0.61百分点，2000—2010年城市化率年均上升仅为0.41百分点。

日本于20世纪70年代迈进发达的高收入国家阶段。此前，城市化呈现出的是加快上升趋势，此后速度转向平稳，并有起伏过程，如

第十章　跨越与攀升：社会结构面临的转型困境 **277**

```
单位: %
90
80                              75.84  79.94  81.94  81.46
70                        56.72
60
50              40.70
40
30      27.71
20
10
 0
  1950  1960  1970  1980  1990  2000  2010  2020
```

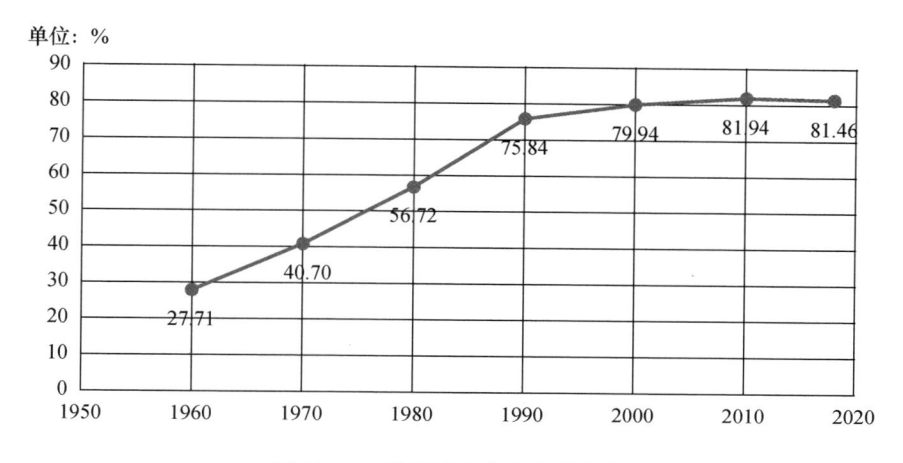

图 10—1　韩国城市化率变动曲线

图 10—2 所示。1930—1950 年城市化率由 24%[①] 上升到 37.3%[②]，年均提高 0.665 个百分点；1950—1968 年间城市化率加速上升，由 37.3% 上升到 70.32%，年均提高 1.834 个百分点。而从 1968—1980 年城市化率从 70.32% 上升到 76.18%，年均提高 0.488 个百分点，速度有所回落；从 1980—2018 年城市化率从 76.18% 上升到 91.62%，中间有起伏，年均提高 0.406 个百分点。[③]

美国的城市化也有其特点，在从 19 世纪 90 年代到 20 世纪初追赶英国并成为世界第一强国的过程中，从 1790—1890 年用了 100 年时间，将本国的城市化率从 5.1% 提高到 35.1%，年均提升 0.3 个百分点。此后城市化不断加快，从 1890—1940 年的 50 年时间里城市化率由 35.1% 提高到 56.5%，年均提升 0.428 个百分点；从 1940—

[①] 周伟林：《快速城市化要和谐不要冲突》，《新民周刊》2008 年 4 月 23 日。
[②] 郑宇：《战后日本城市化过程与主要特征》，《世界地理研究》2008 年 6 月第 1 卷第 2 期。
[③] 日本城市化 1968 年及以后数据均来自世界银行 World Bank Open Date 数据库。

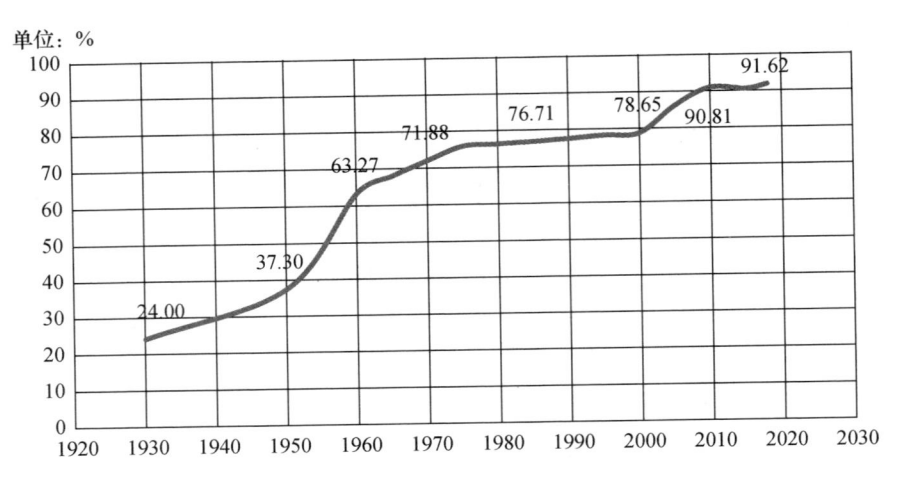

图 10—2　日本城市化率变动曲线

1961 年城市化率由 56.5% 提高到 70.38%，年均提升 0.661 个百分点。城市化率越过 70% 以后，该国城市化进程放慢，从 1961—2006 年，美国用了 45 年时间才将城市化率从 70.38% 提高到 80.1%，年均仅提升 0.216 个百分点。[①]

从以上韩国、日本和美国三国的城市化进程看，在进入发达的高收入阶段前，他们的城市化均呈现的是一种加快趋势。而且，都有一个共同特点，就在城市化率在达到 70% 以前，其上升速度都不会放慢。

下面我们分析中国的情况。表 10—1 是改革开放以来世行数据反映的中国和同类型国家人口城镇化的演进情况。为了增加分析的可比性，我们根据世行标准，将 1998 年以前称为低收入阶段城镇化，1998—2010 年为中低收入阶段城镇化，2010 年以后为中高收入阶段

---

① 马晓河：《美国经济崛起过程中的城市化及对中国的启示》，《经济纵横》2020 年第 1 期。

城镇化。中国与其它国家的对比也分三段进行，分别参照同类型国家（低收入、中低收入、中高收入）的数据计算差距。从最右侧的差距数据可以看出，中国城镇化与世界同类型国家的城市化相比有明显的偏差。1978年到1998年，中国城镇化率增长了15.97个百分点，年均提高0.8个百分点；1998—2010年增长了18.35个百分点，年均提高1.28个百分点；2010—2019年增长了个11.09百分点，年均提高1.23个百分点。就是说，中国城镇化推进最快的时期是在中低收入阶段，而不是在中高收入阶段。另外，自2010年进入中高收入阶段后，中国的城镇化率上升速度不仅低于中低收入阶段，而且速度还越来越低。比如刚进入中高收入阶段的2010—2015年，城镇化率平均每年还上升1.26个百分点，2015—2018年每年只上升1.22个百分点，而2019年比2018年仅提高了1.16个百分点。同世界不同收入类型国家城市化进程相比，中国城镇化水平上升较快并超过同等收入类型国家的时期，发生在中低收入阶段。而进入中高收入阶段后，面对城镇化率明显低于同类型国家，偏差值由正变负的局面，中国的城镇化进程却放慢了。其实，不同类型国家的城镇化率差别很明显。比如2019年中高收入国家城镇化率为66.35%，低收入国家和中低收入国家的城镇化率分别为33.32%和39.69%。到2019年中国城镇化率与中高收入国家仍旧相差6.04个百分点，所幸的是偏差值有一定程度的改善。

  以上是直接应用世行数据得到的分析结果，但我们还需要做更多的讨论。中国数据一般采用的是常驻城镇人口数据。常驻城镇人口中包含了两亿多在城镇常年打工的农民工，他们中绝大多数人处于"人户分离"状态，从吃住行用等方面衡量并不是完全意义上的市民。因此用常驻城镇人口衡量中国城镇化水平，比实际城镇化水平会有偏高。但是，如果用城镇户籍人口衡量城镇化，又比实际城镇化水平偏低。对此，我们将常驻人口城镇化率与城镇户籍人口城镇化率之间的城镇人口差额，折算成实际的城镇人口，来进一步分析中国的城镇化，无疑要科学一些。

表10—1　　　　　中国在不同收入阶段的城镇化变动　　　　　单位:%

年份	中国	世界不同收入类型国家			偏差值
		低收入国家	中低收入国家	中高收入国家	
1978	17.9	20.42	—	—	-2.52
1980	19.36	20.96	—	—	-1.60
1985	22.87	22.71	—	—	0.16
1990	26.44	24.70	—	—	1.74
1995	30.96	26.31	—	—	4.65
1998	33.87	—	31.50	—	2.37
2000	35.88	—	32.00	—	3.88
2005	42.52	—	33.74	—	8.78
2010	49.22	—	—	58.86	-9.64
2015	55.50	—	—	63.13	-7.63
2016	56.74	—	—	63.96	-7.22
2017	57.96	—	—	64.78	-6.82
2018	59.15	—	—	65.57	-6.42
2019	60.31	—	—	66.35	-6.04

资料来源：世界银行网站 World Bank Open Data。

为了更深入地分析和衡量我国城镇化水平与经济发展水平之间的差距，我们从中国常住人口城镇化率和户籍城镇化率之间的差额入手，通过折算的办法得出实际城镇化率，然后再参照世行给出的中高收入国家城镇化数据进行了国际比较。中国实际城镇化率的计算分三个步骤：1）先用常住人口城镇化减去户籍人口城镇化的差额，得到不完全城镇化人口数。2）将这部分不完全城镇化人口折算成待市民化的人口比率。按照有关研究成果，不完全城镇化人口若实现真正的市民化，人均总消费将提高27%。① 反过来理解就是说，这部分常住人口目前的实际消费只是户籍市民的73%。因此将不完全城镇化人口乘以0.73折算成待市民化的人口比率。3）中国的实际城镇化率按户籍人口城镇化率与待市民化人口城镇化率之和计算。最终结果如表10—2所示。可以发现从2010—2019年中国进入中高收入阶段后，中国的实际城镇化率比常住人口城镇化率要低4个百分点以上。通过国际比较进一步发现，在中高收入阶段，虽然中国城镇化率与同等收入类型国家的差距在不断缩小，但绝对差距还比较大，全部年份偏差都在10个百分点以上，它表明中国实际城镇化水平要远低于常住人口城镇化水平。

表10—2　　　　　　　2010—2019年中国实际城镇化率　　　　　　　单位:%

年份	中国城镇化率			中高收入国家城市化率	实际偏差
	常住人口	户籍人口	实际		
2010	49.95	34.17	45.69	58.86	-13.17
2011	51.27	34.71	46.80	59.74	-12.94
2012	52.57	35.33	47.92	60.60	-12.68
2013	53.73	35.93	48.92	61.46	-12.54
2014	54.77	36.63	49.87	62.30	-12.43
2015	56.10	39.90	51.73	63.14	-11.41
2016	57.35	41.20	52.99	63.96	-10.97
2017	58.52	42.35	54.15	64.78	-10.63

---

① 王美艳：《农民工消费潜力估计》，《宏观经济研究》2016年第2期。

续表

年份	中国城镇化率			中高收入国家城市化率	实际偏差
	常住人口	户籍人口	实际		
2018	59.58	43.30	55.18	65.57	-10.39
2019	60.60	44.38	56.22	66.35	-10.13

资料来源：常住人口城镇化率来自 2019 年《中国统计年鉴》，户籍人口城镇化率 2015—2019 年数据来自中国国家统计局 2016—2019 年《国民经济和社会发展统计公报》，2010—2014 年数据来自中国国际城市化发展战略委员会《中国城市化率调查报告》。中高收入国家城市化率资料来源于世界银行数据库。

二 城镇化开始放缓的原因所在

中国的实际城镇化水平落后，而且本应在城镇化加快推进阶段开始放缓了脚步，是由什么原因造成的呢？

最主要的原因是城乡二元户籍制度及其福利制度改革滞后，抬高了人口流动门槛，抑制了农业转移人口市民化。无需赘述，包括人口流动和公共服务供给在内的体制改革，是在城乡二元结构框架下进行的。正如前所述，改革开放以前，为了服务于重工业优先发展的战略，计划经济体制是严格限制农村人口流向城市的，公共服务更是极度稀缺。改革开放后，以限制人口流动为重要目标的户籍制度及其公共服务制度改革，也是按照经济结构转型的需要渐进式向前推进。在改革的时序安排上，先是在小城镇展开改革，而后是扩展到中小城市，最后向大城市延伸；在改革思路上，先是放松对农业转移人口的流动限制，鼓励他们向小城镇转移落户，之后开始允许具备条件的流动人口落户中小城市。

从时间段上具体分析，在 20 世纪 80 年代中期，小城镇的户籍限制制度开始松动。随着乡镇企业的崛起，国家为了鼓励乡镇企业和劳动力向小城镇转移，允许农民可以自理口粮进集镇落户。到了20世纪90年代中后期，国家进一步规定已在小城镇就业、居住，并符合一定条件的农村人口，可以在小城镇办理城镇常住户口。到了1998年，户籍制度改革的口子从小城镇扩大到城市。国家规定新生婴儿随父落户、夫妻分居、老人投靠子女以及在城市投资、兴办实业、购买商品房的公民及随其共同居住的直系亲属可以在城市落户；凡在城市有合法固定的住房、合法稳定的职业或者生活来源，已居住一定年限并符合当地政府有关规定的，可准予在城市落户。① 进入21世纪，户籍制度改革继续深化，2001年3月，国务院在批转公安部"关于推进小城镇户籍管理制度改革意见"中规定，凡在县级市及其他建制镇内有合法固定住所、稳定职业或生活来源的人员及与其共同居住生活的直系亲属，均可根据本人意愿办理城镇常住户口。对已在小城镇办理的蓝印户口、地方城镇居民户口、自理口粮户口等，符合上述条件的，统一登记为城镇常住户口。②

到了2010年以后，户籍制度及公共服务制度改革方向从鼓励、允许转向引导。2011年2月，国务院发布文件，针对"有的地方不顾当地经济社会发展实际情况，片面追求城镇规模城镇化速度；有的地方不分城市类别不顾城市综合承载能力，一味放宽落户城市的条件；有的地方擅自突破国家政策，损害群众切身利益"③，提出要继

---

① 1998年7月，《国务院批转公安部关于解决当前户口管理工作中几个突出问题意见的通知》，国发〔1998〕24号文。

② 2001年3月，《国务院批转公安部关于推进小城镇户籍管理制度改革意见的通知》，国发〔2001〕6号文。

③ 2011年2月，《国务院办公厅关于积极稳妥推进户籍管理制度改革的通知》，国发〔2011〕9号文。

续坚定地推进户籍管理制度改革，引导非农产业和农村人口有序向中小城市和建制镇转移，逐步满足符合条件的农村人口落户需求，逐步实现城乡基本公共服务均等化。对此规定，在县级市市区、县人民政府驻地镇和其他建制镇有合法稳定职业并有合法稳定住所（含租赁）的人员，本人及其共同居住生活的配偶、未婚子女、父母，可以在当地申请登记常住户口；在设区的市（不含直辖市、副省级市和其他大城市）有合法稳定职业满三年并有合法稳定住所（含租赁）同时按照国家规定参加社会保险达到一定年限的人员，本人及其共同居住生活的配偶、未婚子女、父母，可以在当地申请登记常住户口。对于城市综合承载能力压力大的地方，可以对合法稳定职业的范围、年限和合法稳定住所（含租赁）的范围、条件等做出更严格的规定。继续合理控制直辖市、副省级市和其他大城市人口规模，进一步完善并落实好现行城市落户政策。

2013年11月，中国共产党十八届三中全会《中共中央关于全面深化改革若干重大问题的决定》进一步明确指出，推进农业转移人口市民化，逐步把符合条件的农业转移人口转为城镇居民。全面放开建制镇和小城市落户限制，有序放开中等城市落户限制，合理确定大城市落户条件，严格控制特大城市人口规模。稳步推进城镇基本公共服务常住人口全覆盖，把进城落户农民完全纳入城镇住房和社会保障体系。

2016年户籍制度改革开始发生了新变化，改革方向从引导转向放开放宽。国务院颁发文件指出，围绕加快提高户籍人口城镇化率，深化户籍制度改革，促进有能力在城镇稳定就业和生活的农业转移人口举家进城落户，并与城镇居民享有同等权利、履行同等义务。鼓励各地区进一步放宽落户条件，除极少数超大城市外，允许农业转移人口在就业地落户，除超大城市和特大城市外，其他城市不得采取要求购买房屋、投资纳税、积分制等方式设置落户限制。①

进入2019年，户籍制度及其公共服务改革更加积极，中共中央办公厅和国务院办公厅联合发文指出，要全面取消城区常住人口300万以下的城市落户限制，全面放宽城区常住人口300万至500万的大城市落户条件。完善城区常住人口500万以上的超大特大城市积分落户政策，精简积分项目，确保社会保险缴纳年限和居住年限分数占主要比例。推进基本公共服务均等化，常住人口享有与户籍人口同等的教育、就业创业、社会保险、医疗卫生、住房保障等基本公共服务。

从以上户籍制度和公共服务制度改革进程可以发现，2010年以前，改革的总方向是放松、鼓励、允许农业转移人口在小城镇和中小城市落户。这种改革方向符合这一时期中国城镇化的发展要求，促进了小城镇和中小城市的发展。因为，从世界城市化的一般演进趋势看，在城市化的早期阶段，小城镇发展要快一些，大中城市发展相对慢一些。相反，在城市化的中后期阶段，大中城市发展要快，小城镇发展要慢，到了城市化后期甚至还出现了围绕一个或多个大超市在区域空间上形成了城市群和都市圈的现象。中国也一样，从1978—2010年，经济发展处于低收入和中低收入阶段，这一时期，小城镇和小城市发展明显快于其他城市的发展，例如，1978—2008年，全国建制镇由2173个增加到19234个，小城镇人口由3449万人增加到28081万人，全国城镇总人口比重从20%上升到45%。② 30年里，全国城镇人口年均增长4.38%，而小城镇人口年均增长7.24%，由于小城镇人

---

① 2016年2月，《国务院关于深入推进新型城镇化建设的若干意见》，国发〔2016〕8号文。

② 《城市社会经济发展日新月异》，国家统计局编：《新中国60年》，第72页。

口增长快，这一时期小城镇对中国城镇人口增长的贡献率达到55%。再看小城市发展，1978—2007年，全国城市数量从193个增加到655个，增长了239.3%，其中20万人口以下的城市由49个增加到267个，增长了444.9%。[①]

但是，自2010年中国进入中高收入阶段后，小城镇和小城市发展势头便减缓了。此时城市人口增长本应主要依靠加快大中城市的发展来完成。但令人遗憾的是2011年和2013年户籍制度改革的侧重点，依然放在小城镇和小城市方面，实际上各地仍继续严格控制直辖市、副省级城市和其他大城市的人口规模。尽管2013年国家提出全面放开建制镇和小城市落户限制，有序放开中等城市落户限制，合理确定大城市落户条件，严格控制特大城市人口规模。然而，对于小城镇而言，此时全面放开的边际效应大大下降，对农业转移人口不再有那么大的吸引力。但对于中等城市、大城市而言，不管是有序放开落户限制还是合理确定落户条件，农业转移人口都必须达到"有序"的标准或"合理"的条件，这实质上给农业转移人口在中等及以上城市落户设置或保留了不同等级的制度门槛。可想而知，这一时期要想依靠大中城市加快推进城镇化是相当困难的。

2016年后特别是2019年，以放开放宽为方向的户籍制度改革才把重点转向大中城市，对城区常住人口300万以下的城市、常住人口300万至500万的大城市，分别实行"全面取消""全面放宽"的政策，并对城区常住人口500万以上的超大特大城市强调要完善积分落户政策。同以前比，这些改革确实为农业转移人口进入大中城市降低了制度门槛。然而，由于转移人口进入大中城市所需要的公共成本和

[①] 《城市社会经济发展日新月异》，国家统计局编：《新中国60年》，第72页。

个人成本都远高于小城镇，在公共成本缺乏供给主体或责任主体边界模糊的情况下，农业转移人口面对双重成本压力，进城意愿自然会下降。根据有关研究，实现一亿农业转移人口市民化，在教育、医疗、就业、养老、保障性住房等方面的公共服务成本新增支出 46501 万元，人均需要 46,500 元（表 10—3），① 其中，义务教育成本需要 24,600 元，社会保障 11,620 元，保障性住房 9,200 元，技能培训 1,041 元。大城市公共服务成本更高，国务院发展研究中心有课题组（2011）根据嘉兴、武汉、郑州、重庆四城市调研资料计算，估计一个农民工如果成为市民，政府需要增加支出 80,000 元左右（2010 年价格）。② 2015 年，中国社会科学院的一项研究更为详细地测算了农民工市民化的公共成本和个人成本，该项研究测算结果是，一个农民工市民化需要的公共成本全国平均 131,000 元，其中东部 176,000 元、中部 104,000 元、西部 106,000 元；所需的个人成本全国平均 119,000 元，其中东部 146,000 元、中部 99,000 元、西部 107,000 元。③ 按照此课题测算，一个农民工若要市民化，公共成本和个人成本总支出在全国平均 250,000 元。

面对如此大的人口转移成本支出，无论是对接受地的地方政府还是农民自身都是一笔不小的负担。显然，如果城市政府要改变现有的户籍制度和公共福利制度，接受外来农民工及其子女落户城市，就必须承担农民工的公共成本。相反，若不改变现有户籍制度和公共福

---

① 傅帅雄、胡拥军：《农业转移人口市民化过程中政府新增成本支出研究》，《经济体制改革》2018 年第 4 期。

② 国务院发展研究中心课题组：《农民工市民化进程的总体态势与战略取向》，《改革》（重庆）2011 年第 5 期。

③ 单菁菁：《农民工市民化的成本及其分担机制研究》，《学海》2015 年第 1 期。

利制度，城市政府既不需要承担任何公共成本，反而还能继续享受外来农民工进城创造的红利。因此，经过博弈，各级城市政府最终都选择维持现状。况且，还有一个令城市政府担忧的世纪问题，就是在户籍制度及其公共福利制度改革进程中，谁优先进行改革谁就会吃亏，因为在没有"谁先改革谁获益"的激励政策刺激下，若某一城市率先全面取消落户限制，给予外来人口市民化的公共服务待遇，势必会使一定半径内的农业转移人口纷纷涌向该城市，形成外来人口进入和公共成本支出的"洼地效应"。因此，各级城市政府最终都不约而同地选择了维持现状。维持制度和政策现状的结果可想而知：农民工及其子女进城落户限制门槛依然没降低，转移落户公共成本供给依然缺失，个人成本还在随物价继续攀升，农民也只能"望城兴叹"。

表10—3　　　　　　实现1亿农民工市民化的成本　　　　　　单位：亿元

年份	义务教育	社会保障	住房保障	技能培训	合计
2014	2043	1476	1314	148	4981
2015	2381	1537	1314	148	5380
2016	2797	1598	1314	148	5857
2017	3304	1660	1314	148	6426
2018	3917	1722	1314	148	7101
2019	4656	1783	1314	148	7901
2020	5541	1844	1314	148	8847
合计	24640	11620	9200	1041	46501

资料来源：傅帅雄、胡拥军《农业转移人口市民化过程中政府新增成本支出研究》，《经济体制改革》2018年第4期。

在大中城市的治理方式和发展理念上，许多城市管理者过分强调城市建设的现代化水平，追求整齐划一，宽马路、大广场、绿化覆盖

第十章 跨越与攀升：社会结构面临的转型困境

率、公园数量、城市名片等，忽视人的城市化，不重视城市的适宜居住环境，合理的人口密度，适度的人群分层结构等。更有甚者，还借着解决城市拥挤、环境治理等名义，把进城农民向外赶，结果造成城市人口密度不增反降，使得土地城镇化速度远远快于人口城镇化速度。比如，中国无论是城市建成区还是建制市的人口密度都远远低于国际相同类型城市的人口密度，但是中国的城市人口密度在一段时间不增反降，从 2014—2018 年，北京市人口密度从 1525 人/平方公里减少到 1136 人/平方公里，比 2010 年的 1383 人/平方公里降低了 17.86%；上海市人口密度从 3826 人/平方公里减少到 3823 人/平方公里；全国城市在 2014—2016 年人口密度平均由 2419 人/平方公里降到 2408 人/平方公里（见表 10—4）。可想而知，城市人口增长速度减缓，但土地进城速度却在加快，结果是城市土地与人口比例就发生了异常变化。按国际公认标准，土地城镇化速度与人口城镇化速度之比的合理区间应该为 1—1.12∶1。① 但实际上从 2010—2018 年，我国城市建设用地面积扩大了 45.9%，而城镇常住人口增长了 26.67%，两者速度之比为 1.72∶1。②

中国城镇化进程还受到一个意外因素的影响，就是原有市民对外来农民工及其子女的社会歧视与排斥。过去，尽管存在着城乡二元户籍及福利制度差别，但农民被挡在城门之外，市民与农民生活在两个不同空间里，应该说那时是城乡二元结构矛盾的远距离对立。进入 21 世纪以来，随着改革开放的深入推进，有数以亿计的农民工及其子女由乡村转移到城镇，由此，在同一城市空间下生活着两个群体，一

---

① 马晓河：《转型与发展——如何迈向高收入国家》，人民出版社 2017 年版，第 334 页。

② 根据 2011 年和 2019 年《中国统计年鉴》资料计算。

个群体是农民工及其子女,他们在子女教育、大病医疗、养老保险、住房保障、贫困救济、就业保障等方面与原有城镇居民存在着巨大差别。过去这种差别是在空间上远距离存在,农民看不见,摸不着,也感觉不到。而现在,进城农民工近距离亲眼看到并体会到农民工及其子女与原有市民在公共福利待遇方面的巨大差距,他们对这种城乡二元制度安排形成的身份歧视越来越不认同、不满意。另一个群体是原有城镇居民,当城镇特别是大中城市涌进越来越多农民工以后,数亿农民工长期与原有市民在同一地域空间上生活,这改变了城市长久以来的阶层结构,冲击了原有的城市生活秩序,伴随着交通拥挤、房价上升、食品价格上扬、上学难、就业难、看病难等,就有相当一部分市民对农民工产生抱怨,从日常乘车、就餐、游园到看病、就学等都歧视农民工及其子女。比如,2018年9月,某地一个以外来农民工子女为主的民办小学因校舍被腾退,800多个小学生被整体安排在附近的公办重点小学、百年名校上学,结果遭到重点小学众多家长的反对。校方无奈搞了一个"隔离区",对这800个农民工子女进行"单独管理",并给予独立的教学和活动空间。① "隔离区"无形中形成了原有城市居民子女与农民工子女的不同境遇,给农民工及其子女造成了心理压力和对立情绪。在同一蓝天下同一城市空间中,生活着互不认同、难以融合的群体,这是中国进一步城镇化中的社会意识障碍。

---

① 《名校对安置学生设"隔离墙",羞辱了教育公平》,《新京报》2018年8月25日。

表 10—4　　　　　　全国城市平均人口密度比变化　　　　单位：人/平方公里

年份	全国平均	北京市	上海市	重庆市	广东城市平均
2010	2209	1383	3630	1860	2428
2011	2228	1428	3702	1830	2637
2012	230	1464	3754	1832	2972
2013	72362	1498	3809	1847	3066
2014	2419	1525	3826	1872	2989
2015	2399	1541	3809	1904	3060
2016	2408	1145	3816	1953	3193
2017	2477	1144	3814	2017	3253
2018	2546	1136	3823	2026	3469

资料来源：根据 2011—2019 年《中国统计年鉴》提供的数据整理。

◇ 第二节　成长缓慢的中等收入群体

中国的中等收入群体即通常所说的中产阶层，是一个成长迟缓、最不稳定的社会群体。当今社会，无论是收入结构变化、支出结构变化、还是体制环境的变迁，都会对中等收入群体或中产阶层成长的稳定性造成严重影响。

一　低收入和中低收入群体数量庞大

按照世界银行中等收入者每天收入 10—100 美元的标准，我们在第六章计算出，中国现有中等收入者或中产阶层 4.7 亿人，是世界上中产人群规模最大的国家。但是，中国有 14 亿人，现有中等收入者占人口比重只有 33.8%，距离构建以中等收入者为主的橄榄型社会差距相当大。所谓橄榄型社会，中等收入者人群占比至少要达到60%左右，这也是跨越"中等收入陷阱"、向高收入国家行列迈进的必要支撑条件。从人均收入水平数据看，中国已经十分临近高收入国家门槛，但仅有33.8%的中等收入者人群，是断难实现跨越和攀升的。即使能一时跨出中等收入区域，依然还会掉下来。时至今日，在有限的时间内，中国在构建橄榄型社会方面必须完成的发展目标有两个，一个是将现有低收入和中低收入者尽可能多地转变为中等收入者；另一个是稳定现有的中等收入阶层，防止他们在结构转型中向下一阶层滑落。

从2018年的统计数据分析，按照五等份分组的居民收入划分，中国每人每天收入低于10美元（年收入25180元人民币）的人群占农村人口的80%，包括低收入、中低收入、中等收入和中高收入人群，这部分农村人口数量约为45120万人；约占城镇人口的40%，包括低收入和中低收入人群，这部分城镇人口数量约为33255万人；城乡两项相加，中国有78375万人为低收入和中低收入人口。

北京师范大学收入分配研究院课题组基于国家统计局16万户样本，分层线性随机抽取了7万个代表性样本，对不同层级的居民家庭每月可支配收入人群按分布比例进行了数量测算，结果如表10—5所示。[①] 2019年，中国有39.1%的人口月收入低于1000元，人口总量为5.47亿人；月收入在1000—1500元的人口为19139万人，1500—2000元的人口为17263万人。也就是说2019年全国居民年人均可支配收入低于24000元的人口有9.64亿人，占全国总人口的68.85%。尽管该项成果结论还存在争议，但也确实揭示出了一个真实现状：中

---

① 万海远、孟凡强：《月收入不足千元，这6亿人都在哪?》，2020年6月3日，财新网，http://opinion.caixin.com/2020-06-03/101562409.html。

国存在着一个庞大的低收入和中低收入人口群体。

表 10—5　　2019 年家庭人均月可支配收入分布与人口测算

月收入分组	百分比（%）	人口数（万人）	累计百分比（%）	累计人口数（万人）
≤0	0.39	546	0.39	546
0—500	15.42	21589	15.81	22135
500—800	14.43	20203	30.24	42338
800—1000	8.86	12404	39.10	54742
1000—1090	3.75	5250	42.85	59992
1090—1100	0.37	518	43.22	60510
1100—1500	13.30	18621	56.52	79131
1500—2000	12.33	17263	68.85	96393
2000—3000	14.81	20735	83.66	117128
3000—5000	11.21	15695	94.87	132823
5000—10000	4.52	6328	99.39	139151
10000—20000	0.56	784	99.95	139935
≥20000	0.05	70	100.00	140005

注：人口数测算用人口总数乘以对应百分比。

由此可见，中国既是世界上中产人群规模最大的国家，也是低收入和中低收入人口最多的经济体。如何将这部分人群中的大多数转变成为中等收入者，是目前一项十分艰巨的改革和发展任务。即使现有中等收入群体，在经济结构和社会结构转型中，欲向上一层流动总是遭遇五花八门的阻力，时时面临着向下一层滑落的风险。如何稳定现有中等收入者，也是中国实现中等跨越和向上攀升的难题。

二 产业结构转型升级影响中等收入群体的成长

从产业结构变化看，以信息技术、生物技术、新材料技术、新能源技术为代表的新一轮世界产业科技革命，催生出一批新产业、新业态、新产品和新模式，对原有产业、业态、产品等形成了替代，导致在原有产业领域工作的人失去了工作。被新技术摧毁的绝不止是低工资的累人岗位，为数不少的原有稳定技能、且业绩和收入也有保证的中产阶层也失去了机会。比如电子商务、线上销售深度冲击了传统商贸流通业，使得一大批实体零售商失去了市场发展空间，靠卖场经济生活的经销商和经纪人被大量淘汰；数据经济和智能化技术对传统产业的改造升级，使一大批在传统制造业领域就业的白领和高级蓝领阶层丧失了赖以生存的就业岗位；曾容纳大量就业的会计员、银行柜员、编辑、程序员等职位尽管原本薪酬不错，也难逃被颠覆的命运。

近年来，国际环境的陡然变化也对中产阶层带来了不利影响，发达国家的"再工业化"，引起中高端制造业"回流"和资本"回迁"，对中国发展中高端制造业形成冲击；发展中国家劳动密集型产业对中国的市场替代，也给中国的中小制造业业主和从业者带来了挑战。有数据表明，从2010—2019年，中国工业企业数减少了8万个，企业用工人数从2014年的9977.2万人下降到2018年的7942.3万人，净减少2035万人，其中私营工业企业和外商、港商用工量减少了1252万人，占工业用工减少总量的61.5%。[①] 这其中有数不清的人从身家富裕一下子跌落到负债或者破产的境地。

---

① 2019年《中国统计年鉴》、2020年《中国统计摘要》。

与简单技能型岗位的转型不太一样，中产阶层一般前期投入比较大，学习成本积累多，生活安定且人脉较广，转型转岗的机会损失也随之加大，许多人需要更长时间才能转变认识，重新适应新的工作和生活环境。这对他们的学习能力和心理能力都是挑战。

三 生活成本上升给中等收入群体成长带来压力

从支出结构看，国际金融危机爆发以来，受扩张性财政政策和宽松的货币政策的影响，社会消费品价格全面持续上涨，城市生活成本大幅度上升，给中产阶层带来了极大的生活压力。子女教育、大病医疗、购房还贷、家庭养老等，都有可能使中等收入者瞬间变为低收入者。正如民间所说，一场经济危机、一次家庭成员大病、一套房子（还贷）都有可能使一个中产家庭消失。2009年12月，《中国新闻周刊》进行了一次《中产阶层生活状况调查》，在北京、上海、广州、沈阳、武汉、青岛、杭州、成都、西安、兰州十个城市，对1658名个人月收入在各地处于中等水平以上的常住居民进行调查。结果显示，在贷款买房的人群中，有61.6%的人每月房贷支出占家庭总收入比重超过了30%，其中有20.5%的人每月房贷支出占家庭收入的比重超过了50%。有43.8%的人表示"压力较大，时时担心断供"，这些人中有近70%不认同自己是中产阶层。[①] 所以，身为"中产阶层"并不意味着这部分人可以不再节衣缩食地轻松生活，而是随时可能陷入窘迫的状态，这往往使他们更加焦虑。

---

① 《"被消失"的中产》，《中国新闻周刊》2010年第3期。

四　收入分配结构性变化不利于中等收入群体成长

从国民收入分配看，一般而言，经济增长带来的成果分配并不是均衡的，市场竞争必然会扩大收入差距，由此会产生不同层级的收入群体，如高收入者、中等收入者、低收入者等。在公平和效益之间，市场经济选择的是效益，收益分配自然有利于资本方；如果政府能利用"有形的手"选择公平，有效帮助中低收入者，这种由收入差距扩大带来的中低等收入者就会少一些。但是中国工业化和城镇化的现实不尽如此，我们在第六章和第七章中已经讨论过。在国民收入初次分配和再分配中，各级政府和企业两大主体切割的国民收入份额不断增加，并将这些不断增长着的收入份额，分别投向公共投资和生产投资领域，最终造成基础设施建设和制造业规模空前扩张。进一步看，政府和企业在国民收入再分配中用于当期居民的福利支出，特别是帮助中低等收入者改变身份的支出远远跟不上投资增长。笔者在第九章中讨论过收入在阶层间的分配（参见图9—3和图9—4），进入新世纪特别是2010年以来，我国城乡之间居民收入差距有所缩小，但城镇及乡村内部各个阶层之间收入差距在明显扩大，低收入和中低收入群体的收入提升速度明显慢于高收入群体。也就是说，高收入人群越来越富有，与中等及以下群体形成了越来越大的差距，中低等收入者向上一层级转变缺乏收入增长的公平机会，台阶越来越高了。

五　体制结构性变迁抑制中等收入群体的成长

从体制结构变迁看，不知从何时开始，中国的社会阶层结构出现了固化，低收入、中低收入以及中等收入群体向上一级攀升的通道变窄了。以农村为例，中国低收入和中低收入人群有80%集中在农村，进城落户制度是他们改变身份的关键条件。但是，现有的二元户籍及福利制度将城市割裂成两大群体：常住人口和户籍人口。在就业、住房、医疗、养老、子女就学、贫困救助甚至工资标准等方面，都实行两个群体两种待遇的政策。进城长期务工的农民工作为常住人口群体，同户籍人口群体的福利待遇和公共服务资源供给都存在着天然差别。在现有体制下，他们要想变成中等收入群体，始终面临着先天机会不足的巨大障碍。

体制结构变迁引发的阶层固化无处不在。在现有体制安排下，我国行业、地区、部门、阶层间制度壁垒繁多，底层居民横向、纵向流动都受到极大限制，即使他们想冲破这些羁绊，最后也会被无形之门撞回"原点"。还有，目前的中国，仍旧是一个崇尚社会关系的国度，各种社会关系网，包括裙带关系网错综复杂，低收入和中低收入者被边缘化的现象无处不在。改革开放为低收入和中低收入者改变身份提供了多种多样的机遇，他们中成千上万的人借机跨入了中产阶层行列。可是，21世纪以来，低收入及中低收入者改变身份越来越困难，摆在新一代低收入和中低收入者面前的制度交易成本比上一代大得多。为数不多的官方通道（比如高考）变得拥挤不堪，社会上各种"网"、种种"门"、层层"圈"明里暗里挡住了他们向上跃迁的步伐。层出不穷的个体依托关系越位胜出，打碎了绝大多数低收入和中低收入者"凭本事吃饭"的梦想，即使是下一代也难以实现代际身份转变，只能被锁定在底层为生存拼搏。

2019年3月，人民论坛对包括学生、机关事业单位职工、企业白领、农民（工）、务工人员在内的主要青年群体进行了一次调查，收回问卷 4300 多份,① 主要考察了青年群体对"父母""自己"和"(未来)子女"所处社会阶层的评价与预期。该调查发现,社会中下层出身的群体,对社会阶层跃迁的预期程度在减小。比如:当代社会中下层出身的青年,社会阶层跃迁程度的平均值为 2.39 分,而其子女社会阶层跃迁程度的平均值只有 1.40 分。② 可见,社会阶层固化的预判趋势非常明显。再如,青年群体对于"贫富差距"原因的看法,选择家庭出身影响的占 54.3%,认为"制度设计不合理"的占 47.0%;相信"关系背景"对于成功很重要的人占比为 67%,生活在地级市和省会城市的青年对"成功靠拼爹"的认可度最高。该研究使得阶层固化这个社会问题显性化了。社会阶层固化使得低收入和中低收入者向上移动的预期变小,无处不在的"关系背景"挤压了青年人依靠"个人努力"实现成功的机会空间。

中等收入群体抑或中产阶层的成长既受制于现有体制变动,同时也给既有体制结构带来困惑。中等收入群体成长慢,会延缓构建以中等收入者为主体的橄榄型社会结构进程,进而推迟中国迈向高收入国家的步伐。但是从另外角度看,中等收入群体成长缓慢,却能减轻对体制结构转型的压力。简单说,中国现有管理体制是从高度集权的政治体制和计划经济体制基础上不断演变而来的,经过 40 多年的改革,执政党和政府作为社会管理的唯一主体,正在不断转向"党委领导、政府负责、民主协商、社会协同、公众参与、法治保障、科技支撑的社会治理体系",③ 而这种体系与中等收入群体成长的需要是有不少

---

① 石晶:《当代青年未来发展信心调查》,《人民论坛》2019 年第 13 期。
② 据该调研设计,得分越大,代表社会阶层越高。
③ 《中共中央关于坚持和完善中国特色社会主义制度 推进国家治理体系和治理能力现代化若干重大问题的决定》,《人民日报》2019 年 11 月 6 日。

第十章　跨越与攀升：社会结构面临的转型困境 | **299**

距离的。因为中等收入群体的主要目标已经从生存需要转向了发展需要，更多地关注财产安全、权益保护、身份尊严、政治参与等。同中低收入群体相比，他们更趋理性，自我约束力强；在社会治理方面，该群体更多地要求实现自我表达的诉求、自我管理的诉求，就是说中等收入群体成长要求社会治理更加扁平化，也更高效。显然，中等收入群体成长越快、规模越大，社会扁平化治理的要求就会越强烈。如果从上到下的纵向社会管理体制改革继续滞后下去，中等收入群体便会首当其冲地对社会管理失去信任，这无疑是社会结构转型中的风险因素。

◇ 第三节　"未富先老"的人口结构

在未跨进高收入国家行列之前，中国还遇到了发达国家未曾出现过的难题，就是创造财富的人口开始大幅度减少，而需要消耗财富的老年人口急剧增加，"未富先老"大大增加了中国实现跨越和攀升的成本。

一　中国人口结构发生转折性变化

改革开放以后，中国充分利用年轻型和成年型年龄结构①带来的

---

① 联合国根据少儿人口比重、老年人口比重、老少比以及年龄中位数等指标，将人口年龄结构分为年轻型、成年型、老年型三类。65岁及以上人口比重在4%以下，少年儿童（0—14岁）人口比重40%以上，年龄中位数20岁以下，为年轻型年龄结构；65岁及以上人口比重在4%—7%，少年儿童（0—14岁）人口比重30%—40%以上，年龄中位数20—30岁，为成年型年龄结构；65岁及以上人口比重在7%以上，少年儿童（0—14岁）人口比重30%以下，年龄中位数30岁以上，为老年型年龄结构。

人口红利，大力发展以出口导向为主的劳动密集型产业，使得经济发展连续跨越两个台阶，成功地由低收入阶段跨向中高收入阶段。但是，从经济发展进入中低收入阶段开始，中国的人口年龄结构就发生了"未富先老"的转折性变化（见表10—6）。2000年，中国65岁及以上人口占总人口的比重达到了7%的底线，此后老龄化趋势加快推进，2010年，65岁及以上人口所占比重上升到8.9%，2019年又上升到12.6%。

2010年是中国进入中高收入阶段的标志年份，也是人口年龄结构变化的分水岭。当年，年龄在15—64岁的劳动年龄人口占总人口比重达到峰值74.5%后便持续下降。从2015开始，劳动年龄人口开始由净增加转为净减少，而65岁及以上人口数量加快增长。2010年到2014年，劳动年龄人口增加了531万人，同期内65岁及以上人口增加了1864万人，老龄人口增长是劳动年龄人口增长3.5倍。2015年到2019年，劳动年龄人口减少了1415万人，同期内65岁及以上人口增加了3826万人。2020年以后这种趋势还将延续加剧。2020年到2035年，劳动年龄人口将减少9506.2万人，同期内65岁及以上人口将增加15435.6万人。到2035年，中国需要社会赡养的老龄人口占总人口比重将超过20%，这意味着，今后每年将有超过1000万的老年人进入需要社会赡养的队伍，相反可为社会创造财富的劳动队伍却要每年减少630多万人。

根据有关研究，中国的老龄化要比发达国家既早得多又快得多。日本在20世纪70年代初期迈入发达的高收入国家行列，恰恰在1971年进入老龄化社会，当年65岁及以上人口比例为7.05%，到1995年该比例上升到14.3%。韩国是20世纪90年代进入高收入国家行列，及至2004年65岁及以上人口比例才上升到7.1%。① 美国在20世纪初成为世界经济强国,但到第二次世界大战以后65岁及以上比例才突破7%。② 有研究表明,65岁及以上人口比例由7%翻一番所用的时间是,美国65年,法国115年,而中国大约只需要27年。③ 毫无疑问,当前和今后的一段时间里,中国人口年龄结构还将处于老龄化加速时期。加速老龄化对社会基本养老支出必然带来刚性增长,这迫使我们在资源配置方面拿出越来越多份额用于满足老龄化的需要。在社会财富创造动力支撑不足情况下,社会养老支出会出现缺口并不断扩大。中国社会科学院一项研究指出,在现行养老保险体系下,到2023年,全国范围内职工养老保险即将出现资金缺口;到2029年,养老资金累积结余将消耗殆尽;到2050年职工养老金累计缺口占当年GDP的比例达到91%。④

表10—6　　　　未来中国劳动力供给与老年人口增长变化　　　　单位:万人

年份	15—64岁增长	65+增长
2010—2014	531.0	1861.0
2015—2019	-1415.0	3826.0
2020—2025	-617.0	6863.2
2026—2030	-4295.2	3973.4

---

① 根据世界银行数据库资料测算。
② 陈奕平:《美国老年人口变动特征及其影响分析》,《人口学刊》2003年第3期(总第139期)。
③ 蒯小明:《我国养老保险资金缺口的影响因素分析》,《云梦学刊》2014年第35卷第1期。
④ 《社科院报告:十年后中国养老保险将现资金缺口》,中国新闻社,2013年12月25日。

续表

年份	15—64 岁增长	65 + 增长
2031—2035	-4594.0	4599.0

资料来源：根据 2020 年中国统计摘要和徐惠喜《社科院报告：中国人口负增长时代即将到来》，《经济日报》2019 年 1 月 3 日资料测算。

二 "未富先老"给社会结构转型带来压力

同发达的高收入国家相比，当前中国人口年龄结构变化最大的特点，就是当中国经济发展还未跨进高收入国家门槛时，就面临着快速的老龄化人口增长。"未富先老"既给社会结构转型带来了压力，也给中国继续谋求一定经济增长速度，实现跨越和攀升提出更多挑战。按照经济学一般增长原理，劳动力供给不断减少，必然会引起短期经济增长率下降。因为，在技术条件保持不变的情况下，推进经济增长必须依靠增加资本和劳动的投入，如果劳动力供给持续减少，资本投入又不能完全及时替补减少的劳动供给量，经济增长率下降将不可避免。同时，经济增长理论还告诉我们，短期用于技术进步的投入，不但能通过即期投资需求带动经济增长，而且还能为未来经济发展培育和积累潜在增长力。但是，在现实经济运行中，如果社会人口年龄结构加快老龄化，老龄人口规模不断扩大，社会储蓄率将会出现下降趋势，进而投资率也会随之降低，若社会用于养老成本的支出大幅度增长，会直接和间接地挤占教育投资和劳动人口的技能培训投入，给人力资本提高带来负面影响，这显然不利于未来经济增长力的培育。

第十一章

实现跨越和攀升的可能性

前面分析了中国跨越"中等收入陷阱"、向发达的高收入国家行列攀升所遇到的难题和困境，本章主要分析中国实现跨越和攀升的可能性。

◇ 第一节 实现跨越和攀升的有利因素

虽然，中国实现跨越和攀升遇到一些难题和困境，但同时也具备一些有利因素，比如有一个正在成长着的庞大国内市场、初步深化的体制改革、不断提升的人力资本和资源集约节约利用以及充足的外汇储备和人民币储蓄，都会对结构转型和经济增长形成有利支撑。

一 中国有庞大的国内需求市场做支撑

先从需求方面分析。表11—1是1998年以来按世界银行统计数据计算的中国、美国和世界的家庭和非盈利机构的消费量比较情况。从中可以看出，在2010年前的中低收入阶段，中国消费规模从不足

5000亿美元增加到2.157万亿美元，占世界家庭消费和非盈利机构消费总量的比重由2.5%上升到5.7%。在中高收入阶段，消费规模从2.157万亿美元扩大到2018年的5.263万亿美元，占世界消费总量的比重也进一步升至10.8%。中国与美国消费规模的差距也在迅速缩小，2008年中国消费规模只是美国的8%，2010年提高到21.8%，2018年又提升到37.6%。中国民用消费市场的体量和提升速度举世瞩目。

表11—1　　世界、美国、中国家庭和非盈利机构消费情况　　单位：万亿美元

年份	世界消费	美国消费		中国消费		
		消费量	占世界比%	消费量	占世界比%	占美国比%
1998	18.756	5.877	31.3	0.469	2.5	8.0
2000	20.111	6.762	33.6	0.568	2.8	8.4
2005	27.940	8.747	31.3	0.918	3.3	10.5
2010	37.785	10.186	27.0	2.157	5.7	21.8
2015	42.906	12.284	28.6	4.271	10.0	34.8
2018	48.632	13.999	28.8	5.263	10.8	37.6

资料来源：世界银行网站World Bank Open Data。

今后，随着城镇化的推进，居民收入的增长，社会保障水平的提高，消费政策的不断完善，中国的国内消费将会保持较快增长速度，消费规模势必会进一步扩展，消费拉动经济增长的作用也会进一步增强。若发展势头良好，中国消费规模有可能超过美国成为世界最大的民用消费市场。这里我们做一个简单预测，由表11—1可以测算出，从2010—2018年，美国家庭和非盈利机构消费总量年名义增长率为4.04%，中国则为11.8%。消费增长首先要考虑通货膨胀因素，两国均考虑消费价格指数年均为1.5%，但不同的是美国经济结构已经成

熟，经济增长长期处于稳定均衡状态，而中国经济结构转换还处在变动时期，经济增长将呈现阶段性下降趋势。若考虑这些因素，假定美国家庭和非盈利机构年均消费名义增长率保持不变，中国家庭消费的名义增长率适当下调到8%，预计到2045年中国家庭和非盈利机构消费规模会超过美国，成为世界第一大民用消费市场。① 当然，如果今后中国体制改革确实有战略性调整，能促进国内需求结构迅速向高级阶段转变，不排除中国民用消费市场规模提前超越美国，成为世界最具吸引力的强大市场。若真能实现，中国的国内市场就不仅能够支撑经济持续稳定增长，还可对冲由国际市场需求萎缩带来的系统性风险。

近年来，政府高度重视投资对经济增长的关键作用，不断优化投资结构，促进投资向民生、新型基础设施、新兴产业等方面倾斜。特别是Covid-19新冠肺炎疫情暴发以后，中共中央政治局于2020年3月4召开会议，提出要加大公共卫生服务、应急物资保障领域投入，加快5G网络、数据中心等新型基础设施建设进度。② 2020年5月召开的两会上，政府工作报告更加强调扩大有效投资，重点支持既促消费惠民生又调结构增后劲的"两新一重"建设，即加强新型基础设施建设，加强新型城镇化建设，加强交通、水利等重大工程建设。这次会议还提出了要提高政府财政赤字率，发行抗疫特别国债，大幅度增加地方政府专项债券规模的举措。

为了提高投资的有效性和结构调整的精准性，国家发改委还明

---

① 假定其他条件不变，到2045年，按照美国家庭和非盈利机构消费年名义增长率4.04%计算，其消费规模可达到40.79万亿美元；中国按照8%的消费年名义增长率，到2045年可达到42.04万亿美元。

② 《中共中央政治局常务委员会召开会议 研究当前新冠肺炎疫情防控和稳定经济社会运行重点工作 中共中央总书记习近平主持会议》，《人民日报》2020年3月5日。

确提出了新型基础设施建设的内容和范围，指出新型基础设施建设包括三个方面内容：一是信息基础设施建设，包括以5G、物联网、工业互联网、卫星互联网为代表的通信网络基础设施，以人工智能、云计算、区块链等为代表的新技术基础设施，以数据中心、智能计算中心为代表的算力基础设施等；二是融合基础设施建设，包括智能交通基础设施、智慧能源基础设施等；三是创新型基础设施建设，包括重大科技基础设施、科教基础设施、产业技术创新基础设施等内容。①

根据工信部赛迪智库的《"新基建"发展白皮书》测算，到2025年，完成5G、大数据中心、人工智能、工业互联网、特高压、新能源汽车充电桩、城际高铁和轨道交通等建设，直接投资将达9.96万亿元人民币，带动投资17.07万亿元人民币。

从政府公布的投资建设内容分析，这次新冠疫情暴发以来，中国政府实施的投资刺激政策，与以往有很大的不同，一是它把短期通过需求扩张拉动经济增长与长期培育潜在增长力结合起来；二是以新兴产业为中心开展投资，为中国长期高质量发展实现新旧动能转换。

由此可见，近几年的投资结构优化调整力度较大，非常有利于中国经济发展向新的台阶迈进。

二 正在深化的体制改革还会给经济释放增长红利

无需赘言，过去40多年，中国经济增长得益于改革开放，体制

---

① 《国家发改委首次明确"新基建"范围》，《21世纪经济报道》2020年4月30日。

改革释放了经济增长潜能，对外开放拓展了经济发展空间。从目前的走势看，体制改革正逐步深化，还将为中国经济释放出更多的增长红利。

首先，从思想认知上，市场在资源配置中的决定性作用地位不断上升，有利于更大地激发市场竞争活力和更多地挖掘经济发展潜力。中国共产党第十八次全国代表大会提出，要"更大程度更广范围发挥市场在资源配置中的基础性作用"，坚持社会主义市场经济的改革方向，全面深化经济体制改革。党的十八届三中全会把市场在资源配置中的"基础性作用"进一步确定为"决定性作用"，提出要"紧紧围绕使市场在资源配置中起决定性作用深化经济体制改革，坚持和完善基本经济制度，加快完善现代市场体系、宏观调控体系、开放型经济体系，加快转变经济发展方式，加快建设创新型国家，推动经济更有效率、更加公平、更可持续发展"。[①] 中国共产党的十九大也再次强调"使市场在资源配置中起决定性作用"。党的十九届三中全会明确，"要坚决破除制约使市场在资源配置中起决定性作用、更好发挥政府作用的体制机制弊端，围绕推动高质量发展，建设现代化经济体系，调整优化政府机构职能，合理配置宏观管理部门职能，深入推进简政放权，完善市场监管和执法体制，改革自然资源和生态环境管理体制，完善公共服务管理体制，强化事中事后监管，提高行政效率，全面提高政府效能，建设人民满意的服务型政府"[②]。从上述变化看，执政者正在思想认知上主动调整政府和市场的关系，不断提升市场在资源配置中的地位作用，让市场在所有能发挥作用的领域尽可能充分

---

① 《中国共产党第十八届中央委员会第三次合体会议公报》，新华社北京 11 月 12 日电。
② 《中共十九届三中全会在京举行》，《人民日报》2020 年 3 月 1 日。

地发挥作用，推动资源效率最大化，使市场主体有更自由的经营空间和更大的活力。

其次，在行动上看，多年来，中国政府在不断转变职能、简政放权，减少对市场的过多干预，促进经济稳定增长。比如，从2013年到2018年，国务院分批取消和下放了多达1138项行政审批等事项，取消了一批评比达标表彰项目、职业资格许可和认定许可，多次修订投资项目核准目录，清理规范一批审批中介服务事项，并大幅缩减核准范围。五年多来，国务院部门行政审批事项削减44%，非行政许可审批彻底终结，中央政府层面核准的企业投资项目减少90%，行政审批中介服务事项压减74%，职业资格许可和认定大幅减少。中央政府定价项目缩减80%，地方政府定价项目缩减50%以上。①

不仅如此，政府还积极推进降税减费，减轻企业负担。2017年7月1日中央政府将企业增值税税率由17%、13%、11%、6%四档简并到17%、11%、6%三档之后，于2018年5月1日起再次下调至16%、10%、6%三档，2019年又进一步调整到13%、9%、6%三档。在降费减负方面，明显降低企业社保缴费负担，下调城镇职工基本养老保险单位缴费比例，各地可降到16%。提高增值税小规模纳税人起征点，对小规模纳税人交纳的部分地方税种，实行减半征收政策，扩展初创科技型企业优惠政策适用范围，对创投企业和天使投资个人投向初创科技型企业，可按投资额70%抵扣应纳税所得额的政策。②

---

① 参见2013年以来历年中国政府工作报告。
② 《财政部部长刘昆：2019年减税降费措施以减税为主体，约占7成》，2019年3月7日，第一财经。

在要素市场化改革方面，2020年3月中共中央国务院发布文件，① 要求加快要素配置市场化改革，破除阻碍要素自由流动的体制机制障碍，扩大要素市场化配置范围，健全要素市场体系，推进要素市场制度建设，实现要素价格市场决定、流动自主有序、配置高效公平，为建设高标准市场体系、推动高质量发展、建设现代化经济体系打下坚实制度基础。在土地要素配置上，提出要建立健全城乡统一的建设用地市场。在劳动力要素流动上，要求放开放宽除个别超大城市外的城市落户限制。在资本要素配置上，提出坚持市场化、法治化改革方向，完善投资者保护制度，放宽金融服务业市场准入，主动有序扩大金融业对外开放。在技术要素配置上，提出深化科技成果使用权、处置权和收益权改革，赋予科研人员职务科技成果所有权或长期使用权。促进技术要素与资本要素融合发展，探索通过天使投资、创业投资、知识产权证券化、科技保险等方式推动科技成果资本化。文件还提出，要培育数据要素市场，加快要素价格市场化改革和市场化运行。

在推进所有制结构多元化方面，政府既在不断深化国有企业改革，同时还试图营造更好的营商环境支持民营企业的发展。2019年12月，中共中央国务院颁布文件，要求进一步放开民营企业市场准入，全面排查、系统清理各类显性和隐性壁垒。在电力、电信、铁路、石油、天然气等重点行业和领域，放开竞争性业务，进一步引入市场竞争机制。支持民营企业以参股形式开展基础电信运营业务，以控股或参股形式开展发电配电售电业务。支持民营企业进入油气勘探开发、炼化和销售领域，建设原油、天然气、成品油储运和管道输送

---

① 《中共中央　国务院关于构建更加完善的要素市场化配置体制机制的意见》，新华社，2020年4月9日电。

等基础设施。支持符合条件的企业参与原油进口、成品油出口。在基础设施、社会事业、金融服务业等领域大幅放宽市场准入条件。同时，在改善民营发展的政策环境、保护民营企业和企业家合法财产权益等方面还做出了详细的规定要求。①

在对外开放方面，为了主动对外开放国内市场，从2013年国务院批准设立中国（上海）自由贸易试验区开始，先后分多批次批准了18个自贸试验区，包括批准在海南建设自由贸易港，自由贸易试验区被赋予更大改革自主权，由此中国构成了东西南北中协调、陆海统筹的开放态势，初步形成了全国新一轮全面开放格局。

可以相信，上述一系列政府管理职能的调整和体制机制改革的深入推进，既是现在时，又是未来时，不但有利于当前的经济发展，还能为未来发展提供基础性制度支撑。从目前的经济运行分析，由于近年来中央政府实施了诸多市场化的改革开放举措，中国的营商环境确实得到了很大的改善。从世界银行每年公布的全球营商环境报告显示，从2013—2020年，中国的营商环境得到了明显改善（见图11—1），营商便利度综合指标排名由2013年的第91位上升到2020年的第31位，向前提升了60个位次。在营商环境分项中，除了获得信贷环境排名有所下滑外，其他分项指标都有不同的改善，其中改善幅度变化最大的项目依次是，办理施工许可证的便利程度排名提升了148个位次，开办企业的便利度排名提升了124个位次，获得电力的便利度排名提升了112个位次，保护投资者权益排名提升了72个位次，解决破产排名提升了31个位次。

---

① 《中共中央国务院关于营造更好发展环境支持民营企业改革发展的意见》，《人民日报》2019年12月23日。

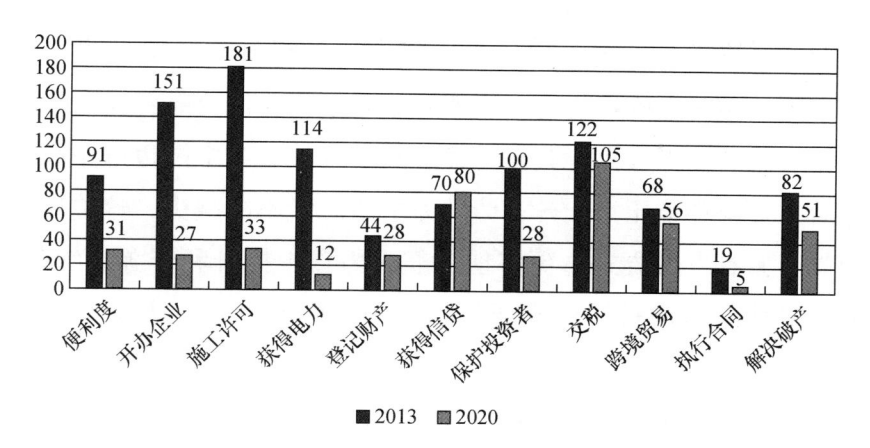

图11—1　中国营商环境在世界排名变化①

营商环境是一个综合指标，它反映了一个经济体从体制、政策甚至制度等方面，如何影响经济增长，影响投资、贸易、就业、融资渠道、非正规经济的进入或退出市场。近年来，中国营商环境总体上是朝着不断改善的方向演变，有利于企业按照市场化方法配置要素资源，依照市场竞争原则开展自主经营的。笔者相信，这方面的改革和政策调整不会终止，只要中国的体制改革和政策调整趋向让市场在资源配置中起决定作用，未来经济增长就存在着巨大的制度红利。

三　人力资本和物质技术沉淀正为未来积累增长条件

对于一个经济体来说，在低收入和中低收入阶段，经济增长可以更多地依靠低成本的劳动力供给和低廉价格的土地、水、能源等资源投入。但是，进入中高收入阶段，特别是从中高收入向高收入阶段过

---

① 2013年世界银行全球营商环境报告是针对185个国家进行评价，2020年评价范围扩大到190个国家。数据来源于 The World Bank Doing Business。

渡时期，经济增长则更多地依赖人力资本的提升和资源的集约化配置。中国的实践也确实如此。改革开放以来，我们依靠劳动力无限供给和粗放式的资源投入，获得了经济高速增长。当中国迈进中高收入阶段后，资源环境压力上升，劳动力供给总量不断减少，这迫使中国必须放弃原有发展方式，更多地依靠人力资本提升和资源集约节约，推动经济从高速增长转向高质量增长，中国能具备这方面的增长条件吗？

  笔者的回答是目前还不具备，但正在积累条件。根据有关文献分析，目前中国科技人力资源规模是处于世界前列的。2017年中国科技人力资源规模达到8705万人，其中大学本科及以上学历的科技人力资源为3934万人，占科技人力资源总量的45.2%，研究人员数量为174.04万人，研究人员总量分别超过了美国、日本、德国、韩国、英国、法国等发达国家。[①] 从每万人口中研究人员数量和每万劳动力人口中研究人员数量看，虽然中国与发达的高收入国家存在较大差距，但这种差距在迅速缩小。表11—2的数据显示，2017年中国每万人口中研究人员数量12.52人，每万劳动力人口中研究人员数量21.57人，都远低于发达国家。但是，从表11—3每万劳动力人口中研究人员的数量变化看，中国与主要发达国家差距在不断缩小。1998年，中国进入中低收入阶段时，每万劳动力人口中拥有研究人员只及日本的6.49%、美国的9.88%、德国的11.36%、英国的12.05%，但到2017年每万劳动力人口中拥有研究人员数是日本的16.53%、美国的25.04%、德国的22.53%、英国的26.87%。显然每万劳动力人口中，中国研究人员数量的增长要快于世界发达国家。

---

  ① 中华人民共和国科学技术部编：《中国科技人才发展报告（2018）》，科学技术出版社2019年版。

表 11—2　2017 年中国每万人口和每万劳动力中研究人员与主要发达国家比较

国家	每万人口中比重（人/万人）	每万劳动力人口比重（人/万人）
中国	12.52	21.57
日本	72.43	136.57
美国	42.37	86.14
德国	50.03	95.72
法国	43.16	97.15
英国	43.86	86.75
韩国	74.47	138.94

资料来源：根据中华人民共和国科学技术部编《中国科技人才发展报告（2018）》提供的资料计算，美国为 2016 年数据。

表 11—3　中国每万劳动力中研究人员与主要发达国家比较　　单位：人/万人

年份	中国	日本	美国	德国	英国
1998	6.73	103.71	68.13	59.23	55.86
2000	9.39	109.3	69.08	65.23	59.34
2005	14.70	124.86	73.94	66.49	82.50
2010	15.45	134.10	78.01	78.69	81.30
2017	21.57	136.57	86.14	95.72	86.75

资料来源：根据中华人民共和国科学技术部编《中国科技人才发展报告（2018）》提供的资料计算。2017 年美国数据是 2016 年的。

在其他条件不变的情况下，一个经济体科研人员的数量与增长速度同创新具有正相关性。科研人员数量多创新成果相对就多；社会拥有科研人员数量增长快，为社会提供的创新成果也会获得较快增长。这里我们用世界知识产权组织的全球创新指数排名，来分析 2010 年以来中国在世界 140 个经济体中的排名变化。由世界知识产权组织、康奈尔大学、欧洲工商管理学院联合发布的历年全球创新指数排名看，从制度、人力资本与研究、基础设施、市场成熟度、商业成熟度、知识与技术产出、创意产出等方面衡量，中国在世界的排名由2010年的第43名上升到14名，是世界中等收入经济体中唯一进入前30位的国家。全球创新指数排名上升，表明中国的综合创新能力在提高，这显然有利于未来中国产业结构转型和新业态、新模式、新产品、新兴产业的培育成长。

另外，我国国际收支的持续顺差带来的外汇储备充足以及庞大的人民币储蓄，不但可以提高国内外市场对中国经济增长的预期，更好地防范金融风险，而且，如果调节应用得当，还可以在推动经济结构、社会结构转型和转变发展方式方面，发挥举足轻重的作用。

第二节 跨越"中等收入陷阱"的可能性

目前，中国已经走到跨越"中等收入陷阱"的最后区域，距离发达的高收入国家门槛越来越近。此时，摆在中国面前的风险矛盾日渐突出，但冲出陷阱跨上新台阶的可能性也越来越大。笔者以为，跨越"中等收入陷阱"，对中国来说已经不是能不能的问题，而是何时能实现跨越的问题。本节将用情景分析法来讨论这个问题。

一 情景预设及条件分析

按照情景分析，假定今后有三种增长方案：乐观方案、基准方案、悲观方案。乐观方案是指，能全面落实党的十八大以来中共中央关于体制改革的方案部署，整体推进顺利，重要领域的重大改革任务都能如期完成。基准方案是指党的十八大以来中共中央部署的体制改革方案，只有一部分得到落实，重要领域的重大改革任务有一部分能基本完成，但有一部分不能完成。悲观方案是由于受到国内外各种因素干扰，党的十八大以来中共中央部署的体制改革方案不能落实，整体改革推进不顺利，重要领域的重大改革任务完成不理想。这里暂不考虑极端方案，比如战争、突发事件以及难以预测的国内外不确定因素引起的经济全面倒退，完全打断中国经济的正常增长之路等。情景分析将根据六大影响因素来设定条件：（1）经济增长速度，（2）中国的人口变化，（3）人民币汇率变动，（4）通货膨胀及价格变动，（5）高收入国家门槛值变化，（6）受美国经济的影响。将以2020年为基期，分为2025年、2030年、2035年、2045年、2050年五个时段，分别讨论乐观方案、基准方案、悲观方案三种情景下，中国GDP总量和人均GDP的变动路径，预测中国未来经济增长的可能性。

第一，增长速度预测。自中国成为中等收入经济体以来，在中低收入阶段，国内生产总值年均增长率为10.1%，在中高收入阶段年均增长率降为7.36%，按照季度计算经济增长率已经降到6%，新冠肺炎疫情大暴发后，世界经济严重衰退，受其影响，中国经济增长率必然还会下降。另外，考虑经济增长的长周期变化趋势，劳动力供给数量加速减少，资本形成空间持续收窄，全要素生产率提高缓慢等，都使得中国经济增长趋势将是长期向下。为此，设定从2020—2030年三个方案的经济增长率下降速度较快一些，此后缓慢下降，这样中国经济增长率从2020—2050年三个方案由2019年的6.1%，到2050年分别将至2.5%、2.0%、1.5%（见表11—4）。

表11—4　　　　　以2019年为基期不同情景下增长速度　　　　　单位：%

情景方案	2021—2025年	2026—2030年	2031—2035年	2036—2040年	2041—2045年	2046—2050年
乐观	5.0	4.5	4.0	3.5	3.0	2.5
基准	4.5	4.0	3.5	3.0	2.5	2.0
悲观	4.0	3.5	3.0	2.5	2.0	1.5

第二，人口变化预设。考虑可直接采纳世界银行专业部门的预测结果，世界银行对中国人口数据预测是，2020年14.25亿人，2025年14.39亿人，2030年14.41亿人，2035年14.33亿人，2040年14.17亿人，2045年13.94亿人，2050年13.64亿人。[1]

第三，人民币汇率变动。从2014—2020年6月29日人民币对美元汇率从6.1428贬到7.0808，贬值21.3%。今后，既要考虑中美关系及其国际环境变化，又要考虑到中国崛起因素的影响。这里假定到2030年前人民币兑美元的汇率大体稳定在7.1的水平；2031—2040年人民币兑美元升值3.5%，人民币汇率稳定在6.85；2041年到2050年人民币兑美元再次升值3.5%，人民币汇率稳定在6.61。

第四，通货膨胀和价格变动。按照国家统计局提供的数据，以1978年商品零售价格指数为100，从2010—2019年中国商品零售价格指数年均增长为1.7%，参照这个数据，将今后商品零售物价指数设定为1.5%。

第五，高收入国家门槛值变化。由于涉及到中国何时跨越"中等收入陷阱"，迈上高收入国家台阶，就需要对世界银行的高收入国家门槛值进行一些观测。从2000—2018年世界银行高收入国家最低门

---

[1] 世界银行数据库、联合国《世界人口展望2017》。

槛由 9265 美元提高到 12375 美元，上调幅度 33.6%，年名义增长率上调 1.62%，从 2010—2018 年高收入国家最低门槛值由 12275 美元提高到 12375 美元，上调 0.82%，每年平均上调 0.1%。假定 2025 前，受新冠肺炎疫情的严重影响，高收入国家门槛值年均名义增长率上调 0.8%，长期趋势上高收入国家门槛值年均上调 1%，今后世界银行 2025 年、2030 年、2035 年、2040 年、2045 年、2050 年六个时段，高收入国家门槛值分别为 13085、13752、14454、15190、15966、16780 美元。

第六、同美国的经济规模比较。为了便于同美国进行差距比较，笔者对美国经济也做了些简单预测。从 2000—2019 年，按 2010 年美元不变价，美国 GDP 增长率年均为 1.98%，通胀指数年均 1.98%。今后暂设定美国年均经济增长率 2%，通胀指数略降为 1.5%。2019 年美国 GDP 总量为 21.428 万亿美元，当年美国 GDP 实际增长 2.33%，通货膨胀指数 1.7%。预测美国的未来经济发展前景将以 2020 年为基期。2020 年，由于新冠肺炎疫情在世界范围大暴发，引起全球经济衰退，尤其对美国影响更为严重。按照 IMF2020 年 6 月的预测，2020 年美国经济增长率为 -8%[①]，再考虑通胀指数 1.5%，因此推算 2020 年美国 GDP 总量将缩减到 20.01 万亿美元。以此为基数进行推算，得到美国未来的经济增长数据。美国 2025 年 GDP 为 23.80 万亿美元，2030 年 28.31 万亿美元，2035 年 33.67 万亿美元，2040 年 40.05 万亿美元，2045 年 47.63 万亿美元，2050 年 56.65 万亿美元。

另外，目前正值 2020 年中期，在我们预测中国未来经济发展情

---

① 《世界经济展望》，2020 年 6 月 24 日，国际货币基金组织官网，https://www.imf.org/zh/publications/weo。

景时，遇到了世界新冠肺炎疫情大暴发，由此引起了全球经济衰退。按照 IMF 预测 2020 年中国经济增长为 1%，考虑通胀率 1.5%，这样我们将 2020 年中国 GDP 总量的基准值设定为 101.58 万亿元人民币。

二 中国未来经济增长的情景预测

根据以上六个条件的分析设定值，预测中国未来以 GDP 和人均 GDP 表述的经济增长趋势，分别根据乐观、基准、悲观三种方案的情景数据，预测结果如表 11—5、表 11—6、表 11—7 所示。

表 11—5　　未来不同情景下中国 GDP 预测　　单位：万亿人民币

	2020	2025	2030	2035	2040	2045	2050
乐观情景	101.58	139.66	187.50	245.75	314.43	392.68	478.61
基准情景	101.58	136.37	178.74	228.69	285.60	348.10	414.04
悲观情景	101.58	133.14	170.35	212.74	259.30	308.41	357.92

注：以 2020 年为计算基期，以人民币为单位，考虑通胀率 1.5%，推算最终 GDP。

表 11—6　　未来不同情景下中国的 GDP 及与美国的比较　　单位：万亿美元

	年度	2020	2025	2030	2035	2040	2045	2050
中国	乐观情景	14.31	19.67	26.41	35.88	45.90	59.41	72.41
	基准情景	14.31	19.21	25.17	33.39	41.69	52.66	62.64
	悲观情景	14.31	18.75	23.99	31.06	37.85	46.66	54.15
美国		20.01	23.80	28.31	33.67	40.05	47.63	56.64

注：以 2020 年为计算基期，中国数据按汇率预测将人民币预测数折算成美元，推算最终 GDP 美元数。美国 GDP 按增长率 2%，通胀率 1.5% 推算。

表 11—7　世界银行高收入国家门槛值及不同情景下中国人均 GDP　　单位：美元

年度	2020	2025	2030	2035	2040	2045	2050
乐观情景	10043	13671	18324	25026	32383	42605	53067
基准情景	10043	13349	17468	23289	29414	37769	45907
悲观情景	10043	13033	16648	21665	26705	33462	39685
世行高收入门槛	>12375	>13085	>13752	>14454	>15190	>15966	>16780

三　结论分析

从三种情景分析可以得到第一个清晰的结论：中国跨越中等收入陷阱，迈入高收入国家行列是大概率事件。

首先按照乐观方案的情景看，即使考虑到世界新冠肺炎疫情大暴发，引起全球经济衰退的影响，2020 年经济增长率下降到 1%，"十四五"规划期间，年均经济增长率以 5% 计算，中国人均 GDP 首次越过世界银行高收入国家门槛值的时间是 2025 年，这一年中国人均 GDP 预测值为 13671 美元，世界银行的高收入国家门槛值预计为 13085 美元以上。中国稳超该门槛值。其次，按照基准方案的情景看，经济增长率以 4.5% 计算，2025 年中国人均 GDP 将为 13349 美元，也超过了世界银行的门槛值。另外，如果按照悲观方案的情景看，"十四五"规划期间，经济增长率年均下调到 4%，中国人均 GDP 将达到 13033 美元，届时还是低于世界银行高收入国家门槛值。这意味着中国经济发展水平在"十四五"末期，将有前两个情景方案可实现中等跨越，迈向高收入国家行列。如果进一步看，即使按照悲观方案，在"十五五"初期中国也将实现跨越和攀升。悲观方案在

2026年中国人均GDP将提升为13678美元，届时也将越过高收入国家门槛值。

第二个结论是，中国从1998年进入中低收入阶段到2010年跨入中高收入阶段用了12年，从中高收入阶段到高收入阶段将最少需要15年。或者说，中国的中等收入阶段最低共计27年。在同一阶段，日本用了18年、韩国21年，新加坡31年，德国27年，高收入国家平均31年时间。一个14亿人口大国，如果能用27年时间成功实现"中等收入陷阱"跨越，这无疑会成为影响21世纪世界经济发展格局的重大事件。

第三，从中美经济力量对比关系变化看，从2020年到2030年，中国GDP总量规模超过美国的可能性很小，但差距会加快缩小。以乐观方案情景看，中国经济规模与美国的差距将从2020年的28.5%缩小到2030年的6.71%。以基准方案情景看，中美差距可由2020年28.5%缩小到11.1%。中国GDP总量首次超过美国的时间将发生在2030年以后。按照乐观方案，2032年中国GDP总量将达到30.50万亿美元，而当年美国GDP总量为30.34万亿美元。按照基准方案，中国GDP总量首次超过美国的时间发生在2037年，当年中国GDP总量36.49万亿美元，而美国为36.09万亿美元。按照悲观方案，中国GDP的总量一直不会超越美国，2050年中美之间的差距仍有4.4%。由此可见，中国经济规模与美国之间的差距不断缩小是一种趋势，但中国经济总量超越美国并不是绝对事件，而只是可能事件。这种可能不在近期，而在未来。

第十二章

通往发达经济体的路径选择

一个经济体即使迈上高收入台阶,如果发展方式不改变,经济结构、社会结构以及体制结构没有实现转型,最终还是会从高收入台阶上重新滑落下来。因此,要想跨越中等收入陷阱,迈上高收入台阶,并在高收入台阶上持续前行,必须改变发展方式,推进主要结构向更高一级转型。

◇ 第一节 选择新的发展方式

过去,中国依靠投资带动、出口导向、劳动密集型产业为主导的发展方式,将经济发展水平从贫穷落后的低收入阶段,推向比较富裕的中高收入阶段,实现全面小康社会。但是,这种推力不是无限的,原有发展方式难以将中国经济推向发达的高收入阶段,实现中华民族伟大复兴。因此,进入新时代经济发展需要新的发展方式。

所谓发展方式,就是推动经济增长的一种路径、一种要素组合方法。它涉及劳动、资本、技术以及资源要素配置、需求结构、供给结构和体制选择安排等。发展方式的选择,既要尊重经济发展阶段的内生需要，也要从比较优势的角度考虑各种要素资源的稀缺性和可获得性；同时还必须考虑需求市场和供给市场的动态均衡。侧重于供给和需求任何一侧的单向增长，并不是一种理性的发展方式选择。

从需求侧分析，在国际市场需求阻力不断加大的情况下，需求增长的重点要适时转向国内。解决国内有效需求不足的问题，既要重视投资对经济增长的短期和长期作用，更要重视消费需求对经济增长的终极带动作用。当然，这种发展方式选择并不意味着忽视供给侧结构性改革对经济增长的贡献，供给侧的结构转型和质量效益提高决定了社会需求满足程度。供给侧的重点是要解决传统产业改造滞后、新兴产业成长缓慢、优质和高端产品供给不足的问题，最终让资本密集和技术密集型的中高端产业在经济增长中起主导作用。概括而言，今后为实现中等跨越，迈向发达的高收入国家行列，理性选择就是实行内需导向、消费引领、供给创新的发展方式。

发展方式转变要求结构转型。结构转型意味着领先因素活跃变动的结果已经引发了其他因素的跟进，使得部门之间关系有了调整，因素作用的环境和平台被更新，向上运动才有了进一步的可能。不如此，领先要素再强劲，也会被之后的关系拖累，最终失去发展动力。结构的地位至关重要，结构调整的意义非凡。结构转型给系统变革提供了一个稳定的新平台，支持内部系统要素积极发展，施展拳脚，释放出更多活力。积极推进结构转型，就是基于对外部环境的变化和系统发展前景的需要，提前预知变动，更好地把握平衡，而不是被动地任由"偏科"出现。

在从中高收入阶段向高收入阶段迈进过程中，选择新的发展方式，需要实现五个方面的结构转型。一是推动需求结构转型，实现从投资拉动、出口导向向内需导向、消费引领的结构转换；二是推动供给结构转型,实现由以工业为主向服务业为主转变,工业内部结构由中低端制造为主向中高端制造为主转变;三是调整要素配置结构,实现由粗放型资源配置方式向依靠科技进步的集约节约型方式转化;四是促进社会结构转型,实现人口结构向市民化社会转型,人群结构向以中等收入群体为主的橄榄型社会结构转化;五是推进体制结构转型,在市场经济体制改革方面,由有政府干预的市场经济体制转向有法治约束、企业有完全交换自由的市场经济体制。还有,调整社会管理与治理的关系,支持政府由纵向管理结构向扁平化社会治理结构转型,推进重点领域、关键环节改革,促进经济政治文化社会体制创新,建立公平透明的社会主义民主政治体制,为实现中等跨越迈向高收入国家行列创造基础性制度供给条件。

第二节 改革和发展需要重大突破

就目前而言,要想尽快走出"中等收入陷阱"区域,顺利迈向高收入国家行列,必须在以下领域实现改革和发展的重大突破。

一 塑造良好的外部环境,实行更高层次的全面对外开放

中国需要塑造良好的外部环境,实行更高层次的全面对外开放。当今世界,面对错综复杂的国际环境,面对美国的"去中国化",我们必须破解从未有过的困局。无论被动还是主动对抗抑或保护都不是中国的选项。因为,中国的崛起需要减少阻力,中国的发展也需要降低成本。就像过去40多年一样,中国还需要较长期的和平发展环境,

更需要持续的全球化。在迈向高收入经济体的新台阶过程中，中国不能没有贸易伙伴，也不能没有朋友。虽然，改革开放以来，中国在全球市场上形成的产业链和供应链，使得世界在短期内还离不开中国，但无论是短期还是长期的经济发展，中国都更需要世界。

选择合作，避免对抗，应该是中国今后一段时间内对外战略的主旋律。虽然，大国之间在一些领域存在着竞争甚至对抗，但也在诸多领域存在着合作的希望。是选择前者还是拥抱后者，这对中国具有战略意义。既然中国把实现中等跨越和迈向发达经济体作为国家发展的优先目标，那么，我们就必须在国际环境中寻求合作，为我们的既定目标营造良好的外部发展环境。在现有的国际秩序下，在诸多国际合作领域，比如气候变化、环境保护、反贫困、打击恐怖主义、应对重大公共卫生突发事件等方面，中国应该发挥积极作用。即使在制度、体制、价值观以及意识形态等方面存在分歧甚至冲突，也并非要以对抗的方式去解决。中国应主动避免对抗，与主要大国建立常规化的沟通机制，以避免对双方行动产生误判。还需要强调的是，世界足够大，全球足够文明，所有国家都应该包容，认同世界多元化，允许不同价值观、不同制度、不同文明和平共存，相互学习，取长补短。如果认同世界多元，允许不同制度、价值观、文明共存，各方竞争对手就应避免贬低对方的价值观，诋毁对手的制度优势，不刻意输出自己的模式。总之，大国之间需要理性地建立沟通与合作机制，尽可能地消除误解、消除对抗，完善各个经济体都可接受并应遵守的制度规则，选择更多的合作领域，搭建更多的共同利益平台，实现共存共赢共同发展。

中国是全球化和自由贸易体系下的受益者，推进全球化，完善和维护自由贸易体系，对中国实现中等跨越、迈向发达经济新台阶极为有利。当今世界，一些大国为了眼前利益，奉行保护主义，实行逆全球化的政策，使得现有世界贸易体系运行遇到了重重阻力。中国作为崛起中的大国，应该团结世界上所有需要全球化、需要自由贸易的国家或地区，全力倡导全球化，率先遵守世界规则，积极推进货物和服务贸易的自由化，投资的便利化。

对外开放是最大的改革。内需导向、消费引领、供给创新并不排斥对外开放，而是要实现更高层次的开放。作为世界主要一员，中国不可能完全靠自己生产出所需要的全部产品和服务，还需要从世界进口自己不具备优势的商品和服务，引进先进关键技术，同时也要出口自己具备优势的产品和服务。为此，中国必须在全球化过程中与世界自由贸易规则实现进一步对接。

倡导全球化，同世界自由贸易规则对接，并不是要让世界去适应中国，而是中国必须主动改变自己，去适应全球化。因此，中国应该进行适应性改革，改革那些不适应全球化的体制机制和政策安排，在积极推进商品及服务、要素流动深度全面开放的基础上，积极推进贸易制度规则的对外开放，在全国范围全面实施市场准入负面清单制度，推动"非禁即入"，实现对外全面开放市场。

随着临近高收入国家门槛，中国也到了放弃享受发展中国家最惠国待遇的时刻，应主动降低关税，取消产业"补贴"，加强知识产权保护，加快对国有企业进行实质性改革，实施对内外资企业统一的国民待遇。还有，目前发达国家之间正在酝酿的双边和多边新的自由贸易协定，推进贸易自由化，这对中国既是挑战，也是机遇。中国不能仅仅失落徘徊，一定要抓住机遇，扩大贸易圈，发展朋友圈，加快进行多边、双边自由贸易谈判，优先同世界主要经济体实现"零关税、零补贴、零壁垒"的贸易协定谈判。在时间顺序上，可以先从周边开始,与东盟、日韩、澳大利亚、新西兰、印度等进行双边或多边谈判,接着是欧盟、非洲、拉美等。

此外,还必须强调的是,务实外交是中国融入世界、分享全球化的最好途径。今后,中国在外交上应继续强调客观、理性、克制、低调,一心一意搞发展,不刻意充当"领头羊"角色,争取与大国再建相互尊重和对等合作的关系。在对外关系上,要尽可能选择发展至上、崛起优先原则,不必在所有领域争上风,在意识形态上要避免过度炫耀、选择性揭示对方弱点,引起多面对立甚至树敌情绪。主动淡化优势宣传,弱化"中国模式"输出,会有助于消除大国对中国崛起的忧虑。

二 积极推进经济结构转型和新动能培育

中国需要积极推进经济结构调整转型,为中国迈向发达经济体培育新动能。理解经济增长动能的形成,有两个视角:一个是需求侧,不同的需求结构组合会带来不同的增长动力,投资多,出口多,消费少,是一种经济增长动能组合;投资少、出口少、消费多,又是另一种经济增长动能组合。另外,投资、消费、出口各自内部不同的结构组合,也都会形成千差万别的增长动能结构。

与需求侧对应的另一个视角是供给侧,供给侧的动能组合更为复杂,不同的要素配置方式会形成不同的动能结构;在第一层次产业结构中,第一、二、三产业间不同的增长比例关系,构成了不同的增长动能结构;同样,农业、工业、服务业内部行业结构以及行业内部的产品结构,也会形成形式多样的动力组合。还有,不同的体制、制度供给结构,与既有需求结构或产业结构发生结合,也同样会带来不同的动能结构安排。

在上述各种动能结构组合中,凡是能为经济带来新的增长份额的组合力量,就是新动能。新动能又可分为有效、无效之分,凡是能实现增长价值的结构组合,便是有效动能,反之亦然。即使有效动能,也有质量高低之分。只有通过技术进步形成的动能结构组合,才是有效有质量的增长动能。

这里,笔者要强调指出的是,无论是何种动能组合,都要有供求均衡理念。任何动能组合,只有在供给与需求之间形成了供求动态均衡,这种动能组合才是真正有效的。

从供求均衡理念出发,经济结构调整既要充分考虑经济发展阶段变化的要求,又要考虑现有经济结构需要破解的难题。对于需求结构来说,中国的投资总量规模需要压缩,投资结构需要优化,消费市场空间要进一步拓展,要创造条件促进消费结构升级。争取到2025年左右,在临近高收入门槛时期,将中国的投资率由目前的40%以上压缩到30%左右。按照情景分析中的基准方案,2025年中国的GDP为136.37万亿元人民币,若投资率由40%以上降低到30%左右,固定资本形成总额将由54.6万亿元压缩到41万亿元人民币,内需结构调整中将有13.6万亿元人民币转向消费需求。

投资需求规模压缩后,要加快投资结构优化进程,应减少那些只能拉动短期经济增长、并对民生关联度不高的投资需求,相应增加那些既能拉动短期增长、对民生关联度高,同时又能对长期经济增长提供帮助的投资。当前,中国政府倡导的"新基建"当属这一类投资。对于消费而言,应通过支持中低收入者提高收入水平,扩大中等收入群体,推进农业人口市民化,完善社会保障制度,改革国民收入分配体制等,增强中低收入群体的消费能力,释放中等收入群体被抑制的消费潜力。对高收入者要激发其消费带动能力，有效挖掘他们的个性消费和享受消费市场。同时，伴随新一轮产业技术革命的深入推进，中国政府要顺应居民消费结构升级新趋势，支持新兴消费，拓展5G终端、智能家居、可穿戴设备、智能网联汽车和在线教育、医疗、交通、文化娱乐等领域的消费。

对于供给结构来说，今后产业发展要从追求供给总量增长转向追求高端化、优质化、高附加值化。当前，中国正处于产业结构加快转型期，落后产业被淘汰、低端产能被转移，中高端制造业被回迁，已经成为一种趋势。如果中国不能及时应对这种局面，其经济增长将面临大滑坡。因为淘汰、转移、回迁是快变量，传统产业改造升级和新兴产业成长是慢变量，当慢变量在短期内无法迅速填补"去中国化"留下的缺口时，制造业将会出现"空心化"。因此一定要通过做加法，积极地应对"去中国化"。

首先，抓住本次产业技术革命的机遇，鼓励发展一批新产业、新业态、新模式，增强新动能对经济发展的带动作用。重点支持和培育半导体及集成电路、高端装备制造、智能机器人、区块链与量子信息、前沿新材料新能源、激光与增材制造、数字经济、环保产业、精密仪器设备等战略性新兴产业发展。其次，要加快对传统制造业改造步伐，走高端化、细分化、智能化和低碳化发展路线，充分利用现代技术工艺路线和生产流程，更新工艺设备，进行管理创新，延长产业价值链，促进制造业沿着"微笑型曲线"向价值链上游发展，支持智能化制造、增材制造、高端再制造、在役再制造、网络协同制造、共享制造等。

对于消费品制造业，可以适当降低低档产品的生产量和生产比重，提高中高档产品的产量和比重，针对不同层次的消费群体和消费结构升级的需要，走分层化、精细化、优质化发展路线。对于能源原材料加工制造业，压缩耗能高、排放多的能源原材料粗加工制造能力，提高精细加工和高加工制造能力，着力发展一批为精密加工制造配套的原材料工业。同时，要大力发展新型材料制造业，实施一批破解"难题"的创新工程，支持一批创新型原材料加工制造企业，鼓励发展电子信息材料、生物材料、新能源材料、纳米材料、超导材料、新型化工材料、新型有色金属材料、高性能复合材料、新型建筑材料和低碳包装材料加工等。

对于装备制造业，要引导更多力量发展基础制造装备，以智能化为重点，大力推进高档数控机床、中高端发动机、集成电路芯片、关键制造设备、自动化成套生产线、精密和智能仪器仪表、元器件以及通用零部件的发展。特别是要通过改革创新体制机制，把国家集中式创新与民间分散式创新有效结合起来，围绕当前产业"痛点"，包括工业软件、高端芯片、高精度蚀刻设备、半导体材料、超高精度机床、工业机器人核心部件和关键设备、顶尖精密仪器、高端工程器械、高档轴承、光学仪器设备以及高档医疗诊断设备等，全力攻关突破，逐步构建自己的产业链和供应链。

在航空装备制造领域，发展的重点是要尽快突破发动机超高速、超高压、超高温三大技术难题，研制并生产出中国品牌的大飞机发动机，制造装有"中国心"的航空飞机。在卫星及应用产业领域，应重点发展宽带多媒体通讯卫星、卫星移动通信地面系统关键设备、运动平台卫星通信应用系统和卫星导航应用、遥感应用等关键性、基础部件和应用服务设备。在交通运输设备制造方面，应充分发挥高铁、轻轨制造方面优势，以高速、快捷、安全为目标，重点发展整车制造，列车运行控制系统、系统集成和核心制造技术，不断提升关键零部件制造水平，打造具有国际竞争优势的现代轨道交通设备产业集群。在海洋工程装备制造方面，以海洋矿产资源装备制造为重点，围绕勘探、开发、生产、加工、储运以及海上作业环境需要，发展关键海洋工程装备，形成较强的总承包能力和专业分包能力。在通用设备制造方面，应以推动中高端装备应用为方向，以产品制造过程智能化、增材化、精密化和低碳化为目标，鼓励对消费品制造、能源原材料加工制造、通用以及专用机械设备制造等领域，进行全面系统的现代化改造。

三 加快培养和扩大中等收入者群体

中国需要加快培养和扩大中等收入者群体，为形成以中等收入群体为主的橄榄型社会格局创造环境。培养和扩大中等收入者群体是一项系统工程，今后要以"提低、扩中、调高"为目标，实施两个相互联系的行动计划。一是实施中低收入者收入倍增计划，就是利用十年时间将中低收入者的收入水平提高一倍；二是中等收入群体倍增计划，就是在十年内将中等收入群体在目前基础上扩大一倍；三是要适当调整控制高收入群体和中低收入群体间差距不断拉大的局面。其中的第二项，即中等收入群体的培育，是核心也是难点。为此，要加快推进财税体制、金融体制、国有企业体制、垄断行业、户籍及其社会保障制度、国民收入分配制度的改革，清除体制和政策障碍，疏解和拓展阶层上升通道，为中等收入群体成长创造宽松的制度环境。

首先，要减少低收入者，让低收入者能够通过各种努力改变身份，成长为中等收入者。帮助低收入者提高他们的发展技能，是低收入者改变身份的主要途径。政府为低收入者参加劳动技能培训提供财政补助，拓展低收入者的脱贫路径，开展特色产业扶贫、生态扶贫、电商扶贫、文化旅游扶贫等。同时，普遍提高社会保障水平，增加对低收入者在基本医疗保险、基本养老保险的补贴额度，统一城乡贫困救助标准，不断提高救助水平，这对穷人摆脱贫困有十分重要意义。另外，在代际脱贫方面，政府可为低收入者子女上大学提供必要的保护和帮助，包括补助学费、免息贷款、提供勤工俭学机会等。

另外，要降低中等收入群体的生存和发展成本，为中等收入群体成长创造条件。中等收入群体是构建橄榄型社会的主要阶层，他们在创新、消费、社会治理、社会稳定等方面有着无法替代的作用，这一群体的成长和扩大有助于实现跨越中等收入陷阱。

通货膨胀是威胁中等收入群体最大的危害因素，特别是不断上涨的住房价格，节节攀升的教育支出，都对这个群体的稳定和成长带来伤害。今后，应该针对中等收入和低收入人群，增加公租房、共有产权房和安居型商品住房的供给，并在贷款方面实行低利率和税前抵扣政策。在教育支出上，也可为该阶层建立有政府补贴的教育贷款基金，让中等收入家庭子女就学能获得低息贷款。

继续调整个人所得税率，提高个人所得税起征点，减少征税档次，也是为中等收入群体降低生存和发展成本的重要措施。目前，中国实行的个人所得税政策，起征点依然偏低，档次也太多。根据通货膨胀指数变动，个人所得税起征点应提高到月收入8000元以上。另外，可将七个档次的个人所得税征收调整为四个档次，最低一档税率改为5%，第二档次税率为10%，第三档次20%，最高一档税率30%。还有为促进消费，也可扩大节能家电、绿色家电财政补助范围，鼓励中等收入家庭增加消费，改善生活。

四 创建真正的市民化社会

中国需要创建真正的市民化社会，为结构升级和扩大社会需求创造创新平台和市场空间。如同构建橄榄型社会一样，市民化社会也是实现中等跨越、迈向发达经济体的重要结构支撑。作为实现市民化社会的载体和依托，城镇化能将供给与需求两侧有效结合起来，从投资和消费两方面拉动经济增长。因此，必须加快推进城镇化，让城镇化与中国所处经济发展阶段相适应。

首先，调整城镇化战略，从促进"大中小城市协调发展"转向上建"群"、中构"圈"、下扩"底"的战略思路。所谓上建"群"就是在全国区域布局上，构建几个大城市群，中构"圈"就是在城市群内部发展若干城市圈，群圈结合，以此提升和带动城镇化。所谓下扩"底"就是在提高现有小城镇的人口承载能力的同时，把现有贴近城市群人口超过2000人以上的行政村全部按城市标准建成小城镇，并大力推进这些小城镇在基础设施、公共服务、产业发展等方面与所在城市群实现同城化和一体化。

其次，除了北京、上海等超大城市外，应该真正放开放宽农民进城落户条件。要建立一种激励机制，就是谁先放开放宽农民工进城落户条件，谁就先"占便宜"、先获利，反之亦然。同时，中央政府应该明确各大中城市放开放宽农业转移市民化的最后期限，对超过该期限不打开城门的管理者，要颁布惩罚措施。

再次，建立有利于推进农业转移人口市民化的公共成本分担机制，尽量降低农业转移人口市民化的落户成本。为了便于实现劳动力跨区自由流动，义务教育、社会保障等应能在全国范围内跨区异地转移接续。比如：中央政府可以承担因农业转移人口市民化发生的义务教育、医疗保险、养老保险等由政府承担的那部分公共支出，地方政府承担住房保障、劳动技能培训、基础设施建设、贫困救助等，企业承担农民工进城就业需要企业缴纳的社会保险支出，其他落户成本由进城农民个人负担。

最后，改革土地制度。从长远看，要让市场在资源配置中起决定性作用，同时要增加农民的财产性收益，各级政府就应逐渐退出土地市场，公益性征地应按市场价格交易，农村集体建设用地（包括宅基地）最终享受同城镇国有土地一样的政策待遇，可直接进入一级市场；农民承包地可考虑按市场原则有序流转。

五 加快结构性体制改革及基础性制度供给

中国需要加快进行结构性体制改革，为实现中等跨越和向发达经济体攀升提供基础性制度供给。一个社会，无论在任何发展阶段都存在两类人群，即中低收入人群和中高收入人群。不同收入群体对经济社会发展的需求是不同的。改革开放初期，中国面对穷人多、农民多、想找"活路"的人多的现状，通过产权制度改革、吏治改革、对外开放，使得穷人有了饭吃，精英们有了上升通道。经过40多年的发展，中国开始面临新的"三多"，即靠近中产阶层的人多、期待市民化的人多、寻找改变身份通道的人多。面对新三多，原有的有利于做大供给规模、追求高速增长的体制和社会治理结构，已经很难满足新"三多"人群的需求。新时期的经济结构和社会结构变迁又需要更深层次的结构性体制改革。

深层次体制改革的总体思路是要建立有法治约束的市场经济。这首先要解决所谓"王在法上"的问题,从法律法规上约束各级政府在微观层面上过度干预市场的行为,向市场主体放权,向企业让利,为社会提供优质化的公共服务;其次是约束规范经济人的行为,防止经济人违规违约;再有是要从法律层面消除所有制歧视,平等保护所有企业和个人的财产权不受侵犯,尤其是知识产权不受侵害,促进市场主体自主性地配置资源,自愿性地交换商品服务,依法自由分配企业所得收益。

具体而言,要把政府职能改革放在首要位置。各级政府要大幅度改革政府职能,继续减少行政性审批事项,不断缩减许可证发放制度,以降低企业的制度性交易成本。伴随政府职能改革,要深化财税体制和国民收入分配制度改革,从制度上保障提高劳动者报酬比例。继续降低财政从企业、社会个人征缴的税收比例和数量,不断减少并继续取消一些公共收费项目。还有,面对市民化社会的形成和中等收入群体的成长,各级城市政府要向社会适度下放社会管理权,促进政府职能从行政管理向社会治理转变,用社会治理替代部分行政管理,用社区自治、居民自治替代机构管理。

要继续推进国有企业改革、减少各种垄断,进一步营造开放透明公平的市场竞争环境。今后,国有企业改革的主要内容是,围绕做大做强做优国有资本的目标,一方面管理部门应该对国有企业进行一次体制性放权改革,在新时期赋予国有企业中性竞争地位;另一方面应该采取市场化改革办法,加快国有企业从竞争性领域或竞争性环节退出的步伐,鼓励民营企业参与国有企业改革,在国企退出的竞争性领域和竞争环节,拓展自己的发展空间。对于垄断性行业,要依托政府职能改革和国企改革不断减少行政性垄断和自然垄断,依靠法制约束市场垄断,同时应按照市场原则,放宽并降低垄断行业准入门槛,清除一切隐形壁垒和体制障碍，引入民营资本，开展有限竞争。

改善营商环境乃是激发市场主体活力、释放社会创造潜力的不可或缺的改革。2013 年以来，虽然中国以上海和北京为样本的营商便利度在国际综合排名中迅速上升，但其他省市区的营商环境改善还有很大空间，推广上海和北京的经验做法，加快全国性营商环境改善应该作为下一步改革开放的重要内容。

最后，重构科技创新体制机制，为结构转型中新旧动能转换提供驱动力。从中等收入阶段向更高一级收入阶段迈进，需要从模仿跟踪向自主创新和原始创新转变，由此要求科技创新体制、创新方式、激励机制、知识产权保护、人才政策等方面应有大的改革和调整。在体制上，国家用于创新的公共资源配置，应更多地考虑民间分散式创新。道理很简单，国家集中式创新不可能包揽所有创新，而且许多创新天然适宜于民间分散创新。有些关键性、前沿性和基础性技术创新让民间创新去完成，可能更有效率。特别是当今世界产业链供应链正在发生重组，在产业链供应链薄弱环节补短板方面，建链、补链、强链活动，在很大程度上都要依靠民间企业去完成。因此，赋予民间企业更充分的创新自由、更公平透明的市场竞争空间、更有法律保障的知识产权环境就显得十分紧迫和必要。

创新需要增加投入，投入需要从政策上给予鼓励。今后，凡是企业或个人用于创新活动的投入，应统一实行加计扣除所得税，建立科技创新型企业所发生的投入，应该据实抵扣增值税。

创新的根本驱动力来自于人的主观能动性。在较短时间内，调动现有科研人员积极性，集聚一批能创新、敢创新的人才队伍，是破解当下创新困境的主要途径。为此，需要放宽放活科研人员的政策管理，积极下放创新立项的决策权、创新成果处置权、使用权和收益分配权，支持科研人员有序流动。同时，对于当前国内急需的高端和紧缺人才，无论是来自于国内还是国外的，经过认证可以对他们的个人所得税给予部分免征。从长远看，人力资本整体提升，才是一国实施创新驱动战略的根本途径。因此，改革教育制度，重新调整公共教育资源配置，开展多种形式的大众教育，提升人力资本，是一个即将迈向发达经济体大国的战略性选择。

六　减少政府干预，及时变革社会治理形态

面对一个成长着的中等收入群体，政府也要减少对社会的干预，对社会治理形态进行及时变革。一个发达经济体需要新的社会治理形态，政府没有必要再去包揽一切社会管理事务，政府不但要减少对经济的干预，同时也应减少对社会事务的管理，将一部分社会管理权限、公共服务项目下放到民间机构和社区组织，实施扁平化的社会治理模式。对此，应给予社会中介服务组织和非营利机构适当发展空间，以填补政府公共服务的不足。可适当扩大居民表达利益诉求的渠道，加强基层居民的自治权利，采取一系列措施，积极拓展社区居民自我管理、自我监督、自我服务的范围。构建政府与民众、非营利机构之间的新型合作关系，在一些社会领域，积极探索市场机制作用下的公共部门管理和社会治理方式，以治理代替管理，实现行政管理同社会治理、社会自治的结合，实行政府与民众、非盈利机构共建共治的社会治理模式。

参考文献

阿玛蒂亚·森：《我不认为中国面临中等收入陷阱》，《新华日报》2016年5月11日。

埃德蒙·菲尔普斯：《中国应如何跨越"中等收入陷阱"》，《中国工商时报》2013年3月26日。

［英］安格斯·麦迪森：《世界经济千年统计》，伍晓鹰、施发启译，北京大学出版社2009年版。

［美］保罗·萨缪尔森、威廉·诺德豪斯：《经济学》第十六版，萧琛等译，华夏出版社2002年版。

曹和平：《中国与"中低收入陷阱"渐行渐远》，《环球时报》2017年4月21日，《经济导刊》2017年第6期。

蔡昉：《"中等收入陷阱"的理论、经验与针对性》，《经济学动态》2011年第12期。

［美］道格拉斯·C.诺思：《经济史中的结构与变迁》，上海三联书店1999年版。

［美］德隆·阿西莫格鲁、詹姆斯·A.罗宾逊：《国家为什么失败》，李增刚译，湖南科学技术出版社2015年版。

《邓小平文选》（1975—1982年），人民出版社1983年版。

傅帅雄、胡拥军：《农业转移人口市民化过程中政府新增成本支出研究》,《经济体制改革》2018年第4期。

［美］格雷厄姆·艾利森:《注定一战:中美能避免修昔底德陷阱吗?》,陈定定、傅强译,上海人民出版社2019年版。

高杰、何平、张锐:《"中等收入陷阱"理论评述》,《经济学动态》2012年第3期。

郭金龙:《经济增长方式转变的国际比较》,中国发展出版社2000年版。

国家统计局编:《新中国60年》,中国统计出版社2009年版。

眭依凡:《关于"双一流建设"的理性思考》,《高等教育研究》2017年第9期。

世界银行与国务院发展研究中心联合课题组著:《2030年的中国——建设现代、和谐、有创造力的社会》,中国财经经济出版社2013年版。

国务院发展研究中心课题组:《农民工市民化进程的总体态势与战略取向》,《改革》(重庆)2011年第5期。

［美］H.钱纳里、S.鲁宾逊、M.塞尔奎因著:《工业化和经济增长的比较研究》,吴奇等译,上海人民出版社、上海三联书店1996年版。

何伟:《中国并不存在"中等收入陷阱"危险》,《新京报》2015年6月23日。

［美］亨利·基辛格:《论中国》,胡利平等译,中信出版社2012年版。

胡澎:《从"中央集权"到"官民共治"日本社会治理的新走向》,《国家治理》2014年第23期。

贾康、苏京春:《中国的坎》,中信出版社2016年版。

贾康：《中国正面临"上中等收入陷阱"的考验，需持行百里者半九十》，《每日经济新闻》2017年5月9日。

［英］林重庚、［美］迈克尔·斯宾塞编著：《中国经济中长期发展和转型》，余江译，中信出版社2011年版。

罗伯特·佐利克：《中国要警惕中等收入陷阱》，《北京日报》2012年12月15日。

［美］罗纳德·哈里·科斯、王宁著：《变革中国》，中信出版社2013年版。

李培林：《中国跨越"双重中等收入陷阱"的路径选择》，《劳动经济研究》2017年第1期。

刘伟：《工业化进程中的产业结构研究》，中国人民大学出版社1995年版。

刘志成：《"中等收入陷阱"理论研究》，孙学工等著《跨越中等收入陷阱》，社会科学文献出版社2015年版。

厉以宁：《中等收入陷阱是个伪命题》，2017年5月23日，新华网。

刘世锦：《中国已不可能落入拉美式中等收入陷阱》，《人民日报》2016年6月12日。

马洪主编：《经济增长方式转变的国际比较》，中国发展出版社2000年版。

马晓河：《美国经济崛起过程中的城市化及对中国的启示》，《经济纵横》2020年第1期。

马晓河：《转型与发展——如何迈向高收入国家》，人民出版社2017年版。

马晓河主编：《中韩可持续均衡发展战略》，中国计划出版社2012年版。

马晓河、刘振中、钟钰：《农村改革40年：影响中国经济社会发展的五件大事》，《中国人民大学学报》第3期。

彭森、陈立等：《中国经济体制改革重大事件》（上）（下），中国人民大学出版社2008年版。

单菁菁：《农民工市民化的成本及其分担机制研究》，《学海》2015年第1期。

石晶：《当代青年未来发展信心调查》，《人民论坛》2019年第13期。

申兵、欧阳慧、汪阳红等著：《我国农民工市民化问题研究》，中国计划出版社2013年版。

世界银行：《迈进21世纪——1999/2000世界发展报告》，中国财政经济出版社2000年版。

史蒂芬·罗奇：《中国不会掉入"中等收入陷阱"》，《参考消息》2019年4月2日。

孙乐强：《后金融危机时代的工业革命与国家发展战略的转型》，《天津社会科学》2017年第1期。

［法］托马斯·皮凯蒂著：《21世纪资本论》，巴曙松译，中信出版社2014年版。

唐晋主编：《大国崛起》，人民出版社2006年版。

吴敬琏：《什么是结构性改革，它为何如此重要？》《比较》2016年第4辑。

吴敬琏：《当代中国经济改革》，中信出版社2017年版。

吴敬琏：《中国增长模式抉择》，中信出版社2017年版。

吴敬琏：《当代中国经济改革教程》，上海远东出版社2010年版。

王金照等著：《典型国家工业化历程比较与启示》，中国发展出版社2010年版。

［德］乌尔里希·森德勒主编：《工业 4.0：即将来袭的第四次工业革命》，邓敏、李现民译，机械工业出版社 2015 年版。

吴晓华等著：《降低实体经济企业成本研究》，中国社会科学出版社 2018 年版。

吴志鹏、杨国峰：《我国企业技术创新滞后的原因及对策》，《上海改革》2004 年第 4 期。

王美艳：《农民工消费潜力估计》，《宏观经济研究》2016 年第 2 期。

万海远、孟凡强：《月收入不足千元，这 6 亿人都在哪？》，2020 年 6 月 3 日，财新网。

许小年：《转折点上的中国经济》，2017 年 5 月 5 日，在深圳创新发展研究院的演讲。

严立贤著：《中国和日本的早期工业化与国内市场》，北京大学出版社 1999 年版。

杨公朴、干春晖主编：《产业经济学》，复旦大学出版社 2005 年版。

［美］约瑟夫·E. 斯蒂格利茨、沙希德·优素福编：《东亚奇迹的反思》，中国人民大学出版社 2003 年版。

杨修娜、万海远、李实：《我国中等收入群体比重及其特征》，《北京工商大学学报》（社会科学版）2018 年第 33 卷第 6 期。

姚开建、梁小民主编：《西方经济学名著导读》，中国经济出版社 2005 年版。

郑毅著：《美国对日占领史》（1945—1952），南京大学出版社 2016 年版。

张季风著：《日本经济结构转型：经验、教训、与启示》，中国社会科学出版社 2016 年版。

中共中央文献研究室编：《邓小平年谱（1975—1997）》，中央文献出版社2004年版。

郑韶:《中国经济体制改革20年大事记(1978—1998)》,上海辞书出版社1998年版。

中共中央文献研究室、国务院发展研究中心:《新时期农业和农村工作重要文献选编》,中央文献出版社1992年版。

张红宇:《中国农民与农村经济发展》,贵州人民出版社1994年版。

郑宇:《战后日本城市化过程与主要特征》,《世界地理研究》2008年第1卷第2期。

后　　记

在写作《转型中国》过程中，我的妻子赵苹给我提供了莫大的帮助和支持。她是本书的第一位读者，她阅读了每一章节，并提供了不少有益的建议。从章节排版、图表设计，到文字及脚注修订，都为本书做出了不可替代的贡献。在这里，我要感谢她，感谢她给予我的精神支持和智力支撑。同时，我还要感谢中国社会科学出版社社长赵剑英先生、副总编辑王茵女士、编辑孙砚文女士和乔镜蕾先生，他们为这本书的问世提供了无私的帮助。还必须感谢的是，在确定书名过程中，卞靖博士和我的学生们也提供了必要的支持。

马晓河
2020 年 8 月 15 日